AF734164

DER URHEBER UND SEINE RECHTE

EHRENGABE FÜR EUGEN ULMER

Schriftenreihe der UFITA Heft 29

Archiv für Urheber-, Film-, Funk- und Theaterrecht

Herausgegeben von Dr. jur. Georg Roeber, München

Ehrengabe für Eugen Ulmer

DER URHEBER UND SEINE RECHTE

Herausgegeben von GEORG ROEBER

Mit Beiträgen von

KURT BUSSMANN, Hamburg — WALTER BAPPERT, Freiburg i. Br. — HENRI DESBOIS, Paris — CARL HAENSEL, Tübingen — ERNST E. HIRSCH, Berlin — HEINRICH HUBMANN, Erlangen — BENIGNE MENTHA, La Tour de Peilz — PHILIPP MÖHRING, Karlsruhe — NEUMANN-DUESBERG, Göttingen — MARIO M. PEDRAZZINI, Zürich — ROBERT PLAISANT, Paris — LUIGI SORDELLI, Mailand — ALOIS TROLLER, Luzern.

BADEN-BADEN
VERLAG FÜR ANGEWANDTE WISSENSCHAFTEN
1965

Druck: Bintz-Dohany, Offenbach (Main)

© 1965 by Verlag für angewandte Wissenschaften GmbH., Baden-Baden, Hardstr. 1c. Printed in Germany. — Alle Rechte, insbesondere die der Übersetzung, vorbehalten. Kein Teil dieses Buches darf in irgendeiner Form, durch Druck, Photokopie, Mikrofilm oder irgendein anderes Verfahren, ohne vorherige schriftliche Zustimmung des Verlages reproduziert werden.

All rights reserved including those of translations into foreign languages. No part of this issue may be reproduced in any form, by print, photoprint, microfilm, or any other means, without written permission from the publishers.

Inhaltsverzeichnis

Vorwort 9

Glückwunschadresse an Prof. Dr. Eugen Ulmer, München
Von Prof. Dr. Dr. h.c. Dr. h.c. Dr. h.c. Hans Carl Nipperdey . . 13

Zum Geleit
Von Dr. Georg Roeber 15

Mentha, Dr. h. c. Dr. h. c. Bénigne: Einige Gedanken zur Rechtslage der ausübenden Künstler 18

Desbois, Prof. Henri: Le droit de repentir ou de retrait selon la loi française du 11 Mars 1957 (art. 32) 27

Plaisant, Prof. Robert: La Protection des Photographies 45

Troller, Prof. Dr. Alois: Aufgabe und Organisation des Berner Verbandes zum Schutze der Rechte der Urheber an ihren Werken der Literatur und Kunst 57

Bappert, Dr. Walter: Die Übersetzungsvorbehalte in der Berner Übereinkunft (RBÜ) und der Übersetzungsartikel des Welturheberrechtsabkommens (WUA) 70

Möhring, Prof. Dr. Philipp: Die private Tonbandaufnahme in verfassungsrechtlicher Sicht 82

Hubmann, Prof. Dr. Heinrich: Der Bereicherungsanspruch im Persönlichkeitsrecht 108

Neumann-Duesberg, Prof. Dr.: Probleme des Theaterarbeitsrechts 121

Haensel, Prof. Dr. Carl: Die sozial-staatlichen Ansprüche der Autoren auf Verwertungshilfe 131

Bussmann, Prof. Dr. Kurt: Gedanken zur Ton- und Bildberichterstattung 151

Hirsch, Prof. Dr. Ernst E.: Die Rechtsfolgen der Veröffentlichung oder des Erscheinens einer Bearbeitung auf die Rechte des Urhebers am noch nicht veröffentlichten oder noch nicht erschienenen Originalwerk 169

Sordelli, Prof. Luigi: Die Struktur der zusammengesetzten und der komplexen Werke und die Probleme der Zusammenarbeit nach dem italienischen Gesetz über das Urheberrecht 202

Pedrazzini, Dr. Mario M.: Gedanken zur Neuheit 230

Vorwort

Eugen Ulmer hat am 26. Juni 1963 sein 60. Lebensjahr vollendet. Aus diesem Anlaß haben sich Freunde und Kollegen zusammengefunden, dem hochgeschätzten Gelehrten durch Beiträge aus dem Arbeitsgebiet, mit dem sein Name durch zahlreiche wissenschaftliche Arbeiten, seine Lehrtätigkeit und sein Wirken in der Öffentlichkeit eng verbunden ist, ihre Verehrung zu bezeugen.

Das Anfang der fünfziger Jahre erstmals erschienene Lehrbuch des Urheber- und Verlagsrechtes offenbarte sehr deutlich die Notwendigkeit und Dringlichkeit einer Reform dieses Rechtsgebietes. Daß seine Vorschläge und Anregungen in den Gesetzesentwürfen ihren Niederschlag gefunden haben, beweist, mit welcher unbestechlichen Objektivität sein Blick die Wirklichkeit zu erfassen und in juristische Denkformen zu bringen vermag. Sein Wirken blieb jedoch nicht auf das deutsche Urheberrecht beschränkt, sondern erstreckte sich gleichermaßen auch auf die internationale Zusammenarbeit. Die Namen der Verfasser der einzelnen Beiträge legen ein Zeugnis davon ab, daß sich ihm auch führende Urheberrechtler des Auslands freundschaftlich verbunden fühlen.

Die Beiträge sind zunächst einzeln in der UFITA erschienen. Wenn die Ehrengabe als ganzes leider erst jetzt vorgelegt werden kann, so hat das seinen Grund gerade in solchen Schwierigkeiten, mit denen Autoren, Herausgeber und Verlage seit jeher zu kämpfen haben. Mit dieser Schrift bringen die Freunde, Kollegen und der Herausgeber zum Ausdruck, daß ihre Grüße und Glückwünsche den verehrten Rechtsgelehrten auch auf seinem weiteren Lebensweg begleiten.

Eugen Ulmer — dem Meister des Urheberrechts

Lieber und verehrter Kollege!

Es ist das Glück, doch auch das Schicksal des Wissenschaftlers, wenn er durch bedeutende Leistung und großen Erfolg seines breit angelegten Wirkens für ein bestimmtes Spezialgebiet zu einem Begriff geworden ist. So ist es Ihnen ergangen.

Sie haben über das Recht der Wertpapiere, über Wettbewerb und Warenzeichen und über manches andere geschrieben und gehören zu den führenden modernen Dogmatikern des Zivilrechts. Aber mit Ihrem Lehrbuch von 1951 ist Ihnen das Urheberrecht in allen seinen Teilen und mit seinen Nebengebieten als fester Besitzstand zugewachsen. Auf der so gewonnenen Grundlage haben Sie weiter gebaut. Sie sind den Gruppierungen und Verästelungen dieser Materie in neuen Buch- und Zeitschriften-Publikationen nachgegangen und haben das Fazit daraus in der 2. Auflage Ihres Lehrbuches von 1960 gezogen.

Zwischen dem Erscheinen der 1. und der Neubearbeitung der 2. Auflage liegen Jahre einer geradezu stürmischen Entwicklung und Ausweitung der Technik. Tonfilm, Rundfunk, Fernsehen haben sich, wie andererseits Schallpatte, Lautsprecher, Tonband, Aufführungs- und Empfangsgeräte beachtlich fortentwickelt und sind vielfache Verbindungen untereinander eingegangen. Neben das traditionelle Verfahren des Druckes ist die photomechanische Vervielfältigung getreten. Das elektromagnetische Verfahren, auf dem das Tonband in der Bedeutung eines Stoffträgers beruht, läßt jetzt für das „Ton"-band die Aufnahme und Wiedergabe auch des Bildes zu (Ampex-Verfahren).

Aus solchen technischen Tatbeständen hat sich eine Fülle an Rechtsfragen ergeben. Ehe hier aber die Rechtsprechung oder der Gesetzgeber entscheiden können, bedurfte es der Arbeit des Wissenschaftlers. Für den Film insbesondere sind durch Ihre Arbeiten wieder Grundfragen, wie die nach der Art des Rechtsschutzes (Urheberrecht, Leistungsschutz oder beides) und nach den Möglichkeiten einer praktikablen Gesetzeslösung in der Filmurheberschaftsfrage ins Gespräch gekommen. Die vielseitigen Probleme des künstlerischen und des gewerblichen Leistungsschutzes haben in der gegebenen Situation das Urheberrecht auf eine schwere Belastungsprobe und vor neue Entscheidungen gestellt. Dazu kommen grundlegende Veränderungen im allgemeinen Recht, die auf die Erscheinungen des geistig-künstlerischen Lebens einwirken und für deren rechtliche Beurteilung mit zu berücksichtigen sind. So ist z. B. durch die zivilrechtliche Anerkennung des allgemeinen Persönlichkeitsrechts dessen Verhältnis zum Urhebervertragsrecht (Zulässigkeit und Grenzen der Abdingbarkeit) und zum urheberrechtlichen droit moral (Unterfall einer Generalklausel oder abschließende Spezialregelung) zu einem schwierigen Bestimmungs- und Abgrenzungsproblem mit möglicherweise weittragenden Konsequenzen geworden. Solche und zahlreiche andere Zweifels- und Streitfragen waren von der Rechtslehre aufzugreifen, zu durchleuchten und nach Möglichkeit zu klären. Dieser Aufgabe haben Sie sich unterzogen und sie meisterhaft gelöst.

Seit dem erstmaligen Erscheinen Ihres Lehrbuches hat sich Entscheidendes auch international getan. Auf der Brüsseler Revisionskonferenz von 1948 war Deutschland selbständig nicht mehr, oder — wie man es zutreffend wohl auch ausdrücken kann — noch nicht vertreten. Nach der Konstituierung der Bundesrepublik stellte sich für uns Deutsche aber von selbst die Aufgabe, die zerissenen Fäden mit dem Ausland auch auf dem Gebiete des Urheberrechts neu zu knüpfen. Die Bundesregierung war gut beraten, als dabei die Wahl auf Sie entfiel. Sie haben die Bundesrepublik beim Abschluß des Welturheberrechtsabkommens (1952) und dann wieder beim Abschluß des Rom-Abkommens (1961) vertreten, und Sie besitzen als Ausschuß-Delegierter der Bundesregierung Zuständigkeiten sowohl im Verbandsbereich der Berner Übereinkunft als auch im Staatenbereich des Welturheberrechtsabkommens. Sie waren zeitweise der Präsident der beiderseitigen Ausschüsse.

In einer politischen Konstellation, die nach vorausgegangenem Besatzungsregime für die Bundesrepublik zunächst nur vage Hoffnungen auf ein eigenstaatliches Handeln ließ, haben Sie als deutscher Rechtslehrer beherzt zur Feder gegriffen, haben die bei uns führungslos gewordene Materie des Urheberrechts wieder aufgefangen und sie wissenschaftlich von neuem aufbereitet. Dies allein schon war historisch, national und wissenschaftlich eine Tat. Darüber hinaus aber haben Sie aus Ihrem Erfahrungs- und Wissenschatz der Praxis des Urheberrechts neue und starke Impulse verliehen und die Rechtslehre auf diesem bedeutsamen Gebiet nach Substanz und Erkenntnis bereichert.

Der schöne Tag, an dem Sie nunmehr Ihr 60. Lebensjahr vollenden, gibt mir Gelegenheit, zu Ihnen zu sprechen. Ich freue mich, daß dies im Rahmen der UFITA geschehen kann und glaube, daß es auch unsere gemeinsamen Arbeiten und Interessen beim Institut für Film- und Fernsehrecht rechtfertigen, wenn ich mich aus dem gegebenen Anlaß zum Wortführer einer Gemeinde von Wissenschaftlern mache, die die Bedeutung des Urheberrechts erkannt haben und Ihre Leistungen sachkundig zu schätzen wissen.

Ich hoffe, daß Sie bei bester Gesundheit noch lange und vielerorts auf dem Ihnen angestammten Gebiete des Urheberrechts weiter wirken und dieser Materie, trotz vielleicht mancher anderen und auch weitergreifenden Pläne, Ihre Zuneigung und Liebe bewahren werden.

In herzlicher Verbundenheit

Ihr

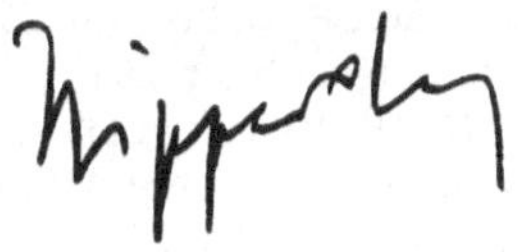

Zum Geleit

Am 26. Juni 1963 vollendete Eugen Ulmer sein 60. Lebensjahr.

Die UFITA veröffentlicht aus diesem Anlaß eine Reihe von Beiträgen, die zur Ehrung Ulmers verfaßt sind. Die Beiträge passen sich dem Arbeitsrahmen der UFITA ein und betreffen in der Hauptsache Themenkreise, über die auch Ulmer gearbeitet hat.

Zu den von Ulmer in Lehre und Forschung vertretenen Disziplinen des Privatrechts, darunter des Handelsrechts und des gewerblichen Rechtsschutzes, gehören insbesondere die Rechtsgebiete des geistig-künstlerischen Schaffens: das Urheber- und Urhebervertragsrecht, einschließlich des Filmrechts und die angrenzenden Rechtsgebiete.

Mit dem Lehrbuch zum Urheber- und Verlagsrecht, das 1951 erschienen ist und 1960 seine zweite, neubearbeitete Auflage fand, hat Ulmer die deutsche Rechtslehre um eine hervorragende Leistung bereichert. Dieses

Lehrbuch ist weit mehr als ein Kompendium. Es birgt eine Fülle an Gedanken, die sich in Lehre und Rechtsprechung weitgehend durchgesetzt und auch international Bedeutung für die Fortbildung des Urheberrechts gewonnen haben.

Innerhalb und außerhalb des Lehrbuchs hat sich Ulmer vor allem auch mit urheberrechtlichen Fragen des Films befaßt. Er hat eine neue Konzeption vom Filmrecht entwickelt und konkrete Vorschläge für eine gesetzliche Neuregelung gemacht. Er hat sich in Filmrechtsfragen kritisch zum deutschen Referentenentwurf von 1954 geäußert und in seiner Stellungnahme zum Teil andere Möglichkeiten einer gesetzgeberischen Lösung aufgezeigt. Das 1953 erschienene und von ihm im Auftrage der Berner Union erstattete Gutachten über „Kinematographie und Urheberrecht“ hat auf internationaler Ebene zur Erkenntnis und Klärung der einschlägigen Rechtsprobleme beigetragen.

Die Bemühungen um die Schaffung einer internationalen Regelung der Leistungsschutzrechte, die zu dem Rom-Abkommen von 1961 führten, haben in Ulmer einen verständnisvollen Förderer und abwägenden Interpreten gefunden. Seine Schrift von 1957 über den Rechtsschutz der ausübenden Künstler, der Hersteller von Tonträgern und der Sendegesellschaften bezeichnet sich im Untertitel als Bericht und Studie über den Bern-UNESCO-Entwurf einer internationalen Vereinbarung. Zum Rom-Abkommen selbst hat Ulmer 1961 im Auslandsteil von GRUR eine aufschlußreiche Darstellung veröffentlicht, worin er zusammenfassend Vorgeschichte und Verlauf der Konferenzarbeiten darstellt und die getroffene Regelung erörtert, darunter auch das Verhältnis zum Film.

Über die deutsche Rechtsentwicklung auf den Gebieten des geistig-künstlerischen Schaffens berichtet Ulmer periodisch in „Le Droit d'Auteur“, der Zeitschrift des Internationalen Büros der Berner Union. Die UFITA wurde von ihm, wie zuvor schon von de Boor, autorisiert, in ihren Spalten die deutschsprachige Originalfassung der jeweiligen „Lettre d'Allemagne“ zu veröffentlichen.

Der Schlüssel zum Geheimnis des umfassenden und erfolgreichen Wirkens dürfte bei Ulmer in der engen Fühlung zu finden sein, in der er als Wissenschaftler mit der Praxis des Rechtslebens und den Bestrebungen zur Reform des nationalen und internationalen Rechts steht. Ulmer ist bei der Deutschen Vereinigung für Gewerblichen Rechtsschutz und Urheberrecht der Vorsitzende des Fachausschusses für Urheber- und Verlagsrecht. Er war als Vertreter der deutschen Bundesregierung am Zustandekommen des Welturheberrechtsabkommens von 1961 beteiligt. Er hat als Vorsitzender der von der Berner Union und der UNESCO einberunfenen Studiengruppe die Arbeiten zur Vorbereitung einer Neuregelung der Filmrechtsbestimmungen der Berner Übereinkunft aufgegriffen und geleitet. Er ist Delegierter der Bundesrepublik im Ständigen Ausschuß der Berner Union und im Regierungsausschuß des Welturheberrechtsabkommens. Auf der Münchener Tagung dieser Ausschüsse im Oktober 1959 wurde er für die Dauer der Tagung und die sich anschließende Zeit bis zur nächsten Tagung zum Präsidenten beider Ausschüsse gewählt. Für die deutsche Urheberrechtsreform dokumentieren der Ministerialentwurf von 1959 und stärker noch der Regierungsentwurf von 1961 in Fragen des Filmrechts und anderen Fragen den Einfluß Ulmers auf die Gesetzgebungsarbeiten.

Ungewöhnlich ist auch die wissenschaftliche Laufbahn Ulmers: Ordinarius mit 26 Jahren in Rostock (1929), ein Jahr später in Heidelberg (ab 1930) und seit 1955 in München. An der Münchener Universität lehrt Ulmer deutsches, ausländisches und internationales Privatrecht, Handelsrecht und Urheberrecht, auch ist er Mitvorstand des Instituts für Rechtsvergleichung und Vorstand des Instituts für ausländisches und internationales Patent-, Urheber- und Markenrecht. In zeitlich kurzer Aufeinanderfolge war er Dekan der Juristischen Fakultät und Rektor der Universität München. Am Beginn seiner akademischen Laufbahn steht die rechtsvergleichende Schrift über Warenzeichen und unlauteren Wettbewerb (1929). Der Heidelberger Zeit gehören das Lehrbuch über das Recht der Wertpapiere und die von ihm zusammen mit Kurt Bußmann und Sibylle Weber verfaßte Schrift über das Recht der Verwertungsgesellschaften an. Aus der Münchener Zeit sind unter anderem noch die „Quellen des Urheberechts" zu nennen, eine Veröffentlichung des Gesetzestexte aller Länder in der Originalsprache und in deutscher Übersetzung, die Ulmer zusammen mit Philipp Möhring, Erich Schulze und Konrad Zweigert herausgibt. Dazu kommen eine Reihe von Abhandlungen in der von ihm herausgegebenen Zeitschrift „Gewerblicher Rechtsschutz und Urheberrecht, Auslands- und internationaler Teil".

Ulmer gehört als Stellvertretender Vorsitzender dem Kuratorium des Instituts für Film- und Fernsehrecht (Sitz München) an. Auf der 4. Öffentlichen Arbeitstagung dieses Instituts (1961 in München) hat Ulmer das einleitende Grundsatzreferat über Stand und Entwicklung des internationalen Urheberrechts, unter besonderer Berücksichtigung der filmrechtlichen Fragen gehalten.

Die UFITA bringt mit dem vorliegenden Heft Beiträge zur Ehrengabe für Eugen Ulmer. Sie dankt allen in- und ausländischen Verfassern, die sich in dieser Weise zusammengefunden haben, um in Eugen Ulmer einen Kollegen und Freund zu ehren.

Georg Roeber

I. Abhandlungen

Einige Gedanken zur Rechtslage der ausübenden Künstler

Von Dr. h. c. Dr. h. c. **Bénigne Mentha,** La Tour de Peilz

Es gereicht mir zu hohen Ehre, Herrn Professor Dr. Eugen Ulmer aus Anlaß der Vollendung seines 60. Lebensjahres die folgenden Überlegungen unterbreiten zu dürfen. Daß ich es tun kann, verdanke ich dem Herausgeber und Leiter der UFITA, Herrn Dr. Georg Roeber. Er hat mich dazu aufgefordert und ermuntert. Seine Freundschaft und Nachsicht scheuten nicht die Verantwortung. Dafür sage ich ihm noch meinen besonderen Dank.

Der Schutz der ausübenden Künstler, vor allem der Musikvirtuosen, aber auch der Bühnen-Interpreten, beschäftigt Theoretiker und Praktiker des Rechts seit Jahren, wahrscheinlich seitdem Fixierungsmöglichkeiten der entsprechenden künstlerischen Leistungen erfunden wurden und gewerbsmäßig ausgenützt werden. So erklärt es sich, daß zuerst die Musiker infolge der Verbreitung der Schallplatten und später die Schauspieler, nach der Siegesoffensive des Films, die Aufmerksamkeit der Urheberrechtler beansprucht haben.

Die Association Littéraire et Artistique Internationale (ALAI) griff bereits in ihren Kongressen von Kopenhagen (1909) und Luxemburg (1910) das Thema auf; es wurde dann 1928 im Zusammenhang mit der Konferenz von Rom zur Revision der schon 1908 in Berlin revidierten Berner Übereinkunft zum Schutze von Werken der Literatur und der Kunst auf internationaler Ebene festgehalten. Man kann sogar von einer Art grundsätzlichen Anerkennung sprechen, indem der Wunsch gutgeheißen wurde, daß die an der Konferenz beteiligten Regierungen Maßnahmen zum Schutze der ausübenden Künstler treffen sollten.

Allerdings muß hier sofort erwähnt werden, daß Frankreich eine urheberrechtliche oder urheberrechtsähnliche Position der ausübenden Künstler seit Anbeginn bekämpft hat, mit der Begründung, daß der in Erwägung gezogene Schutz außerhalb des Rahmens der Konvention liege. Das Büro des internationalen Verbandes zum Schutze von Werken der Literatur und der Kunst vertrat dagegen die Auffassung, daß die künstlerische Interpretation, auf Schallplatte aufgenommen, einem Werke zweiter Hand gleichzustellen wäre. Auch Österreich pflichtete dieser Ansicht bei. Allein im Laufe der Diskussion gerieten die Meinungen progressiv auseinander, wenn auch mehr hinsichtlich der Nüancen als im Blickfeld des Grundsatzes. Schließlich gelangte man zum vorerwähnten „Wunsch" (Dokumente der Konferenz, S. 77, 78, 260, 262, 283).

Zwanzig schicksalsschwere Jahre vergehen. 1948 wird die Berner Übereinkunft abermals revidiert, diesmal in Brüssel. Ein wirklicher Reifungsprozeß war ausgeblieben. Eher könnte man von einem Erstarren der Fronten sprechen. Die 1927 gegründete Confédération Internationale des Sociétés d'Auteurs et Compositeurs (CISAC) hat in den verschiedenen Ländern, wo sie Wurzel schlug, systematisch gegen die Einbeziehung der ausübenden Künstler in den Schutzbereich der Autoren Stellung bezogen, so daß das internationale Verbandsamt in seinen Vorschlägen überhaupt davon absah, die Frage anzupacken. Dennoch wollte die belgische Regierung einen Vorstoß unternehmen und brachte rein persönlich den Vorschlag, die ausübenden Künstler jure conventionis prinzipiell zu schützen, und, was den Schutzumfang anbelangt, den Verbandsländern freie Hand zu lassen. Ein in diesem Sinne entworfener Artikel 11quater stieß aber auf wenig Sympathie und mußte aufgegeben werden. Immerhin hat die Konferenz folgenden „Wunsch" (Vœu VIII) angenommen:

> „Da die Interpretationen der ausübenden Künstler einen künstlerischen Charakter haben, empfiehlt die Konferenz, die Studien energisch fortzusetzen, die sich auf die benachbarten Rechte des Urheberrechts und besonders auf den Schutz der ausübenden Künstler beziehen."

Bereits im Vorstadium der Konferenz hatten einzelne Länder, die nicht so kategorisch wie Frankreich gegen einen urheberrechtsähnlichen Schutz der ausübenden Künstler eingestellt waren, die Lösung einer Sonderkonvention ins Auge gefaßt, welche mit der Berner Übereinkunft ein Verwandtschaftsverhältnis unterhalten könnte (so namentlich Österreich und Italien), andere (so Monaco und die Tschechoslowakei) wiesen ausdrücklich auf das Internationale Arbeitsamt hin, in dessen Kompetenzsphäre die sedes materiae gehöre (Dokumente der Konferenz, S. 308 bis 313, 428).

Trotzdem hat die Brüsseler Konferenz, die eine Urheberrechtskonferenz war, deutlich zu erkennen gegeben, daß nach ihrem Dafürhalten der Schutz der ausübenden Künstler eine Angelegenheit, sagen wir, des Quasi-Urheberrechts sei. Dieser Umstand darf nicht vergessen werden; daraus erhellt, daß in maßgebenden Kreisen eben doch die Überzeugung herrschte, laut welcher der ausübende Künstler durch seine Tätigkeit in der unmittelbaren Nähe des schöpferischen Urhebers sich befinde. Damit war auch die Richtung der zu pflegenden Beratungen nach der Brüsseler Tagung angedeutet.

Die Tendenz, den Schutz an das Urheberrecht anzulehnen, hat nie nachgelassen, obschon die Feindschaft der Urheber und deren Ratgeber hin und wieder ziemlich akut war. Auf die Phasen der Diskussion einzugehen, wäre müßig; hier gilt der Spruch Roma locuta, causa finita. Denn der quasi-urheberrechtliche Schutz der ausübenden Künstler ist nunmehr verankert in der am 26. Oktober 1961 zu Rom von 18 Ländern unterzeichneten Übereinkunft (UFITA Bd. 37 [1962] S. 73 ff.). Die Tatsache ist nicht mehr aus der Welt zu schaffen. Und doch mag die Frage erlaubt sein, ob das neue diplomatische Instrument die darauf gesetzten Hoffnungen wird erfüllen können.

Zunächst sei bemerkt, daß zum Inkrafttreten mindestens sechs Ratifikationen oder Beitritte notwendig sind, und daß bis Mitte Dezember 1962 nur eine Ratifikation (Schweden) und ein Beitritt (Kongo Brazzaville) erfolgten. Das ist nicht sehr verheißungsvoll. In einem kürzlich erschienenen Buche [1]) glaubt der Verfasser, Jean *Poulain*, daß noch einige Zeit verstreichen wird bis zur effektiven Wirksamkeit des Abkommens. Die Ratifikationen bzw. Beitritte der meist interessierten Länder könnten sich auf mindestens zehn Jahre erstrecken. Wenn man das Tempo der heutigen Welt in Betracht zieht, muß eine so lange Frist dem Werk der in Rom versammelten Delegierten einen kaum gut zu machenden Verlust an Bedeutung zufügen. Was ist ein Abkommen wert, das unter dem Einfluß der technischen Verbreitungsmöglichkeiten der Geistesschöpfungen zustande kam, und erst zehn Jahre nach seiner Geburt zum vollen Leben gelangt? Vielleicht ist *Poulain* zu pessimistisch, allein ganz unberechtigt scheint mir seine Kassandra-Prophezeiung nicht zu sein. Und dies aus folgenden Gründen.

Die Konvention vom 26. Oktober 1961 ist sehr kompliziert. Sie strotzt von Vorbehalten oder — besser gesagt — von Vorbehaltsmöglichkeiten. Im Gegensatz zum Welturheberrechtsabkommen, dessen Artikel XX (UFITA Bd. 18 [1954] S. 88 ff., 96) kurz und bün-

---

[1]) Jean Poulain, La protection des émissions de radiodiffusion, Paris 1963. Librairie générale de droit et de jurisprudence. R. Pichon et R. Durand-Auzias, 20, rue Soufflot. Ich verweise auf Seite 243 dieser aktuellen und wohldurchdachten Monographie, wahrscheinlich eine unter der Leitung von Professor Desbois geschriebene Doktordissertation.

dig erklärt: „Vorbehalte zu dem vorliegenden Abkommen sind nicht zulässig". Das Rom-Abkommen wollte einerseits ein gewisses Schutzminimum vertraglich sichern, und andererseits den vertragschließenden Ländern die Annahme der Vertragsklauseln nicht zu sehr erschweren: da blieb nichts anderes übrig, als Abschwächungen des jure conventionis vereinbarten Schutzes in gewissen Punkten zu gestatten, durch einseitige Erklärungen der von einer solchen Freiheit Gebrauch machenden Länder. Das könnte zu einer musterhaften Rechtsverworrenheit führen. Im Bereich der Berner Übereinkunft wurden diesbezügliche Erfahrungen gesammelt. Man weiß heute, wie schwierig es ist, Vorbehalte, die einmal rechtmäßig angemeldet wurden, wieder zum Verschwinden zu bringen, daher das auf den ersten Blick vielleicht streng anmutende Verbot der Genfer Weltübereinkunft, das aber für die zukünftige Rechtsentwicklung sicherlich von Vorteil sein wird. Wenn dagegen das Rom-Abkommen mit seinen Vorbehalten einst einem farbenreichen Fächer gleichen sollte, so fürchte ich, daß es des Schweißes der Edlen, die es zur Welt brachten, nicht wert sein würde.

Eine weitere Überlegung drängt sich auf. Man spricht viel von „an das Urheberrecht angrenzenden Rechten" oder auch „benachbarten Rechten". Trotzdem enthält der Titel des Rom-Abkommens keinen dieser beiden Ausdrücke. Die Redaktoren begnügten sich damit, die drei zu schützenden Rechtsträgergruppen zu nennen: nämlich die ausübenden Künstler, die Hersteller von Tonträgern und die Sendeunternehmungen. Es ist, wie wenn man sich gescheut hätte, einen Sammelbegriff für die Begünstigten zu prägen. Aber das möchte ich den Verantwortlichen nicht zum Vorwurf machen.

Einerseits besteht freilich eine gewisse Verwandtschaft zwischen den ausübenden Künstler, den Tonträgerfabrikanten und den Radiounternehmungen, weil alle in ihrer Tätigkeit die Werke der Literatur und der Kunst benutzen. Sie müssen von den Urhebern dieser Werke eine Gebrauchsermächtigung erlangen, sofern das Urheberrecht nicht erloschen ist. Also kann schon gesagt werden, daß wir uns hier in den Nachbargebieten des Urheberrechts bewegen.

Andererseits sind die Leistungen der drei Nutznießergruppen doch sehr verschieden und nicht gut unter einen Hut zu bringen. In Wahrheit hat ja das Rom-Abkommen jede Kategorie von Berechtigten getrennt behandelt und eine Vermischung sorgfältig vermieden. Wenn unser verehrter Herr Jubilar, zu dessen Huldigung diese Zeilen geschrieben sind, bemerkt, daß die ausübenden Künstler, die Tonträgerhersteller und die Sendeunternehmer in engen Beziehungen zueinander stehen, so hat er durchaus recht. Dennoch erhebt sich die Frage, ob es nicht richtiger gewesen wäre, je eine Konvention pro Interessengemeinschaft ins Auge zu fassen. Ich könnte mir vorstellen, daß einzelne Länder nicht für alle drei Kategorien von Schutzsubjekten das gleiche Interesse hätten und daher auf die Ratifikation oder den Beitritt verzichten würden, während sie bereit wären, die aus einer engeren Konvention fließenden Pflichten einzugehen. Als in Samaden, anno 1939, ein erster Vorstoß zugunsten der „Nachbarrechte" erfolgte, haben die dort versammelten Experten die verschiedenen Gattungen von Rechtsträgern auseinander gehalten und eine Mehrzahl von Abkommen vorgeschlagen (siehe UFITA Bd. 14 [1941] S. 57 ff.). Es ist auch bezeichnend, daß 1948 in Brüssel nicht etwa ein Kollektiv-Wunsch bezüglich der jetzt in einer Globalkonvention vereinigten Gruppen zum Beschluß erhoben wurde; drei separate „Wünsche" (Vœux) gelangten zur Abstimmung, jeder vorgetragen von einer bei den anderen anders gearteten Initiative (Vœu VI relatif à la protection des fabricants de phonogrammes; Vœu VII relatif à la protection des radioémissions; Vœu VIII relatif aux droits voisins du droit d'auteur et notamment à la protection des artistes exécutants).

Das Eindringen in die Details würde zu weit führen; der Leser findet sie in den Dokumenten der Brüsseler Konferenz, herausgegeben vom Verbandsamt zum Schutze von Werken der Literatur und der Kunst. Nur ein m. E. fundamentaler Punkt mag noch hervorgehoben werden. Zwischen den ausübenden Künstlern auf der einen Seite und den Tonträgerfabrikanten und Sendeunternehmern auf der anderen Seite besteht ein nicht zu bagatellisierender Unterschied. *Ulmer* hat ihn erfaßt und in folgenden Worten festgehalten: „Bei den Rechten der ausübenden Künstler vermengen sich, ähnlich wie bei den Urheberrechten, persönlichkeitsrechtliche mit vermögensrechtlichen Elementen" [2]).

Das ist das Entscheidende, denn „bei den Herstellern von Tonträgern und den Sendeunternehmungen scheidet das persönlichkeitsrechtliche Element aus"([3]).

Der Urheber einer Geistesschöpfung offenbart im Werk seine Persönlichkeit, nicht minder tun es der Konzertkünstler und der Schauspieler in ihren Darbietungen. Man wende nicht ein, manche Musikanten seien Stümper. Sind nicht ebenso viele Schriftsteller geistlos? Ausschlaggebend ist, daß der ausübende Künstler gleich wie der schöpferische Autor, sobald beide von Rang sind, eine eigen-

---

[2]) Ulmer, Urheberrecht und angrenzende Rechte, S. 5. Sonderveröffentlichung aus Gewerblicher Rechtsschutz und Urheberrecht (GRUR), Auslands- und Internationaler Teil, Dezember-Heft 1961.

[3]) Ulmer, Urheber- und Verlagsrecht, 2. Aufl., 1960, S. 429.

persönliche Tätigkeit entfalten. Ist dies der Fall, so besteht kein juristischer Grund, den einen anders zu behandeln als den anderen. Vor der Erfindung des Tonträgers fiel die Gefahr nichts ins Gewicht, daß die Interpretation eines Sprachwerks oder einer musikalischen Komposition ohne das Wissen des Interpreten aufgenommen und gewerbsmäßig verbreitet werde. Das hat sich mit den neuen Fixierungsmethoden geändert; es ist nunmehr möglich, die Deutung eines Werkes festzuhalten, wie sie ein hervorragender Künstler vollbringt, unter Einsatz seiner einmaligen seelischen Veranlagung und fachtechnischen Meisterschaft. Also muß er auch die Befugnis haben, darüber zu entscheiden und zu wachen.

Wie ist das erreichbar? Doch wohl nur durch ein ausschließliches Recht, die Fixierung zu gestatten oder zu verbieten, und durch ein weiteres Recht, gegen unwürdige Wiedergaben einschreiten zu können. Man sollte, glaube ich, einer Frage der Terminologie nicht lange nachgrübeln, sondern einfach prüfen, ob Leistung und Interessen der ausübenden Künstler den Schutz in der soeben umschriebenen Art und Weise erheischen. Zutreffendenfalls ist die Berechtigung grundsätzlich anzuerkennen. Ein Schutz, bestehend aus der ausschließlichen Nutzungsbefugnis mit persönlichkeitsrechtlichem Einschlag, wird vom Gesetzgeber den Urhebern zugesichert unter dem Namen Urheberrecht. Der gleiche Schutz, was den Inhalt anbelangt, kann aber auch einer anderen Personengruppe gewährt werden, sofern diese die nötigen Voraussetzungen erfüllt. Er heißt dann eben nicht Urheberrecht, sondern, zum Beispiel, Schutz der ausübenden Künstler.

Daß den nachschaffenden Agenten, vor allem den bedeutendsten unter ihnen, ein dem Urheberrecht gleichzustellender Schutz zu gewähren sei, wird von den Autoren und deren Rechtsberatern im allgemeinen negiert, hauptsächlich, weil die Tätigkeit der nachschaffenden Künstler mit derjenigen der schöpferischen Werkurheber nicht vergleichbar bzw. assimilierbar sei. Ich bin davon nicht voll überzeugt. Aber selbst wenn der Wesensunterschied wirklich bestünde, wäre ich geneigt, folgendes zu antworten: Das Arbeitsverfahren sowie die Natur des Ergebnisses sind unerheblich; es kommt einzig darauf an, ob die Persönlichkeit als unauswechselbare einmalige Erscheinung und infolgedessen als zu achtendes Schutzsubjekt, sich im erzielten Resultate zeigt. Wenn ja, so sehe ich nicht ein, warum dem Verantwortlichen das ausschließliche Nutzungsrecht mit persönlichkeitsrechtlichem Einschlag vorzuenthalten wäre, nur weil statt einem eigentlichen Werk der Literatur oder der Kunst eine höchstpersönliche Interpretation eines solchen Werkes vorliegt. Ein derartiges Recht ist kein Urheberrecht; es beschlägt einen Gegenstand, der streng genommen kein Werk ist, der aber die gleichen Schutzmittel als ein Werk beanspruchen kann.

Übrigens möchte ich nicht ohne weiteres den Satz gelten lassen, daß die Interpretation eines Werkes nie zu einem nachgeschaffenen Werke Anlaß gibt. Zunächst haben verschiedene Schriftsteller, vorab Marcel *Proust*, auf die mögliche schöpferische Tätigkeit der Interpreten hingewiesen. Tatsache ist z. B., daß die Rolle des Tartufe in der Komödie von Molière vom Schauspieler Ledoux ganz anders aufgefaßt wurde als von dessen Vorgängern. Berühmte Figuren wie die Kameliendame sind von großen Schauspielerinnen, Sarah Bernhardt, Edwige Feuillère, immer mit ganz persönlichen Nüancen verkörpert worden, die einer bearbeitungsmäßigen Wiedergabe gleichkommen. Für ein gebildetes musikalisches Ohr ist eine Beethoven-Symphonie, dirigiert von Furtwängler oder von Toscanini, in keiner Weise ein und dasselbe. Beide Dirigenten bekunden in ihrer Leitung die ganze Eigenartigkeit der Eindrücke, die sie vom erwählten Werk empfangen haben und weitergeben wollen, unterschiedliche Proben der menschlichen Idiosyncrasie. Ist es ferner nicht auffallend, wie viele „Chansons", also zweitrangige Werke — Ausnahmen vorbehalten — heute auf Schallträger ediert, unter der Flagge des Interpreten segeln? Wohl geht es nicht an, diesen als Hauptautor anzusehen, allein nach Abstrich der Übertreibung stößt man eben doch auf einen Wahrheitskern. Als Alfred Cortot im Juni 1962 starb, schrieb der Direktor der Gazette de Lausanne, Pierre Béguin: „Renouveler une œuvre, en découvrir de nouveaux secrets, c'est l'enrichir encore, la nourrir en quelque sorte, la maintenier en vie. On ne jouait pas du piano avant Cortot comme on en joue auhourd'hui". Ein Künstler, dessen Meisterschaft so hoch steht, und der ein Dichter des Klaviers (Poète du piano) getauft wurde, besitzt schöpferischen Wert und Rang, denn wie wäre es möglich, ohne schöpferische Kraft etwas zu bringen, was vorher nicht vorhanden war? Das wird man auch von Klara Haskil und ihren Chopin-Konzerten sagen dürfen. Ob man diese genialen Vermittler Autoren zweiter Hand nennt, oder einfach begnadete Künstler, ohne eine genauere Bezeichnung zu suchen, ist m. E. nebensächlich. Schutzbedürftig und — würdig sind sie mit Hilfe ebenso wirksamer Waffen wie die Autoren.

Somit gelange ich zum gleichen Schluß wie Professor Dr. Alois *Troller* in seinem Monumental-Werk „Immaterialgüterrecht" [4]).

[4]) Band I 1959, Band II 1962, Basel und Stuttgart, Verlag Helbing und Lichtenhahn.

Troller lehrt, daß die eigenpersönliche Interpretation als schöpferisch ästhetisches Werk zu betrachten sei, während ich eher dazu neige, sie schlechthin einem solchen gleichzustellen. In diesen äußerst delikaten und subtilen Dingen scheint es mir ratsam, mit dem Begriff der Identität vorsichtig umzugehen. *Troller* selber ist uns hier ein Beispiel seltener Präzision, wenn er bemerkt, daß die Interpretation keine Umgestaltung eines anderen Werkes involviert, wie Übersetzung oder Bearbeitung es tun, sondern die Ergänzung, die eigentliche Vollendung des Werkes darstellt [5]). Gewiß. Aber die Übersetzung ist doch auch eine Interpretation, wenn nicht zum Zweck der Werkvollendung, immerhin zur Wahrnehmung seitens des Lesers der Übersetzungssprache, und sofern man in der Übersetzung eine Bearbeitung sehen will, kann nicht geleugnet werden, daß auf diesem Wege eine, obschon abgewandelte Wiedergabe zustande kommt. Bearbeitung, Übersetzung, Interpretation sind eng miteinander verbunden, so eng, daß ich für alle drei die gleichen Schutzmittel postulieren möchte.

Diese Folgerung hat mich selber überrascht: sie widerspricht der gegenwärtigen communis opinio in Deutschland und in der Schweiz, daß den ausübenden Künstlern kein Urheberrecht zugebilligt werden kann, und daß der Artikel 2 Absatz 2 des deutschen LitUG und der Artikel 4 Absatz 2 des schweizerischen URG abzuschaffende Fehlkontruktionen sind. Ich denke heute etwas anders. Der deutsche Gesetzgeber namentlich, hat m. E. die Lage richtig beurteilt, indem er erklärte, der ausübende (vortragende) Künstler gälte (unter Umständen) als Urheber (Bearbeiter). Ich würde diese grundsätzlich korrekte Einstellung im neuen Gesetz nicht umstoßen durch eine direkt entgegenwirkende Bestimmung. Die Streichung des Satzes betreffend das Lochen, Stanzen, Anordnung von Stiften und dergleichen ist selbstverständlich: da fehlt das Moment der eigenpersönlichen Betätigung. Dort aber, wo es in Erscheinung tritt, also beim begabten Interpreten, soll es gebührend beachtet und in Schutz genommen werden. Dazu braucht es keine ausdrückliche Willensäußerung des Gesetzgebers. Es genügt, die Aufzählung der Schutzobjekte nicht erschöpfend zu gestalten, um den Gerichten die Erweiterung per analogiam offenzuhalten. In der großen Interpretenzunft sind alle Naturen und Fähigkeiten vertreten: von den bescheidensten bis zu den gottbegnadeten. Nur dem wirklichen Künstler soll das edle Rüstzeug des ausschließlichen Rechtes und des Persönlichkeitsschutzes zugebilligt werden, jedoch soll es jedem

---

[5]) **Band I, S. 446.**

freistehen, danach zu trachten und sich der diesbezüglichen gerichtlichen Prüfung zu unterziehen.

So viel ich sehe, stünde diese meine Auffassung im Einklang mit dem Regierungsentwurf zur deutschen Urheberrechtsreform. Auf eine abschließende Aufzählung der geschützten Werkarten (§ 2) wird verzichtet, und das ist das Wesentliche. Die besondere Regelung betreffend den Schutz des ausübenden Künstlers (§§ 83 bis 94) sichert diesem ein ausschließliches Recht im Fall der unmittelbaren Verwertung seiner Interpretation: hier besteht also kein inhaltlicher Unterschied gegenüber dem Urheberrecht. Bei der mittelbaren oder Zweitverwertung durch Benutzung der Film- oder Tonträger zur Funksendung oder öffentlichen Aufführung sieht der Regierungsentwurf nur einen Vergütungsanspruch ohne Verbotsrecht vor — allerdings eine Abschwächung, die indessen geboten erscheint, um den Autoren den normalen Profit aus den mechanischen Registrierung ihrer Werke zu sichern. Diese Rücksicht ist opportun; sie darf dem ausübenden Künstler zugemutet werden. Schließlich soll dieser auch das Recht erhalten, Entstellungen seiner Leistungen zu verbieten — eine dem Urheberpersönlichkeitsrecht nachgebildete Befugnis.

Damit ist eigentlich alles gewährt, was vernünftigerweise zu verlangen war. Wirklich alles? Eine letzte Frage sei mir gestattet, zwar von geringer praktischer Bedeutung, allein grundsätzlich von Belang, wenn man, wie ich, überzeugt ist, daß dem Interpreten eine schöpferische Darbietung gelingen kann. Der Regierungsentwurf begrenzt die Dauer des Leistungsschutzrechts auf 25 Jahre nach dem Erscheinen, jedoch auf 25 Jahre nach der Darbietung, falls der Bild- oder Tonträger innerhalb dieser Frist nicht erschienen ist. Zweifellos wird eine derartige Bemessung sozusagen immer genügen. Und wenn, wider alles Erwarten, eine Ausnahme sich einstellte? Darüber hinwegschreiten? Ich würde es bedauern. Eine Darbietung, die ihre Anziehungskraft behält bis nach Ablauf der vorgeschlagenen Frist, verdient es, auch bezüglich der Schutzdauer wie ein Werk der Literatur oder der Kunst behandelt zu werden. Da wo die besondere schöpferische Qualität der Interpretation ins Auge springt, möchte ich meinen Gedanken verwirklicht sehen, indem die Gerichte auf Gleichstellung des ausübenden Künstlers mit dem Urheber erkennen würden. Das hätte zur Folge, daß die außergewöhnliche Darbietung so lange geschützt bleiben könnte als ein Werk sensu stricto, auch hinsichtlich der ideellen Interessen. Noch einfacher wäre es, die Sonderlösung überhaupt auszuschalten, und zwischen Darbietung und Werk in der Schutzdauer keinen Unterschied zu machen. Wie gesagt:

Über 25 Jahre hinaus wird ein Tonträger nur äußerst selten im Handel noch begehrt werden; für die überwiegende Mehrzahl dürfte die Frist des Regierungsentwurfs mehr als ausreichen. Warum aber nicht auf die besten und der gesetzlichen Obhut würdigsten Leistungen abstellen?

Um den Schutz des ausübenden Künstlers möglichst befriedigend zu gestalten, bedarf es weitgehender Einfühlung in dessen Psyche und Berufstechnik, eine Voraussetzung, die beim Juristen nicht ipso facto vorhanden ist. Aus diesem Grunde erlaube ich mir, allen Interessenten einen tief schürfenden und prägnant geschriebenen Aufsatz von Jean Michel *Hayoz* in der schweizerischen Musikzeitung, Nr. 1, Jahrgang 1963, zu empfehlen. Dort wird fachmännisch erläutert, was Marcel *Proust* mehr instinktiv erfaßt hatte. Die Lektüre dieser vorzüglichen Analyse hat mich in meiner Auffassung bestärkt.

Ich unterbreite vertrauensvoll mein Anliegen unserem hochverehrten Herrn Jubilar. Professor Eugen *Ulmer* verbindet harmonisch und mit einer heute einzigartigen Autorität Wissenschaftlichkeit, Hang zur Gerechtigkeit, Verständnis für die Bedürfnisse des Lebens. Wir entbieten ihm warmen Glückwunsch und tiefen Dank. Möge er uns noch lange Jahre Ratgeber und Vorbild sein.

Le droit de repentir ou de retrait selon la loi française du 11 Mars 1957 (art. 32)

Par Henri Desbois

Professeur à la Faculté de Droit et des Sciences Économiques de Paris

Au milieu des lois récentes, ou des projets de lois, qui concernent la propriété littéraire et artistique, la législation française du 11 Mars 1957 se caractérise par «l'exaltation» du droit moral. — L'art. 1er § 2 porte à la place d'honneur les «attributs d'ordre intellectuel et moral«, les nommant avant de faire référence aux »attributs d'ordre patrimonial«. Puis l'art. 6 dispose que »l'auteur jouit du droit au respect de son nom de sa qualité et de son œuvre» (al. 1er) et en précise les caractères, déclarant qu'il est attaché à sa personne (al. 2) »perpétuel, inaliénable et imprescriptible« (al. 3). L'al. 4, en ajoutant »qu'il est transmissible à cause de mort aux héritiers de l'auteur», n'entre pas en contradiction avec l'al. 2, qui a insisté sur l'inaliénabilité; car il ne pose à vrai dire qu'une pierre d'attente. C'est dans le cadre de l'art. 19 que le législateur a défini le régime du droit moral post mortem auctoris: il a voulu assurer «la garde de l'œuvre» et en a confié le dépôt aux personnes qui lui ont paru le mieux qualifiées pour s'acquitter de leur mission, si bien que la transmission du droit consécutive à la mort de l'auteur doit être entendue en un tout autre sens que le transfert, «mortis causa» ou entre vifs, des droits patrimoniaux, que les ayants cause de l'auteur exercent et exploitent dans un esprit intéressé. (Cf., «Les droits d'auteur après la mort de l'auteur dans la loi française du 11 Mars 1957», H. Desbois. UFITA Bd. 26 [1958] S. 129). — Mais la lecture de l'art. 6 ne donne pas une vision panoramique des attributs du droit moral: pour compléter l'inventaire, il faut de nouveau se référer à l'art. 19 § 1er, qui dispose en termes impératifs que «l'auteur a seul le droit de divulguer son œuvre».

Enfin, »last but not the least», le lecteur ne devra pas négliger l'art. 32, inséré dans le Titre II, relatif à l'exploitation des droits partrimoniaux de l'auteur: «§ 1) Nonobstant la cession de son droit d'exploitation, l'auteur, même postérieurement à la publication de son œuvre, jouit d'un droit de repentir ou de retrait vis-à-vis du cessionnaire. Il ne peut toutefois exercer ce droit qu'à charge d'indemniser préalablement le cessionnaire du préjudice, que ce repentir ou ce retrait peut lui causer. — § 2) Lorsque, postérieurement à l'exercice du droit de repentir ou de retrait, l'auteur décide de faire publier son œuvre, il est tenu d'offrir par priorité ses droits d'exploitation au cessionnaire qu'il avait originairement choisi et aux conditions originairement déterminées.».

Voilà une disposition, qui, de prime abord, est de nature à susciter des réactions vives et diverses, sinon une opposition vigoureuse. Les uns iront peut-être jusqu'à crier au scandale: la force obligatoire des contrats est mise en péril, puisque l'auteur qui a remis en vertu d'une convention en bonne et due forme, l'original de son œuvre en vue de la reproduction et de la diffusion, est incité à reprendre sa parole, à violer la foi jurée. D'autres répondront que cette faculté, en elle-même anormale et périlleuse, n'est pas appelée, en fait, à un fréquent usage: seuls, les créateurs d'œuvres littéraires ou artistiques, que la fortune aura comblés, pourront y recourir, pour apaiser les angoisses d'une conscience bouleversée par un regret ou un remords; les autres ne seront pas en mesure de verser, préalablement, l'indemnité au paiement de laquelle à été subordonné expressément par le législateur le jeu d'une faculté dont le principe paraît audacieux et constituer l'extrême pointe de la conception française du droit moral.

Ce chassé-croisé d'objections symétriques et inverses suffira à retenir l'attention sur un dispositif, que le législateur a élaboré avec sollicitude, prenant soin d'entourer l'exercice du retrait ou du repentir d'un réseau de conditions et de contre-parties. Comment définir le préjudice inhérent au retrait, que le paiement préalable de dommages-intérêts est appelé à réparer? Et quelle est la nature, quelle est la portée de la priorité, instituée par l'al. 2 de l'art. 32, qui diffère de la faculté de préemption, prevue ici et là par la législation française? — Les difficultés, que suscitera l'interprétation de l'art. 32, ne sont pas toutes évoquées sous le signe de ces deux points d'interrogation. Encore importe-t-il de délimiter le domaine d'application du droit de retrait ou de repentir: le législateur de 1957 n'a expressément visé que la »cession du droit d'exploitation», c'est-à-dire, selon l'art. 26, du droit de représentation ou de reproduction. Mais un artiste peut regretter d'avoir accepté la commande d'un portrait: mécontent du résultat de ses efforts, il éprouve le désir de se délier, comme l'écrivain qui ne parvient pas à atteindre son idéal dans la rédaction d'un roman promis à un éditeur. Convient-il d'assimiler les deux situations, quoique, par hypothèse, la première ne comporte pas pour le client, qui a passé commande, la faculté de reproduire le portrait? L'art. 32, dira-t-on, appelle une interprétation restrictive, car il bat en brèche la force obligatoire des contrats; mais, répondra-t-on, la jurisprudence antérieure à la loi du 11 Mars 1957 offre des exemples mémorables de résolution d'un contrat de commande, intervenue à la volonté discrétionnaire de l'artiste sous l'influence de mobiles d'ordre esthétique ou moral. Le silence du législateur de 1957 doit-il être interprété comme une condamnation implicite de ces précédents, ou convient-il de combler une lacune de la loi nouvelle et comment?

C'est pourqoui, après avoir analysé le statut du retrait ou du repentir dans le cadre où l'a dessiné le législateur, *celui des contrats relatifs aux droits patrimoniaux d'auteur*, nous aborderons, les cas où, en proie à une crise de conscience, *un artiste refuse d'achever ou de livrer une œuvre, qui lui a été commandée sans que son client ait sollicité et obtenu l'autorisation de la reproduire.*

I.

Les remords et les regrets de l'auteur en face de l'exploitation des ses droits patrimoniaux

Le commentaire de l'art. 32 offre une ample carrière à la méditation, car, au cours des débats parlementaires, il a été voté sans discussion, malgré l'anomalie et la hardiesse du dispositif qu'il contient. L'exposé des motifs donne une explication sommaire: »Le droit de repentir est intimement lié au droit moral du créateur intellectuel. C'est là une question délicate, car l'exercice du droit risque de léser l'exploitant. L'art. 33 (de venu l'art. 32), sur ce point, adopte une solution qui tend à concilier les intérêts en présence. Il est évident qu'en traitant avec un éditeur ou un marchand de tableaux l'auteur ne prévoit pas toujours le jugement que l'opinion publique portera sur sa production, non plus que celui qu'il se formulera par la suite à lui-même. On doit laisser l'auteur maître du destin de son œuvre, quitte à prévoir au profit de l'exploitant une juste indemnité». (Doc. Parlem., Ass. nat., J. Off., 1954, n. 3612, p. 5) [1]).

Ce laconisme paraitra d'autant plus regrettable que le lecteur éprouve quelque embarras à préciser la portée de chacune des expressions de la locution, qui, dans la rédaction de l'art. 32, est venue à trois reprises sous la plume du législateur: «repentir ou retrait».

L'examen de la jurisprudence antérieure ne lui sera, en réalité, d'aucun secours au moment de prendre parti, car les tribunaux sont intervenus surtout à l'occasion de commandes d'oeuvre d'art non assorties d'une cession du droit de reproduire l'œuvre (Cf. infra, II) et sans faire le départ entre retrait et repentir. — On ne saurait présenter comme une véritable préfiguration de l'art. 32 la formule que la Chambre civile a inscrite dans son arrêt du 25 Juin 1902 (D. P. 1903. I. 5: note Ambr. Colin; Rec. de Sirey, 1902. I. 35, note Lyon-Caen — aff. Cinquin c/Lecocq), puis reproduite à la lettre dans celui du 14 Mars 1945 (S. 1945. I. 101, note H. Batiffol; D. P. 1945. 285, note H. Desbois — aff. Jamin c/Canal), car il s'agissait, non pas des rapports contractuels entre un compositeur de musique et un éditeur ou un impresario, mais du statut des droits d'auteur sous les régimes de communauté de biens entre époux: les droits litigieux n'avaient pas fait l'objet d'un contrat, tel que celui qui est conclu entre un écrivain et son éditeur. La Cour de cassation s'est contentée d'appliquer aux droits patrimoniaux d'auteur les règles qui, dans la communauté entre conjoints, régissent les meubles corporels ou incorporels: elle a conclu qu'ils étaient incorporés à la masse commune, tout en réservant, pour tenir compte de la nature des œuvres de l'esprit, «la faculté inhérente à sa personnalité même, de faire subir ultérieurement des modifications à sa création ou même, de la supprimer, pourvu qu'il n'agisse pas dans un but de vexation...». Dans quel sens aurait-elle statué, si, s'agissant par exemple d'une œuvre publiée par la femme avant le mariage, celle-

---

[1]) C'est dans la version du projet établie en Juillet 1947 par la Commission de la propriété intellectuelle qu'apparaît la faculté de repentir ou de retrait: l'art. 40 contenait un seul alinéa qui est devenu sans modification l'al. Ier de l'art. 32 de la loi. — L'al. 2 a été ajouté lors d'une refonte en Mai 1953 (art. 36); une seule retouche, qui est de pure forme, y a été introduite, dans la version présentée au Parlement par le Gouvernement l'année suivante: „l'auteur .... est tenu" au-lieu de „est dans l'obligation".

ci se fût prévalue de la faculté de repentir pour interrompre une édition que, dans l'exercice de ses pouvoirs de chef du foyer, le mari aurait confiée à un tiers? Il se serait alors agi de porter atteinte à un droit acquis en vertu d'une convention, et l'interprète dépasserait peut-être la pensée de la Cour suprême, s'il supposait que le contrat d'édition ou d'interprétation publique aurait été résolu selon la volonté discrétionnaire de l'auteur. Ni l'expression de retrait, ni celle de repentir n'a même été employée dans ces deux arrêts, dont la loi nouvelle abandonne, d'ailleurs, la solution, puisque, selon l'art. 25, les droits patrimoniaux d'auteur sont exclus de la masse commune.

Une distinction ingénieuse a été proposée pour faire un sort à chacun de ces deux vocables: le retrait viserait le cas où l'auteur décide de résoudre le contrat, le repentir celui où il entend apporter des retouches à l'œuvre, qu'il a d'ores et déjà livrée à l'éditeur. Une telle lecture a la caution d'un vocabulaire familier aux ateliers des artistes: le «repentir» désigne les remaniements apportés à une œuvre achevée. (Cf., G. Gavin, le droit moral de l'auteur, Paris, 1959, p. 64 & s.). Elle demeure fragile, car l'al. 2 de l'art. 32 semble bien ne viser, tout au moins expressément, que des cas où le contrat a été purement et simplement résolu: pour que l'auteur, revenu à de meilleurs sentiments envers son œuvre, soit tenu de l'offrir par priorité à celui qui fut son co-contractant, force est de supposer que les liens contractuels ont été, sous l'empire du regret ou du remords, brisés auparavant.

C'est dire que l'art. 32, contrairement au vieil adage, selon lequel «qui peut le plus peut le moins», n'habilite pas l'auteur à imposer à son co-contractant les *modifications de l'œuvre,* qu'il lui plairait d'apporter. Réserve faite des adjonctions, des suppressions, des mises au courant de l'actualité que le cours du temps rend nécessaires ou opportunes au fur et à mesure des éditions successives, surtout dans les ouvrages scientifiques, l'auteur qui prendrait fantaisie d'apporter des modifications substantielles, avant ou après la délivrance du bon à tirer, serait à juste titre invité au respect de ses devoirs: il n'aurait d'autre ressource que d'exercer le retrait proprement dit, comme s'il désavouait son ouvrage de fond en comble.

Il est donc tentant de prendre les deux mots comme synonymes, ou plus exactement de considérer que le repentir précède le retrait, comme le mobile conduit à la décision: le premier désignerait l'état d'esprit de l'auteur, le second la résolution du contrat. (Cf. cependant infra p. 154, c.)

Deux traits caractérisent le dessin du dispositif de l'art. 32: le pouvoir discrétionnaire de l'auteur — les contre-parties de ce pouvoir —

Après avoir souligné ces deux traits, l'interprète se demandera encore à quels contrats d'exploitation des droits patrimoniaux d'auteur peut-être appliqué le droit de repentir ou de retrait.

(A) — *Le pouvoir discrétionnaire de l'auteur* — Le législateur n'a pas prévu que les juges auraient à apprécier les mobiles, qui inspirent à l'auteur la volonté de se délier; il n'a pas même exigé que le repentant motive sa rétractation. La lettre et l'esprit de la loi imposent, pensons-nous, cette conclusion. Aucune expression de l'art. 32 ne fait allusion à un contrôle judiciaire: aussi discutables que soient les scrupules de l'écrivain, du compositeur, de l'artiste, quelle qu'en soit l'exagération, les juges devront s'incliner, devant son regret, d'ordre esthétique, ou son remords, d'ordre spirituel, politique, religieux, moral Aussi hardi qu'il paraisse, ce système reflète la volonté du législateur de 1957, qui, fidèle à la tradition française, a porté au premier plan de ses préoccupations la sauvegarde des intérêts des auteurs: les magistrats trahiraient ses intentions, s'ils passaient au crible d'une critique objective les considérations qui animent le retrayant; ce faisant, ils en viendraient à porter un jugement de valeur esthétique et oublieraient que l'art. 2 leur interdit de tenir compte du mérite, des qualités et des défauts de l'œuvre. Ils iraient au-devant de divergences d'opinion, qui engendreraient des contradictions, des solutions arbitraires; ils frapperaient de paralysie, en fait, et dénatureraient, en droit, l'exercice d'une faculté, qui, par essence, doit être abandonnée au discernement, au libre arbitre des intéressés. Comme le droit de divulgation, l'exercice du retrait a, par nature, un caractère unilatéral, absolu et discrétionnaire pour les auteurs, qui n'ont pas davantage à démonter les ressorts de leur repentir qu'à motiver et à justifier le refus de procéder à une publication, aussi surprenante que leur abstention ou, leur rétractation paraisse à un esprit, impartial et pondéré. Une symétrie apparait, en définitive, entre le droit de divulgation et le droit de retrait.

Toutefois, l'interprète ne dénaturera pas le dispositif de l'art. 32, s'il sous-entend une réserve. Les juges ont le devoir de déceler, sous l'apparence de préoccupations d'ordre esthétique ou moral, la réalité de calculs mercantiles: la faculté de retrait est destinée à apaiser les troubles de conscience que la publication cause à l'auteur, non à effacer le regret d'une convention estimée tardivement désantageuse par celui qui l'a acceptée avec enthousiasme ou résignation. Pour faire abstraction de la volonté de l'auteur, le tribunal ne sera pas même tenu d'acquérir la conviction qu'une convention plus avantageuse a d'ores et déjà été conclue avec un tiers ou est en cours de négociation: il suffira que l'éditeur ou l'entrepreneur de spectacles perce à jour le caractère mensonger des allégations invoquées pour recouvrer une liberté jadis aliénée à des conditions qui n'ont plus l'heur de plaire à leur co-contractant.

(B) — *Les contre-parties du pouvoir discrétionnaire.* — Discrétionnaire, le droit de repentir ou de retrait n'est pas inconditionnel: l'exercice en est soumis à une condition et le repentant assume une obligation, qui limitare sa liberté après le retrait.

(I) — L'indemnisation préalable du cessionnaire

Telle est la pièce maîtresse de la contre-partie, de la condition d'exerice du retrait. L'auteur sera réduit à ressasser ses remords ou à se réconcilier avec son œuvre, s'il n'a pas une fortune suffisante pour dédommager au préalable son co-contractant, ou ne peut pas compter sur l'avance d'un bailleur de fonds confiant dans l'avenir.

La rançon du repentir sera d'autant plus onéreuse que l'indemnité aura été plus largement calculée: ni le texte de l'art. 32, ni les travaux préparatoires ne tracent aux juges une ligne de conduite, si bien que les règles du droit commun de la responsabilité devront être mises en jeu. Les tribunaux ne se contenteront pas de faire état du «damnum emergens», des dépenses d'impression, de publicité, d'expédition des volumes, de l'ensemble des frais généraux qu'un éditeur ou un entrepreneur de spectacles a exposés. Ce mode de calcul comporterait une omission arbitraire, car un commerçant est fondé à se plaindre, non seulement des dépenses effectuées en pure perte, mais aussi du manque à gagner: le «lucrum cessans» doit entrer en ligne de compte. Une juste mesure sera empruntée à la notion des chances de gain: le tribunal comparera, le cas échéant, la courbe des ventes qu'affecte le retrait et celle des autres ouvrages du même auteur, dont la carrière n'a pas été interrompue. Dès lors que l'auteur exerce une faculté discrétionnaire, n'ayant pas à expliquer, à justifier sa conduite, il doit supporter en contre partie, la réparation de tout le dommage: il a assumé un risque en prenant l'initiative de la divulgation d'une œuvre; à lui de prendre en charge la réparation des préjudices qu'il est exposé à causer, si, plus tard, une évolution de ses pensées ou de ses sentiments l'amène à résilier le contrat d'exploitation.

C'est là sous-entendre que toute convention, relative à la divulgation d'une création intelectuelle, comporte, pour l'auteur, une option: l'obligation de faire dont l'objet est de tenir à la disposition de l'exploitant l'œuvre destinée à la divulgation, ou recouvrer sa liberté moyennant l'indemnisation préalable du co-contractant. On comprendrait que le législateur eût limité le montant de l'indemnité aux dépenses effectuées —, déduction faite, le cas échéant, des recettes d'ores et déjà encaissées —, s'il avait soumis à un contrôle les motifs de la rétractation, car les co-contractants des auteurs seraient moins souvent exposés à l'anéantissement de la convention; des lors, au contraire, que le retrait est discrétionnaire — réserve faite des cas où les intéressés déguisent sous des prétextes d'ordre moral un dessein de lucre — le manque à gagner doit entrer en ligne de compte comme le damnum emergens.

L'aléa des calculs serait, au demeurant, évité, si les co-contractants inséraient, en prévision du retrait, une clause pénale, qui fixerait une variété sur le montant de l'indemnité; ce geste de prévoyance n'encourrait la critique que dans les cas où le chiffre serait tellement élévé que, manifestement, l'exploitant l'aurait imposé pour rendre impossible à l'auteur l'exercice de la faculté légale, qui doit demeurer à l'abri des renonciations, directs ou indirects, comme toutes les prérogatives du droit moral, «perpétuel, inaliénable, imprescriptible» aux termes de l'art. 6 § 3.

(2) — Le droit de priorité du co-contractant de l'auteur

La contre-partie du retrait est double: l'une concerne le passé, ayant un caractère préalable, l'autre regarde l'avenir et n'intervient pas nécessairement; le législateur a prévu, parmi les vicissitudes de l'état d'esprit des auteurs, l'éventualité d'un contre-repentir, qui se manifeste après la rétraction. L'écrivain, le compositeur regrette d'avoir résilié le contrat et mis un terme à la publication; il pourra se raviser et revenir à ses premiers errements, car il serait contraire à la vocation des auteurs et à la destination de leurs œuvres, qui est de porter un message, d'exiger que le retrayant détruisît sa création ou la tînt à tout jamais sous le boisseau. Mais, l'art. 32 § 2 investit le co-contractant, qui a subi l'incidence du retrait, d'un droit de priorité, en vertu duquel il pourra se charger de la publication renaissante aux mêmes conditions que de celle qui a fait long feu.

Le principe est judicieux; les modalités d'application n'échapperont pas à la discussion. Quel est l'orbite de cette compensation secondaire qui, à titre éventuel, est offerte par la loi aux exploitants?

Le cas, dans lequel l'auteur recourt au retrait, non pour apaiser sa conscience, mais afin de conclure un contrat plus avantageux, ne met pas en jeu le mécanisme de l'art. 32 § 2: dès lors, en effet, qu'il détourne le retrait du but vers lequel le législateur l'a orienté, son co-sontractant est fondé à imposer l'exécution ponctuelle des stipulations; il s'agit alors de neutraliser le retrait, d'éviter la résolution du contrat, non de réglementer une publication qui y ferait suite. Les termes de la disposition légale sont formels; au moment où il manifeste son repentir, l'auteur est résolu à cesser la publication; c'est plus tard, sous l'influence d'un nouvel état d'esprit, qu'il en vient à regretter sa décision antérieure et se propose de recommencer la divulgation.

On conçoit que l'exploitant ne puisse pas être évincé au profit d'un concurrent, malgré le défaut de corrélation entre le retrait et la publication ultérieure; l'entreprise nouvelle est de nature à l'intéresser, comme celle qui l'a précédée et a tourné court. Voilà pourquoi il est investi d'un droit de priorité.

Mais, encore faut-il expliquer pourquoi c'est aux «conditions originairement déterminées» que jouera le privilège; le législateur parait n'avoir pris en considération que le cas, dans lequel l'auteur, se ravisant, se contenterait de publier l'œuvre dans l'état où il avait décidé de la livrer précédemment au public, sans suppressions, adjonctions ni retouches. En pareille occurrence, l'équité postule que le droit de priorité soit exercé aux conditions fixées par le précédent contrat: sinon, le «repentant» pourrait retirer un profit de la rétractation, s'il venait à recevoir et à agréer des propositions plus avantageuses d'un tiers; il ne faut pas que le retrait, même exercé honnêtement, pour des raisons d'ordre intellectuel, soit pour lui l'occasion d'un bénéfice.

Mais, en d'autres circonstances, on comprendra moins aisément que le co-contractant, qui a subi la résiliation, puisse maintenir les stipulations initiales. Le plus souvent, l'écrivain, le compositeur ou l'artiste ne viendra à résipiscence qu'après avoir, plus ou moins profondément, amendé son œuvre; s'il s'agit d'un ouvrage scientifique, par exemple, l'auteur aura tenu compte de découvertes récentes, de travaux, qui auront vu le jour depuis sa précédente initiative, et par là-même donné plus d'interêt et de valeur marchande à son travail. N'est-il pas injuste qu'en une telle occurrence l'éditeur puisse s'en tenir aux modilités du précédent contrat, et en particulier au taux initial de la redevance, alors qu'un concurrent fait des propositions plus avantageuses en considération de la plus-value qui résulte des améliorations?

Une autre hypothèse appelle la réflexion: les transformations, qui ont été apportées, tout en rehaussant le niveau de l'œuvre, entraineront peut-être, pour les besoins de l'édition, des frais supplémentaires et, par voie de répercussion, un relèvement du prix de vente, tel que le débit sera plus aléatoire, ou, tout au moins, plus lent; l'éditeur ne serait-il pas alors fondé à exiger des conditions moins avantageuses que celles du contrat initial?

En un mot, une interprétation raisonnable de l'art. 32 § 3 conduit à en resteindre l'application au cas, d'ailleurs peu fréquent, où l'auteur, obéissant à un mouvement de contre-repentir, décide de publier son œuvre dans l'état où elle a vu le jour pour la première fois. Les expressions, que le législateur a employées, ne mettent pas obstacle à cette interprétation restrictive: le droit de priorité est en corrélation avec le retrait, comme l'indemnisation préalable; il doit porter sur la même œuvre que le retrait, c'est-à-dire sur l'œuvre, telle qu'elle était au moment où a été opérée la rétractation. Les modifications, apportées par l'auteur, rompent la symétrie; la priorité ne porterait plus sur la même œuvre que le repentir et se concevrait d'autant moins qu'il s'agit d'une prérogatice exceptionelle, dont l'extension serait arbitraire faute d'analogie des situations. — On ne saurait tronquer la formule légale: c'est «aux conditions originairement déterminées», à l'exclusion de toutes autres, que «le cessionnaire originairement choisi» peut se réclamer de la priorité; il a le droit, mais aussi le devoir, de s'y tenir. Le mécanisme est tout autre que celui d'un droit de préemption, dans lequel le préempteur doit se plier aux conditions réelles, que propose un concurrent.

(3) — L'aire d'application du dispositif de l'art. 32

(a) Le législateur a dissipé toute hésitation, quant à la détermination de la période pendant laquelle le retrait est admissible, en écrivant: «même postérieurement à la publication de l'œuvre». Ce n'est pas seulement pendant les préparatifs d'une édition ou d'une interprétation publique que l'auteur peut donner libre cours à ses regrets et à ses remords d'ordre intellectuel ou affectif. Il est encore en mesure de mettre sa conscience en repos, lorsque les volumes sont mis à la disposition du public, sans, toutefois, qu'il puisse forcer la porte des acheteurs et fouiller les bibliothèques pour en retirer les livres maudits.

(b) Mais le doute naît sur le point de savoir si tous les contrats, par lesquels un auteur a consenti à tel ou tel autre mode de divulgation, sont exposés au retrait. Les termes de l'art. 32 § ler sont aussi compréhensifs que possible; le lecteur relèvera que «la cession du droit d'exploitation» n'est assortie d'aucune exception, et par là-même que tous les modes de divulgation sont soumis au même sort. Ce n'est donc pas, semble-t-il, seulement le contrat d'édition ou de représentation qui est appelé à tomber sous les coups de la résolution: l'auteur est habilité à retirer l'autorisation d'adapter ou de traduire, et, plus généralement, d'extraire une œuvre dérivée de la sienne. La rubrique du Titre II, dans lequel l'art. 32 a été inséré, embrasse l'exploitation de tous les droits patrimoniaux d'auteur, car si l'art. 26 n'énonce que le droit de représentation et le droit de reproduction, l'art. 40 dénonce l'illicéïté de «la traduction, de l'adaption, de la transformation, de l'arrangement ou de la reproduction par un art ou un procédé quelconque», réalisés sans l'agrément du créateur de l'œuvre préexistante.

Les données ne sont pas, il est vrai, les mêmes dans le cadre d'un contrat d'adaptation qu'à l'occasion d'une édition pure et simple: l'écrivain, qui prétend retirer la permission d'adapter un roman à la scène ou à l'écran, comme celle de procéder à une traduction, prive son co-contractant du droit de faire lui-même acte de création intellectuelle au second degré, alors que l'éditeur exerce une activité de simple diffusion. La victime du retrait sera, non plus un commerçant, mais un auteur, tout au moins un candidat à la qualité d'auteur. — Mais, cette différence, aussi importante qu'elle soit, ne semble pas suffisante pour neutraliser l'exercice du retrait, défini et réglementé dans une formule de portée générale.

La même observation est valable, pensons-nous, à l'egard des œuvres de collaboration, malgé qu'aux termes de l'art. 10 § 2 «les co-auteurs doivent exercer leurs droits d'un commun accord»: il n'existe aucune cause d'incompatibilité fondamentale entre cette disposition-là et la teneur de l'art. 32. La faculté unilatérale de retrait prévaut sur l'«affectio societatis» et l'esprit d'équipe, qui président à toute tâche menée en commun. L'unanimité des collaborateurs, ou, au cas de partage, l'intervention des juges (art. 10 § 3) concerne la mise en œuvre des droits patrimoniaux, c'est-à-dire la négociation des contrats d'exploitation, ainsi que l'exercice du droit au respect, en ce sens que les retouches devront être agréées par tous, ou, au cas de dissensions, approuvées par l'autorité judiciaire. Mais, par nature, le droit de repentir a une caractère unilatéral et discrétionnaire: l'exercice n'en peut être subordonné à l'agrément d'autrui. — Les œuvres cinématographiques, elles-mêmes, pour lesquelles le droit au respect est soumis à rude épreuve pour chacun des co-auteurs par l'art. 16 § 2, sont, semble-t-il, accessibles au retrait. Ajoutons aussitôt, pour apaiser les appréhensions suscitées par une interprétation aussi extensive, qu'en fait les inconvénients en seront palliés par la nécessité, pour les retrayants, de faire face à des indemnités si onéreuses que les plus scrupuleux imposeront silence aux appels de leur conscience!

(c) — Une autre variété de contrats, qui comporte la mise en action d'un droit patrimonial d'auteur, donnera prise, au-contraire, sans sérieuse discussion, au retrait: *ce sont les conventions de commande, assorties de l'autorisation de reproduire l'œuvre et d'en diffuser les copies.* Tel est le cas de l'œuvre littéraire, qu'un écrivain s'engage à élaborer à la demande d'un éditeur, ou des illustrations destinées à y prendre place: la «cession du droit d'exploitation», sous la forme d'une reproduction, prend place dans les conventions de cet ordre, et, par conséquent, l'intervention du retrait n'y est pas insolite, selon l'interprétation la plus étroite de l'art. 32. — Et même, c'est en insérant ces conventions dans l'orbite de l'art. 32, qu'il est le plus aisé de faire le départ entre le repentir et le retrait, d'échapper au reproche d'entendre dans le même sens deux vocables contrairement à un principe fondamental d'interprétation des dispositions législatives: chaque expression a revêtu, sous la plume du législateur, un sens propre, sans lequel elle n'aurait aucune raison d'être. Le repentir concerne la phase d'élaboration de l'œuvre commandée, le retrait celle de la publication: loin de répugner à une telle ventilation, la rédaction de l'art. 32 y invite, puisque l'al. Ier s'applique à ces deux périodes, en admettant l'exercice du retrait aussi bien avant qu'après la publication de l'œuvre.

Les hésitations surgissent de nouveau, en présence d'un contrat de commande pur et simple, qui a, par exemple, pour objet un portrait, que le client n'a pas obtenu la permission de reproduire.

II.

Les remords et les regrets de l'artiste au cas de commande pure et simple

(A) — Un argument «a simili» vient immédiatement à l'esprit pour traiter la commande d'un portrait comme le contrat d'édition qui a pour objet une œuvre d'ores et déjà achevée. Puisque, selon l'interprétation la plus étroite, l'art. 32 investit de la faculté de repentir l'artiste qui a promis de réaliser les illustrations d'un ouvrage, la commande qu'il a acceptée comportant l'autorisation de reproduire ses dessins et, partant, dans la mesure nécessaire à cette fin «la cession du droit d'exploitation», il serait paradoxal et inique d'opposer un refus à celui qui s'est engagé à faire un portrait, sans se dessaisir en aucune mesure du droit de reproduction. Car les mêmes scrupules risquent de l'assaillir, qu'il ait autorisé ou non son co-contractant à diffuser des copies d'une œuvre qui lui fait horreur. Et même, d'un point de vue psychologique, il serait plus grave pour un artiste de se séparer contre son gré d'une toile, qu'il a exécutée sur commande, que d'être démuni de tous moyens pour arrêter le cours d'un contrat de reproduction afférent à une œuvre d'ores et déjà terminée: pour lui, il s'agit, non pas de mettre un terme à une divulgation, qui est en cours, mais de se dérober à la première prise de contact avec le public. — Aussi bien, M. le

Doyen Savatier prend le parti d'étendre la portée de l'art. 32, malgré que le législateur n'ait expressément visé que «la cession du droit d'exploitation», c'est-à-dire des droits patrimoniaux d'auteur: «l'art. 32 a tort de ne viser que l'exploitant, écrit-il. Tout bénéficiaire d'une promesse faite sur l'œuvre peut souffrir, même lorsqu'il n'a en rien la qualité d'exploitant, du droit de repentir . . . le contrat de commande, le contrat de vente d'une œuvre d'art dont la loi ne fait pas mention exploite la propriété littéraire et artistique» (Cf. Commentaire de la loi du 11 Mars 1957. J. C. P. 1957. I. 1398, n. 39 et 71).

Aussi bien, l'examen de la jurisprudence antérieure n'invite-t-il pas à faire abstraction de la lettre de l'art. 32? Dès le 14 Mars 1900, dans l'affaire Eden c/Whistler, la Chambre civile proclamait: «la convention, par laquelle un peintre s'engage à exécuter un portrait moyennant un prix déterminé, constitue un contrat d'une nature spéciale, en vertu duquel la propriété n'est définitivement acquise à la partie qui l'a commandée que lorsque l'artiste a mis ce tableau à sa disposition et qu'il a été agréé par elle». (Cf. D. P. 1900. I. 497, rapport du Cons. Rau, concl. de l'av. gén. Desjardins, note signée M. P.). Le chemin était frayé; déjà, dans cet arrêt, apparaissent les traits essentiels d'une formule, que les tribunaux, au cours des années, porteront à un degré de précision tel qu'il serait absurde de faire aujourd'hui litière d'une analyse, inspirée par une exacte vision des caractères distinctifs de toute création d'ordre littéraire et artistique.

A la différence d'un article de série, dans la fabrication duquel l'automatisme d'une machine a pris une plus grande part que la main de l'ouvrier, l'objet d'art, pur ou appliqué à l'industrie, ne peut pas devenir la propriété de la personne qui l'a commandée dès les premiers coups de pinceau ou de burin, car il porte l'empreinte d'une intelligence, d'une sensibilité, les reflets de l'intimité d'une personnalité. — Le transfert de propriété implique un double agrément, celui du client et celui de l'artiste. Mais l'un et l'autre n'ont pas le même fondement, et, par conséquent, ne présentent pas les mêmes traits. Le premier n'a pas un caractère discrétionnaire, car un client, même le plus exigeant, ne peut refuser la toile ou la statue que s'il invoque des griefs que les juges considèrent comme fondés: l'œuvre, qu'il apprécie, n'est pas la sienne, en ce sens qu'il ne l'a pas créée, rélisée de ses propres mains. Le second, au-contraire, échappe au contrôle judiciaire, car l'artiste, lorsqu'il a assumé les liens d'un contrat de commande, ne peut être contraint de se dessaisir d'une création, qu'il estime en conscience ne pas correspondre à son idéal:

le refus d'achever ou de livrer est, par nature, discrétionnaire, hormis les cas où les scrupules, qui sont allégués, ne constituent que de vaines apparences et déguisent des mobiles intéressés.

Le tribunal civil de la Seine, le 10 Juillet 1946 (D. P. 1947. 98, note H. Desbois), la Cour de Paris le 19 Mars 1947 (D. 1949.19, note H. Desbois) ont suivi l'exemple donné par la Cour de cassation au début du siècle: le transfert de propriété d'une œuvre d'art n'a lieu qu'après l'achèvement de l'œuvre et l'artiste a la faculté discrétionnaire de décider si elle est achevée ou non. (Cf. encore, trib. civ. Charolles, 4 Mars 1949, Droit d'auteur, 1949, 114 & D. 1950,83.)

L'interprète de l'art. 32 ferait preuve d'une singulière étroitesse d'esprit s'il prétendait remonter un courant aussi fort, qui a pris sa source dans un passé déjà lointain.

Aussi bien, peu importe que les règles de l'exégèse imposent l'interprétation restrictive des dispositions exceptionnelles, de celles, en particulier, qui ébranlent la force obligatoire des contrats, telles que l'art. 32, qui ne vise expressément que la cession des droits patrimoniaux d'auteur. Car une autre disposition de la loi nouvelle peut être invoquée, pour combler la lacune que révèle la lecture de l'art. 32. La première phrase de l'art. 19 § 1er a une portée générale, car elle a été inspirée par les particularités de la genèse des œuvres de l'esprit: «l'auteur a seul le droit de divulguer son œuvre.» La divulgation doit être entendue en cette brève formule dans le sens le plus compréhensif: un peintre ne peut pas être contraint de se dessaisir d'une toile, que le client agrée, magré qu'il ait assumé les obligations d'un contrat de commande. En promettant délaborer une œuvre pour le compte d'un client, il n'a pas encore exercé ce droit général de divulgation, que lui réserve l'art. 19 § 1er, car une décision, qui serait prise «in futurum», en blanc, dès le moment de la commande, serait dérisoire: le créateur ne peut se résoudre au transfert de propriété, qui retentit jusqu'au tréfonds de sa conscience, qu'en parfaite connaissance de cause, après l'achèvement de l'œuvre qui dépend de lui seul. Il ne peut être contraint, au moyen d'astreintes, à tenir la toile sur le chevalet, car l'inspiration n'obéit pas aux exigences d'un plan de travail mécanique. La liberté d'achever ou non, de livrer ou non, représente une donnée irréductible des contrats de commande dans le domaine de la création littéraire et artistique.

C'est pourquoi, même si l'art. 32 n'avait pas été rédigé ou venait à être abrogé, l'art. 19 § 1er ménagerait encore à l'artiste la faculté de ne pas livrer, quelle que fût la vanité de ses scrupules, l'œuvre commandée, comme à l'écrivain ne pas remettre à l'éditeur le manuscrit, rédigé sur commande dont la lecture le fait souffrir, même si son angoisse paraissait démesurée, déraisonnable à un critique sévère et impartial. — Deux perspectives doivent en effet, être distinguées. L'une implique que la reproduction de l'œuvre été d'ores et déjà décidée par l'auteur; il s'agit pour lui de mettre fin aux préparatifs d'une édition ou à la divulgation des ouvrages d'ores et déjà édités: c'est à cette situation que s'applique essentiellement l'art. 32, encore que les termes, dans lesquels il a été rédigé, permettent d'y assimiler le cas d'une commande faite en vue de la reproduction (Cf. supra I). L'autre concerne l'exécution et la livraison de l'œuvre commandée; elle est ouverte par l'art. 19 § 1er. D'un côté, par conséquent, la rétractation de la décision, d'ores et déjà prise, de divulguer l'oeuvre; de l'autre, la faculté discrétionnaire, réservée à l'auteur, de procéder, ou non, à la divulgation.

Mais, un facteur commun sert de trait d'union entre les deux cas. S'il est conforme à la nature des œuvres de l'esprit de respecter les scrupules de l'écrivain, ou de l'artiste, il serait aberrant d'oublier qu'un contrat a été conclu, qui comporte des obligations réciproques. L'indemnisation du client, à laquelle l'art. 32 subordonne la rétraction, s'impose avec la même rigueur en présence du refus de divulguer, c'est-à-dire d'achever et de livrer l'œuvre commandée que du retrait proprement dit: dans le cadre d'un contrat, l'exercice du droit moral de divulgation, tout comme le retrait, comporte une contre-partie, qui est, sur le plan juridique, l'expression d'un risque de la création intellectuelle. L'auteur, en acceptant la commande, s'est engagé sous le signe d'une alternative, à la différence d'un fabricant d'objets de série: il a promis son fait personnel, l'élaboration de l'oeuvre littéraire ou artistique, ou, à défaut et à son gré, la réparation du dommage causé par sa décision. (Cf. H. Desbois, Le droit d'auteur, n. 534)

C'est cette analyse qui se situe, pensons-nous, à la base d'un arrêt, rendu par la Cour de Paris (Ière Ch.) le 14 Mai 1962 (D. 1963, J., p. 104 & s., note de M. Paul Esmein; Rev. Trim. de Droit comm., observ. H. Desbois, 1963, 2° trim.) à l'occasion d'un portrait. Les premiers juges avaient estimé que l'artiste n'assumait aucune obligation au moment de la commande; seul, le client était lié par une promesse d'achat, si bien que le peintre n'engagerait pas sa responsabilité au cas où il n'exécuterait pas ou ne livrerait pas ta toile. — La juridiction d'appel a répondu: «bien que la convention, par laquelle un peintre s'engage moyennant un prix à exécuter un tableau, soit un contrat synallagmatique d'une nature spéciale, en vertu duquel la propriété du tableau n'est définitivement acquise à la personne qui l'a commandé que lorsque l'artiste a mis le tableau à la disposition de cette personne, elle est néammoins parfaite au moment où les parties se sont mises d'accord sur la chose et le prix; il n'est pas contesté que cet accord se soit manifesté en Juin 1939.» — C'est là sous-entendre qu'un peintre, en refusant d'exécuter la commande ou de livre la toile que rencontre l'agrément du client, engage sa responsabilité sur le plan contractuel: il s'était engagé, lors de la conclusion du contrat, ou bien à accomplir la prestation, ou bien à dédommager son co-contractant du préjudice causé par sa retraite. Une telle structure ne contrevient pas à la prohibition des conditions résolutoires qui sont purement potestatives «a parte debitoris», puisque l'option, qui est ouverte à l'artiste, comporte le versement d'une somme d'argent à la place de l'exécution en nature.

L'exercice du droit de divulgation se développe, en définitive, dans le cadre des contrats de commande d'œuvres d'art, sous l'égide de l'art. 19 § 1er, comme le retrait ou le repentir, prévu et aménagé par l'art. 32 à l'égard de la cession des droits d'auteur.

Une différence, cependant, doit, croyons-nous, être admise: dès lors que l'art. 32 n'est pas applicable faute de cession de l'un des droits patrimoniaux d'auteur, il n'est pas nécessaire dans le cas d'une commande pure et semble que le versement de l'indemnité soit contemporain du refus d'exécuter ou de livrer. La notion d'obligations alternatives, que la nature des œuvres de l'esprit introduit dans l'économie des contrats de commande, n'a d'autre conséquence que de lier la disparition des obligations d'exécuter et de livrer à la naissance d'une obligation d'indemniser le créancier: l'extinction des premières dépend de la naissance, non de l'exécution de la seconde. C'est seulement en vertu d'une disposition formelle du législateur que, dans les circonstances visées par l'art. 32, la libération du débiteur est subordonnée au versement des dommages-intérêts. Aussi bien, il serait vain, dans le cas de commande d'une œuvre d'art, de lier la disparition de l'obligation de faire au paiement de l'indemnité; car le créancier ne serait pas en mesure d'exercer une pression sur la volonté de son co-contractant, l'élaboration d'une œuvre d'art ne pouvant être imposée sous la menace d'astreintes en raison de la nature de la prestation promise.

(B) — Le législateur de 1957 n'a pas abordé un problème complémentaire, qui se présente en des termes identiques, que les droits d'auteur aient été cédés, ou non, en même temps que l'œuvre a été aliénée, et que l'aliénation de la toile, de la statue, du dessin, résulte, ou non, de l'exécution d'un contrat de commande. Un peintre, un sculpteur, qui a transféré la propriété de l'une de ses œuvres, dans le cadre ou en dehors d'une commande, peut-il demander et obtenir la résolution de la vente, en faisant état des troubles de consience qui le bouleversent?

Aucun précédent ne peut-être invoqué en ce sens dans la jurisprudence antérieure à la loi de 1957. Le jugement, rendu le 15 Novembre 1927, par le tribunal civil de la Seine (D. P. 1928.2.89, note M. Nast; S. 1928.2.137, note Chavegrin) et confirmé par la Cour de Paris le 6 Mars 1931 (D. P. 1931.288, note M. Nast) a un tout autre sens (aff. Camoin c/Carco). Il s'agissait de tout autre chose que de reconnaitre à un peintre la faculté de recouvrer une œuvre aliénée et seulement de déclarer qu'en reconstituant une toile lacérée par l'artiste mécontent du fruit de ses efforts un tiers ne peut pas tenir en échec la volonté, manifestée par le créateur, de ne pas communiquer sa création au public: ces deux décisions mettaient en jeu le droit de divulgation, non la revendication d'une œuvre, dont l'artiste a d'ores et déjà acquis la propriété par la voie d'un contrat d'aliénation.

Le silence de la loi nouvelle ne peut-être interprété dans le sens d'une solution qui comporterait l'exercice du retrait même après l'aliénation. — Car, si le droit discrétionnaire de divulgation fait partie organique du statut des œuvres de l'esprit, même dans l'exécution d'un contrat de commande, le droit de retrait ou de repentir n'en est pas un corollaire. Le premier de ces droits existerait même dans le silence de la loi, en l'absence de l'art. 32, par la seule vertu de la nature des œuvres de l'esprit dont s'inspire l'art. 19 § 1er, le second, au-contraire, ne peut-être fondé que sur une disposition expresse: l'art. 32 n'en admet la jouissance qu'à l'égard des droits patrimoniaux d'auteur, non de la propriété des œuvres d'art, si bien qu'un artiste, qui aurait permis à l'acquéreur de ses œuvres de les reproduire et de mettre en circulation les reproductions, purrait arrêter la diffusion des copies, non recouvrer l'original.

Au demeurant, la législation nouvelle ne traite pas directement, tout au moins, du statut des œuvres d'art, en tant que supports des droits intellectuels; elle n'en prend souci que dans la mesure nécessaire à l'épanouissement des droits d'auteur. L'acquéreur subit, à cet effet, non pas un expropriation dans l'intérêt du créateur, mais seulement une restriction des pouvoirs que comporterait la jouissance de sa qualité de propriétaire s'il ne s'agissait pas d'une œuvre de l'esprit. C'est ainsi qu'en l'absence de stipulations exemptes d'équivoque, en acquérant l'œuvre, il n'est pas investi du droit de reproduction (art. 29 § 2) et qu'en vertu de l'art. 42 § 3 il doit subir le prélèvement inhérent au droit de suite au profit de l'artiste. Mais ces entraves, qui évoquent les servitudes des biens-fonds, diffèrent par essence de l'expropriation d'intérêt privé, que consommerait l'exercice du retrait à l'encontre des acquéreurs successifs de l'œuvre. — Une telle perspective ne pourrait être ouverte que par une décision formelle du législateur: l'art. 32 ne permet pas d'imposer ce sacrifice aux propriétaires d'œuvres d'art et l'art. 29 § 3 en élimine la possibilité a contrario. Autre chose est, en effet, de disposer que l'auteur ou ses ayants droit pourront imposer au propriétaire la mise de l'œuvre à leur disposition temporaire afin d'en réaliser la reproduction, si toutefois celui-ci n'a pas des raisons sérieuses de s'y opposer, autre chose d'avancer, malgré le silence des textes, que le repentir habilite l'artiste à recouvrer l'œuvre comme si l'acte d'aliénation avait été atteint d'un vice de fond ou de forme. — A partir du moment où l'artiste a pris la décision de transférer la propriété de son œuvre, celle-ci est définitivement acquise par son ayant cause: c'est seulement si le contrat de vente comportait une clause expresse de rachat qu'il serait fondé à anéantir rétroactivement le transfert, ad natum, pour quelque raison que ce fût, aussi bien en vertu de considérations pécuniaires que de préoccupations d'ordre intellectuel ou moral.

Pour étendre la faculté de retrait aux aliénations des œuvres d'art, il serait encore vain de s'engager dans une argumentation déduite du droit au respect. Une telle tentative serait aussi décevante qu'un mirage. Non seulement, dans le silence de la loi, c'est avec circonspection que les juges doivent admettre la responsabilité des propriétaires, qui ne prennent pas de ménagements envers les œuvres d'art par eux acquises (Cf. Paris, 30. Mai 1962. D. 1962, J., p. 570, note H. Desbois), mais aussi le retrait a un tout autre but que l'interdiction de mutiler, de transformer ou de détruire l'œuvre sans raison valable; l'artiste, qui met en avant son remords, son repentir, pour réclamer la restitution d'une œuvre régulièrement aliénée, se propose de détruire lui-même ou, tout au moins, de soustraire aux regards sa propre création. Malgré que la législation du Droit d'auteur soit animée en France par un esprit individualiste et aménagée dans l'intérêt des créateurs, on conçoit que soient accueillies plus favorablement les initiatives qui tendent à la sauvegarde ou à la reproduction d'une œuvre que celles qui ont pour but la destruction ou tout au moins la neutralisation. Seule la volonté non équivoque de législateur pourrait imposer cette entrave à la jouissance de la propriété des œuvres d'art: la loi du 11 Mars 1957 ne contient aucune disposition, qui puisse servir de point d'appui à une semblable conclusion.

La Protection des Photographies

Par **Robert Plaisant**
Professeur à la Faculté de Droit et des Sciences Économiques
de Caen

La protection des photographies et de leurs auteurs suscite, si ce n'est des difficultés de principe, du moins certaines controverses.

En droit français, la question a été tranchée par la jurisprudence antérieure à la loi du 11 mars 1957, qui admet la protection selon le droit d'auteur, accessoirement par l'action en concurrence déloyale, puis par cette loi qui confirme a solution jurisprudentielle sur le premier point, la jurisprudence n'étant pas modifiée sur le second.

La convention de Berne, revisée à Bruxelles, art. 2, dispose formellement que les photographies sont des œuvres artistiques, mais elle prévoit en son article 7 une durée de protection qui est plus courte que celle de droit commun. Il en est ainsi selon la loi allemande (Ulmer, Urheber- und Verlagsrecht 895, p. 424).

Cependant cette solution ne s'impose pas comme une vérité d'évidence, qui soit incontestable. Notre éminent collègue, le Professeur Desbois s'exprime ainsi à ce sujet (Le Droit d'auteur, p. 129): «Une protection rationelle des photographies ne peut s'insérer dans le cadre des droits d'auteur proprement dits; aussi opportune que ce soit, pour l'avenir de la culture artistique, la répression des reproductions non autorisées de clichés et les prérogatives des photographes ne peuvent être purement et simplement modelées sur celles des artistes, car les unes et les autres n'apportent pas aux Beaux-Arts des contributions de même nature; les clichés, en raison des conditions dans lesquelles ils sont élaborés et du rôle que joue l'opérateur, se prêtent à l'application de prérogatives apparentées, connexes aux droits d'auteur, mais non de droit d'auteur stricto sensu.»

Il faut constater que certaines législations étrangères protègent les photographies au titre des droits connexes et non du droit d'auteur. Telle est la loi italienne du 22 avril 1941, articles 72 et 79 (Piola Caselli: D. A. 1939, p. 135 et s.) et que dans nombre de pays ces ouvrages bénéficient d'une protection moins complète que les œuvres artistiques (Bull. Droit d'auteur 1949, vol. II, n°2, 3 p. 41 — V. encore Becquet, Le droit d'auteur des photographies, Ing. Cons.

1961.1 — Bappert, Urheberrechtsschutz oder Leistungsschutz für die Photographien, GRUR 1954, 104; Gourion, Photographie et droit d'auteur, Paris 1959).

Du fait que la convention internationale de Rome sur les droits voisins ne concerne pas les photographies, il semble que la tendance générale soit à la protection par le droit d'auteur, quitte à la limiter, et non par la création d'un droit voisin.

Il y a lieu de traiter:

de la protection avant la loi du 19 mars 1957,

de la protection selon cette loi,

de l'étendue de cette protection,

des règles internationales.

I. — LA PROTECTION AVANT LA LOI DU 19 MARS 1957

La jurisprudence admettait la protection de manière constante dès lors que la photographie présentait un caractère artistique, c'est-à-dire une originalité esthétique. Il fallait donc distinguer entre:

les photographies ayant un caractère d'originalité que nous appellerans œuvres d'art photographique,

les photographies n'ayant pas ce caractère que nous appellerons travaux photographiques.

A. Les œuvres d'art photographique

La protection sur le droit d'auteur est admise par une longue suite d'arrêt. (C. Paris 27 oct. 1961. J. C. P. 61. II. 12395 note Aymond — C. Chambéry, 18 mai 1961, D. 61.599, Rev. Int. Dr. Aut. 62. XXXV, 120, Rev. Trim. Dr. Com. Obs. Desbois; sur renvoi de C. Cass. Crim. 18 fév. 1960 D. 1960.278, Concl. Damour, Rev. Trim. Dr. Com. 1960. 583 obs. Desbois; sur pourvoi contre C. Lyon 7 nov. 1958 Gaz. Pal. 59. 2. 159, Ann. Prop. Ind. 61.46 note Le Tarnec — C. Cass. Civ. 23 juin 1959 Ann. Prop. Ind. 61—51, D. 59.384, J. C. P. 59, somm. p. 102, Rev. Int. Dr. Aut. 1960. XXVI. p. 104 — C. Paris 5 juin 1957, J. C. P. 57 somm. p. 151 — C. Paris ler avril 1957, Ann. Prop. Ind. 57. 254, D. 57436, J. C. P. 57.10196 note R. Plaisant, Rev. Int. Dr. Aut. 58. XVIII. p. 198 — C. Paris 10 mars 1953 Ann. Prop. Ind. 56.230 — Trib. Com. Seine 24 avril 1953, Gaz. Pal. 53. II.192, Rev. Int. Dr. Aut. 54. II. 114 — C. Paris 24 fév. 1949, Ann. Prop. Ind. 49.128, D. 49.116 — Trib. Com. Lille ler avril 1947 D. 47.108 — Trib. civ. Seine 3 mars 1943 et 31 mai 1944 D. 46.117 note Desbois. — C. Paris

6 juin 1934. Ann. Prop. Ind. 35.29). Toutes ces décisions font application de la loi des 19, 24 Juill. 1793, abrogée et remplacée par la loi du 11 mars 1957.

Selon l'arrêt rendu par la Cour de Cassation Crim. le 18 fév. 1960:

> «Attendu que si loi des 19-24 juill. 1973, complétée par celle du 11 mars 1902, s'applique à toutes les productions de l'esprit, qui appartiennent aux beaux-arts, c'est-à-dire à toutes les œuvres revêtant la marque d'une personnalité, et si la photographie peut bénéficier de la protection instituée par ces dispositions de loi, c'est à la condition de porter la marque de l'effort intellectuel de son auteur, empreinte indispensable pour donner à l'œuvre le caractère d'individualité nécessaire pour qu'il y ait création.»

En l'espèce, la protection fut refusée.

Selon l'arrêt rendu par la Cour de Cassation le 23 juin 1959:

> «Mais attendu que si le tribunal déclare inexactement que «seule est protégée par la loi l'œuvre photographique à qui le talent personnel de son auteur confère une valeur artistique», il retient également et à bon droit, que la loi du 19 juill. 1793, complétée par celle du 11 mars 1902, embrasse toutes les productions de l'esprit qui appartiennent aux beaux-arts, c'est-à-dire toutes les œuvres revêtant la marque d'une personnalité...; que la photographie bénéficie donc de la protection légale à la condition de porter la marque de l'effort intellectuell... de son auteur, empreinte indispensable pour donner à l'œuvre le caractère d'individualité nécessaire pour qu'il y ait création; —
>
> Attendu, en outre, que les juges du fait constatent, à plusieurs reprises, que les photographies dont s'agit «ne reflètent aucunement la personnalité de leur auteur», ne révélant ni «effort» ni «travail personnel» de celui-ci susceptible de les individualiser; que sur le fondement de cette appréciation souveraine des éléments de la cause, ils ont pu décider valablement que les clichés reproduits ne bénéficiaient pas de la protection légale; —
>
> Attendu enfin qu'en déclarant que «la seule présence de six voiliers sur le lac, au moment de la prise de vue, caractérise seulement le choix heureux, fait par l'opérateur, du sujet à photographier, sans pour autant... conférer à l'œuvre l'empreinte de la personnalité de son auteur, en l'absence de toute manifestation d'effort personnel», le tribunal n'a fait qu'exercer, sans se contredire, son pouvoir souverain d'appréciation; d'oú il suit qu'abstraction faite de motifs erronês, qui peuvent être tenus pour surabondants, la décision attaquée se trouve légalement justifiée.»

La protection fut également refusée en l'espèce.

L'originalité tient au fait que la photographie présente un caractère personnel et ne résulte pas de l'intervention purement mécanique de l'instrument. Les formules varient selon les arrêts, mais la notion est toujours la même; elle est celle de «personalité dans l'expression, mise en valeur par M. DESBOIS (Droit d'Auteur n° 79, p. 95) pour le œuvres artistiques. On relève les expressions suivantes:

«Choix original d'éléments de composition tant dans la prise de vue (éclairage, angle, profondeur de champs, degrés de précision, etc.) que dans la technique du tirage des épreuves» (C. Paris 27 oct. 1961);

«manque de l'effort intellectuel de son auteur, empreinte indispensable pour donner à l'œuvre le caractère d'individualité nécessaire pour qu'il y ait création (C. Cass. 18 fév. 1960);

«effort«, «travail personnel», empreinte de la personnalité de l'auteur», (C. Cass. 23 juin 1954);

«effort personnel de création» (C. Paris ler avril 1957),

«travail de création et de conception personelle» (C. Paris ler oct. 1957 Ann. Prop. Ind. 1958—197 — 7 mai 1951 Ann. Prop. Ind. 1951.128 — C. Aix 13 janv. 1958 S. 1958.58);

«et empreinte personelle qu'il a (l'auteur) communiqué à l'œuvre».

Le juge du fait apprécie souverainement le point de savoir si la condition d'originalité est remplie. Cependant, il doit motiver sa décision de telle sorte que la Cour de Cassation puisse exercer son contrôle en cas d'insuffisance des motifs (C. Cass. 15 janv. 1864 Ann. Prop. Ind. 1864—125 — 28 nov. 1862. D. P. 63. I. 52).

Conformément à la loi des 19,24 juillet 1793 art. 1, complèté par la loi du 11 mars 1902, selon lequel le droit d'auteur s'applique quel que soit le mérite ou la distinction de l'œuvre, il suffit que l'originalité esthétique soit très faible pour que la protection soit accordée; il faut qu'elle existe cependant.

Il en résulte que nombre de décisions prêtent à discussion. Certains auteurs, et non des moindres (V. Desbois Rev. Trim. Dr. Com. 1962,672, 1962-408, 1960.583 et 93 et les réf.) estiment que parfois le juge montre une rigueur excessive pour admettre l'originalité, si bien que la protection est réfusée à des œuvres qui la mériteraient.

Il est évident que le point de savoir s'il y a originalité prête a une appréciation qui revêt dans une large mesure un caractère personnel; chaque espèce peut donc susciter la discussion. Le principe lui-même, selon lequel la protection n'est pas accordée à toute photographie, mais seulement à celle présentant une originalité nous parait, d'une part, nécessaire, sinon la notion d'œuvre disparaîtrait et le droit d'auteur serait étendu à un domaine qui n'est pas le sien, d'autre part, consacré par la jurisprudence en même temps que par la loi du 11 mars 1957, sous réserve de la notion de photographie documentaire. Le Professeur DESBOIS semble considérer que toute photographie suppose un choix et reçoit de ce fait une empreinte personelle; nous estimons pour notre part qu'accorder la protection aussi largement ne serait pas conforme aux principes dominant le droit d'auteur.

B. Les travaux photographiques

Toute photographie qui ne présente pas un caractère d'originalité esthétique n'est pas protégée par le droit d'auteur. La jurisprudence, bien que très libérale en son principe selon la loi de 1793 art. 1, refuse la protection de manière relativement fréquente (C. Chaméry 18 mai 1961 — C. Cass. Crim. 18 fév. 1960, photographies d'indentité — C. Cass. Civ. 23 juin 1959; photographie banale d'un lac avec six voiliers — C. Paris ler avril 1957, Hotelier c. St Detective, J. C. P. 1957, II. 10194 note R. Plaisant. C. Paris 5 juin 1957, J. C. P. 57, somm. p. 151).

En pareil cas, la reproduction de la photographie sans l'autorisation du photographe peut constituer une faute, engageant la responsabilité civile de son auteur; on range l'action intentée à cette fin dans la catégorie large et incertaine de la Concurrence déloyale mais cette qualification, du reste sans conséquence, n'est guère exacte. La reproduction seule ne constitue pas la faute, sinon on reviendrait à une protection absolue semblable à celle du droit d'auteur; il faut une circonstance supplémentaire. Le fait de ne pas révéler l'identité du photographe, et ainsi de s'attribuer cette qualité pour l'auteur de la reproduction, suffit à constituer la faute (C. Paris, 1 avril 1957, Hotelier c. Sté Détective, J. C. P. 57.10194 note R. Plaisant, C. Chambéry 18 mai 1961, D. 61.599, Rev. Int. Dr. Aut. 62. XXXV, 120).

II. — LA PROTECTION SELON LA LOI DU 11 MARS 1957

Il n'y a pas à traiter ici des caractères généraux de la loi du 11 mars 1957. De manière générale, cette loi est codificatrice; elle reprend et confirme les principes antérieurement établis par les lois de 1791 et 1793 ainsi que par la Jurisprudence. Il en est ainsi, en particulier, quant aux conditions générales de la protection et à la détermination des œuvres protégées, mais la loi contient une disposition nouvelle en ce qui concerne les œuvres photographiques. Selon l'art. 3:

> «Sont considérées notamment comme œuvres de l'esprit au sens de la presenté loi: . . . . .; les œuvres photographiques de caractère artistique ou documentaire et celles obtenues par un procédé analogue.»

(V. Desbois, La Photographe et le droit d'auteur D. 1960, chr. p. 35 et commentaire de la loi D. 1957-355 — Duchemin, La loi du 11 mars 1957, la Propriété artistique, Rev. Int. Dr. Aut. 1958, XIX, p. 331 — Savatier, La loi du 11 mars 1957, J. C. P. 1957. I. 1398, n°18).

Le mot «artistique» fut ajouté par le parlement (V. rapp. Me Isorni, n° 10681, 2ème législature, session 1955, p. 3) pour limiter la protection en excluant les travaux photographiques, par exemple les photographies d'identité. Son adjonction à la loi confirme, de manière à notre sens indiscutable, la volonté du législateur de limiter la protection aux photographies présentant un caractère d'originalité, selon la jurisprudence antérieure, qui a été analysée cidessus.

Les mots «et celles obtenues par un procédé analogue» ne prêtend guère à commentaire et n'ont suscité jusqu'à ce jour aucune difficulté. Il se trouvait dans la convention de Berne, art. 3.

Reste la notion de photographie documentaire, qui a déjà suscité une certaine jurisprudence (V. C. Cass. Crim. 7 déc. 1961. D. 62.550 note Desbois — C. Lyon 7 nov. 1958 D. 59. somm. 46, Gaz. Pal. 59 I. 154, Rev. Trim. Dr. Com. 1959.115 obs. Desbois).

Il faut noter tout d'abord que le problème s'était posé avant la loi du 11 mars 1957 et que la jurisprudence, par une interprétation très libérale de la loi, avait protégé des photographies présentant un caractère documentaire et non artistique en leur reconnaissant cependant ce caractère artistique (C. Lyon 5 fév. 1954, J. C. P. 1955 II. 8564 note Plaisant — Trib. Comm. Seine 24 avril 1954, Ann. Prop. Ind. 1954.114, Rev. Int. Dr. Aut. 1954.116).

La loi nouvelle, en accordant und protection spéciale aux photographies documentaires, évite au juge d'étendre de manière quelque peu indue la notion d'œuvre artistique. Deux problèmes se posent alors:

1°/ la protection des photographies documentaires est-elle indépedante de celle des photographies artistiques, ou doit-il, y avoir cumul des deux conditions?

2°/ que faut-il entendre par photographie documentaire?

Il ne semble pas qu'il puisse y avoir de doute sur le premier point. La loi vise les photographies artistiques «ou» documentraires.

Il s'agit donc bien de deux protections différentes et il n'y a pas lieu à cumul.

Il en résulte du reste que le législateur, reprenant sous une autre forme les errements de la jurisprudence, protège par le droit d'auteur ce qui n'appartient pas naturellement au droit d'auteur. La chose est fâcheuse en soi, mais telle est la loi. Il faut noter que cette anomalie constitue un argument favorable à la thèse selon laquelle les photographies devraient être protégées par un droit spécial et non par le droit d'auteur.

Reste à savoir ce qui est documentaire. La Cour de Cassation, dans son arrêt du 7 déc. 1961, reconnaît le caractère documentaire à une photographie représentant l'abbé Fulber Youlou, depuis président de la république de Congo, votant «oui» à un referendum, mais ne donne aucune définition générale du mot.

Selon le dictionnaire de Lettré, un document est «chose qui enseigne ou renseigne», ce qui est dès plus vague.

La question qui se pose est celle de savoir:

si la jurisprudence formulera une définition de la notion de photographie documentaire, et limitera ainsi le domaine de la protection,

ou si, comme le suggérent certains auteurs (V. Desbois D. 60. chr. p. 38) elle admettra que toute reproduction d'une photographie démontre sa valeur de renseignement et sa qualité documentaire.

De toute évidence, la seconde solution revient à suprimer toute valeur au mot documentaire et à conférer la protection à toutes les photographies. Cette solution est contraire à la lettre de la loi, qui, du fait qu'elle comporte ce mot, comporte justement une limite résultant de ce mot, et à l'esprit de la loi, qui ressort clairement du rapport de Me Isorni ainse que de son objet général.

Si cette solution est contraire à la loi selon notre opinion, elle a le mérite de la simplicité.

Il est fort difficile de savoir ce qui a une valeur documentaire et celle valeur est souvent acquise longtemps après la date à laquelle les photographies ont été prises. Cette simplicité est obtenue au détriment du domaine public, mais cette gêne ne parait pas insupportable.

L'incertitude rège donc sur ce point. Il est vraisemblable qu'elle est destinée à durer.

Il résultate de l'arrêt du 7 déc. 1961 que la photographie documentaire, et non artistique, fait l'objet d'un droit d'auteur. Le photographe bénéficie en particulier du droit moral. C'est donc bien le droit d'auteur qui est étendu à un domaine qui n'est pas exactement le sien.

III. — L'ETENDUE DE LA PROTECTION

— De brèves indications suffisent sur ce point. Dès lors qu'une photographie est artistique ou documentaire, elle est protégée par le droit d'auteur. L'auteur de la photographie bénéficie du droit moral et du droit pécuniaire. Toute utilisation de l'œvre sans l'autorisation de l'auteur constitue une atteinte à ce droit, et, s'il y a atteinte au droit pécuniaire, une contrefaçon.

Est donc interdite toute reproduction de la photographie sans l'autorisation de l'auteur (C. Paris 27 oct. 1961, précité — C. Cass. Crim. 7 déc. 1961, photographie documentaire, précité — Trib. civ. Seine 13 oct. 1959 Rev. Int. Dr. Aut. 61. XXXI.493 — C. Paris ler avril 1957, Durand-Souffland c. Clerc précité — C. Paris 10 mars 1956, C. Paris 24 oct. 1955, Ann. Prop. Ind. 56.230 — Trib. Com. Seine 17 janvier 1955, Droit d'Auteur 55—148, précité — C. Paris 24 fév. 1949 précité — Trib. civ. Seine 3 mars 1943 et 31 mai 1944, précité — C. Paris 6 juin 1934, précité).

— Il faut noter que la reproduction d'une photographie ne peut être faite sans l'autorisation de la personne photographiée, soit du propriétaire de l'animal ou de la chose photographiée, le cas échéant. Il ne s'agit plus du droit d'auteur, mais du droit de l'individu sur la personne ou sur ses iens (Trib. civ. Seine 8 janv. 1954 D. 54.236 — 4 fév. 1956, Gaz. Pal. 21 avril 1956 — Stoufflet, Le droit de la personne sur son image, J.C.P. 1957.I.1374.

— Il faut enfin noter le fait que, en France, les artistes des arts graphiques et les photographes sont en grand nombre membres de la S.P.A.D.E.M., qui perçoit les droits d'auteurs dus pour le reproduction des œuvres créés par ses membres. L'autorisation de la S.P.A.D.E.M. doit donc être obtenue pour utiliser ses œuvres, sons réserve du droit moral.

IV. — CONVENTIONS INTERNATIONALES

A. La convention de Berne

— La mention des œuvres photographiques et celles obtunues par un procédé analogue a été ajoutée par la conférence de Bruxelles. Cette adjonction ne semble pas avoir suscité de notable difficulté.

Avant la réforme de Bruxelles, les œuvres photographiques étaient protégées en vertu d'une disposition stipulée à l'article 3, maintenant supprimée. Cette disposition avait été adoptée par la conférence de Berlin et n'avait pas été modifiée à Rome (V. Ladas, § 104 — Raestadt, p. 60). En dépit des propositions faites à cette fin, elle était ainsi conçue: »La présente convention s'applique aux œuvres photographiques et aux œuvres obtenues par un procédé analogue à la photographie. Les pays contractants sont tenus d'en aussurer la protection«. Du fait que les œuvres photographiques n'étaient pas mentionnées à l'article 2, joint au fait qu'un régime spécial leur était applicable, certains auteurs soutenaient qu'elles n'étaient pas considérées, selon la convention, comme œuvres littéraires et artistiques. Les œuvres photographiques constituaient en quelque sorte un appendice étranger au système général de l'Union. Comme le dit Ladas: »C'est ainsi que l'article 10 relatif à l'emprunt, et l'article 9 relatif à la publication dans les journaux et périodiques ne s' appliquent pas aux photographies. Pour ces matières la loi de chaque pays est souveraine.« Cependant, en vertu de l'article 3, les Etats signataires était tenus d'assurer une protection, si restreinte fût elle.

On voit la différence existant alors entre les œuvres photographiques, faisant l'objet d'une mention dans la convention, bien que ce fût pour conférer une protection restreinte, et les œuvres cinématographiques, ne faisant l'objet d'aucune mention.

Dans les deux hypothèses, il y a renvoi au législateur national; dans la première hypothèse, l'œuvre ne bénéficie pas du traitement unioniste, elle est régie exclusivement par la loi nationale, mais le législateur est tenu conventionnellement d'établir une protection légale. Dans la seconde hypothèse, l'œuvre est régie exclusivement par la loi nationale, mais le législateur est libre d'établir ou de ne pas établir une protection légale.

Selon la convention en sa teneur nouvelle, les photographies jouissent pleinement des avantages de l'Union. Il y a lieu de remarquer que, en ce cas comme dans le cas des œuvres cinématographiques, la convention ne contient aucune précision déterminant les conditions auxquelles la protection doit être accordée. En particulier, elle ne contient aucune disposition formelle relative à la distinction entre les photographies qui constituent des œuvres artistiques et les travaux photographiques qui ne sont pas protégés à ce titre. Il faut constater que cette distinction tient à la nature même du droit d'auteur, si bien qu'elle résulte nécessairement des principes généraux dominant la matière et que toute spécification apparaît inutile, voire dangereuse (V. cependant Plinio Bolla: Droit d'Auteur, 1948, 26).

Les mots «œuvres obtenues par un procédé analogue» reçoivent la même application qu'en matière d'œuvre cinématographiques. Le juge national apprécie souverainement ce qu'il faut entendre par là.

L'alinéa 3 se rapporte à la durée de la protection des œuvres photographiques, des œuvres cinématographiques, des œuvres obtenues par un procédé analogue à ceux-ci et des œuvres des arts appliqués. A la Conférence de Bruxelles, ce paragraphe a été modifié en la forme, d'une part par l'adjonction de la mention relative aux œuvres cinématographiques et obtenues par un procédé analogue, d'autre part par le rejet dans un paragraphe distinct de la mension relative aux œuvres dont il est traité actuellement à l'alinéa 5. Au contraire, les règles de fond ainsi consacrées subsistent identiques depuis la conférence de revision de Berlin.

Pour ces œuvres diverses, il n'a pu être établi une durée commune de protection. Ce délai est fixé par la loi du pays où la protection est réclamée avec pour maximum éventuel le délai fixé par la législation du pays d'origine. Les propositions faites à la Conférence de Bruxelles pour parvenir à une règle internationale n'ont pu aboutir; si la plupart des pays, sauf la Tchécoslovaquie étaient d'accord pour modifier les dispositions existantes, leurs projets tendant à cette fin étaient largement différents les uns des autres (V. Ladas, § 148 — Raestadt, p. 142 — V. également sur les œuvres cinématographiques en général et leur protection selon la convention: Becquet, Le droit des auteurs en matière de cinéma).

Le soin de définir ce qu'il faut entendre par œuvres photographiques, œuvres cinématographiques et surtout par œuvres obtenues par des procédés analogues est abandonné aux juridictions nationales. C'est une question de qualification.

La difficulté relative au cas où la loi du pays d'origine distingue dans la durée de protection deux ou plusieurs périodes soumises à des régimes différents se pose dans les mêmes termes que précédemment et doit recevoir la même solution.

Le droit d'auteur sur les photographies a donné lieu à une intéressante décision de la Cour de Cassation (5 mai 1959 D. 59.221 note Holleaux, J. C. P. 59. II. 11191 note Plaisant). Il s'agissait de savoir si l'art. 9 al. 3 de la convention, limitant le droit d'auteur en ce qui concerne les informations de presse, s'appliquant aux photographies d'informations. La Cour de Cassation a décidé à juste titre que cette disposition exceptionnelle était d'application étroite et ne pouvait pas être étendue aux photographies, même d'information.

Il est remarquable de constater que l art. 9 al. 3 n'a guère suscité de commentaires (v. Desbois, Le droit d'auteur n°70 — Hoffmann.

Die Berner Übereinkunft p. 150 — Raestad. La Convention de Berne, revisée à Rome, p. 183 — R. Plaisant, Juris-Classeur, Propriété Littéraire et Artistique, Fasc. 23, No 183).

Cet article vise les «nouvelles et faits divers», c'est-à-dire les évènements en soi, qui sont relatés par la presse comme informations et qui ne sont pas rapportés sous une forme constituant une œuvre littéraire ou artistique. Le plus souvent, ces nouvelles sont relatées sous forme d'informations écrites. Dès lors qu'il n'y a aucun commentaire, que le fait est rapporté sous sa forme brute, le texte peut être reproduit sans que le droit d'auteur soit atteint puisque le droit d'auteur ne s'applique pas. La disposition de l'art. 9 al. 3 est, en droit strict, inutile puisque le droit d'auteur n'intervient pas; c'est par mesure de précaution qu'elle a été stipulé.

La difficulté apparait lorsque l'évènement est rapporté, non dans un texte, mais par photographie, par cinématographie ou télévision, c'est-à-dire sous la forme d'une image. La difficulté apparait en France en particulier, parce que la loi accorde la protection du droit d'auteur aux photographies documentaires.

Dès lors que toute photographie est protégée et que la convention de Berne n'établit pas une exception à la protection en termes clairs et précis, l'art. 9 al. 3, ne s'applique pas.

Il faut du reste opposer l'art. 9 l'al 3 à l'al. 2. L'al 2 établit bien une exception à la protection; en effet les articles d'actualité sont toujours protégés par la propriété littéraire et artistique. A supposer qu'un évènement soit relaté dans un article constituant une œuvre littéraire ou artistique, le fait peut être repris et diffusé dans un autre journal sans que l'auteur puisse protester, mais cette nouvelle diffusion ne peut pas être effectuée par reproduction du texte original. De même, en est-il dans la cas de photographie; le fait communiqué par la photographie peut être librement relaté par quiconque, mais la photographie elle-même ne peut pas être reproduite.

Il faut du reste noter que le droit national a une incidence directe sur l'application de la convention. Dans les pays où la protection n'est pas accordée à toutes les photographies, le problème ne se pose pas. Dans les pays moins respectueux du droit d'auteur que la France, l'al. 3 peut être compris plus largement, comme apportant une exception véritable au droit d'auteur, contrairement à l'opinion que nous exprimions tout à l'heure; c'est-à-dire que la protection peut être refusée, non seulement à la nouvelle brute, ce qui est normal, mais encore à la forme originale, sout laquelle elle est donnée, texte ou image: le texte ou l'image est en principe protégé, mais il cesse de l'être en tant que ce moyen sert à exprimer une nouvelle; de toute évidence, une telle interprétation est contraire à la lettre et à l'esprit de la Convention de Berne (v. Bappert et Wagner, Internationales Urheberrecht, p. 101).

B. Convention universelle sur le droit d'auteur

Cette convention ne contient qu'une disposition en son art. IV. 3. Cette disposition, analogue à celle de la convention de Berne art. 7, 3, limite les obligations des états quant à la durée du droit d'auteur ayant pour objet les œuvres photographiques; la durée minima de la protection est réduite à 10 ans.

CONCLUSION — En un temps où les relations entre peuples se font chaque jour plus étroites et où les œuvres artistiques autant que littéraires sont de plus en plus largement exploitées à l'étranger, une étude limitée au droit national est toujours insuffisante. Cependant, cette insuffisance est peut être moins marquée pour la photographie que pour d'autres œuvres.

La protection des photographies peut susciter des difficultés et des controverses de détail pour l'application des diverses lois nationales, ceci n'empêche pas que les notions générales paraissent fixées. Les conventions internationales consacrent le principe de la protection par le droit d'auteur, sous réserve d'une restriction quant à la durée. Ainsi qu'il l'a été indiqué ci-dessus, le fait que la convention de Rome sur les droits voisins ne concerne pas la photographie, confirme cette solution.

Si les photographies relèvent du droit d'auteur, elles présentent cependant cerains caractères qui leur sont propres. Le plus souvent, elles présentent des analogies avec les arts appliqués à l'industrie, d'où la tendance à limiter la durée de la protection.

Par ailleurs, la notion d'originalité esthétique peut limiter la protection contrairement à ce qu'exigerait l'équité. Sur ce point, l'analogie apparait également avec les arts appliqués, pour lesquels la notion de nouveauté commerciale l'emporte bien souvent sur celle d'originalité estétique pour etendu le domaine de la protection. Cependant, les cas en lesquels cette protection supplémentaire parait due restent limités et le législateur hésite à créer un droit nouveau ayant un domaine aussi étroit; si bien que la solution adoptée par la loi française et consistait en une application du droit d'auteur par assimilation, apparait la plus simple.

Au prix de ces accommodements, la photographie semble destinée à rester dans le ressort du droit d'auteur sans susciter de difficultés de principe.

Aufgabe und Organisation des Berner Verbandes zum Schutze der Rechte der Urheber an ihren Werken der Literatur und Kunst

Von Prof. Dr. **Alois Troller**, Advokat in Luzern

Der Berner Verband zum Schutz der Rechte der Urheber an ihren Werken der Literatur und Kunst hat das für eine derartige Institution beachtliche Alter von 77 Jahren erreicht. Er überstand wie die andern in der zweiten Hälfte des letzten Jahrhunderts gegründeten internationalen Verwaltungsvereine die Stürme, die die Mitglieder zeitweilig, vor allem während des Ersten und des Zweiten Weltkrieges, voneinander wegrissen. Die Umschreibung der Aufgabe, wie der Name des Verbandes sie ausdrückt, blieb ungeändert. Ebenso ließen die Verbandsmitglieder die am Anfang eingeführte Organisation der Verbandstätigkeit genügen. Jetzt sind die Aufgaben und die Organisationen in den Mitgliedstaaten und in der übrigen Welt Ereignissen und Verhältnissen gegenübergestellt, die weit von jenen abliegen, aus denen der Berner Verband und die RBUe herauswuchsen. Die Frage wurde öfters und wird immer mit mehr Nachdruck gestellt, ob das nicht ein ausreichender Grund ist, um Aufgabe und Organisation umzugestalten. Eine deutliche Antwort wurde bis jetzt nicht erteilt, in bezug auf die Organisation aber wenigstens vorbereitet. Bevor wir uns an der Diskussion beteiligen, haben wir zu überlegen, wo wir die Elemente herholen, aus denen wir unsere Stellungnahme formen.

Wir könnten uns darauf berufen, daß der Berner Verband, gerade so, wie er seit 77 Jahren bestand, seine Aufgabe, das Urheberrecht in internationaler Zusammenarbeit zu pflegen und zu entwickeln, beispielhaft erfüllte. Diesem Argument steht die Tatsache entgegen, daß dieser Verband, der gegründet wurde, um den Geist des Urheberrechts in den Mitgliedstaaten wachsen und ihn in den andern Staaten Fuß fassen zu lassen, die Kraft dazu verloren hat und nur noch das Erlangte verteidigt. Worauf jedoch zu entgegnen ist, er habe die Grenzen des Möglichen erreicht, und es sei besser, diesen hohen Stand des Urheberrechts auf einem zwar großen, aber weltmäßig gesehen bescheidenen Gebiet zu erhalten, statt weiteren Zielen zuliebe das Bestehende zu gefährden. Der Sprechende hält als Schweizer diese Überlegung in Ehren. Hätte die Schweiz, als sie dazu in früheren Zeiten Macht und Gelegenheit hatte, ihre Grenzen in benachbarte Gebiete vorgetrieben, hätte sie wahrscheinlich damit ihre heutige Existenz verwirkt. Nun sind allerdings die politischen Machtverschiebungen und die Ausdehnung der geistigen Überzeugung nicht gleichzusetzen. Es wird sich aber ergeben, daß die Änderung der Organisation, aber auch der Aufgabe des Berner Verbandes von politischen Überlegungen nicht zu lösen ist, so daß die herangezogene Parallele zwar recht entfernt, jedoch nicht ganz außer Sichtweite liegt. Jedenfalls werden wir uns nicht voreilig durch die politische Unruhe unserer Zeit dazu verleiten lassen, die weitere Entwicklung des Berner Verbandes von seiner Tradition zu lösen und den Triebkräften einen andern Nährboden zu geben.

Da wir davon überzeugt sind, daß der Berner Verband und die RBUe während langer Zeit alle berechtigten Erwartungen erfüllten, ja sie — wie man heute rückblickend sagen darf — eher übertrafen, wenden wir uns mit Vorteil dem Zeitpunkt des Entstehens und dem damals maßgebenden Geist zu. Hernach ist zu überlegen, ob etwas geschah, das die damaligen Überzeugungen und die Mittel, die man zu ihrer Verwirklichung bereitstellte, als heute nicht mehr gültig erkennen und daher auf die Seite schieben läßt.

Als anläßlich der Wiener Weltausstellung von 1873 zum erstenmal der Vorschlag laut wurde, einen mehrseitigen völkerrechtlichen Vertrag zum Schutze der Rechte der Urheber abzuschließen [1]), war vielerorts erst noch die Anerkennung des Urheberrechts grundsätzlich zu erkämpfen. So hatte z. B. Frankreich der schweizerischen Eidgenossenschaft den Staatsvertrag zum gegenseitigen Schutz des literarischen, künstlerischen und gewerblichen Eigentums vom 30. Juni 1864 geradezu aufzuzwingen, weil sechs Kantone nicht bereit waren, den Schutz der Urheber gesetzlich einzuführen, und weil der Bund die Kompetenz dazu nicht besaß. So kam es, daß bis zum Erlaß des ersten schweizerischen Urheberrechtsgesetzes (1884) die Franzosen, nachher auch noch die Belgier, Italiener und Deutschen in der Schweiz überall urheberrechtlichen Schutz erhielten, nicht aber die Schweizer selber [2]).

Das Urheberrecht ist einer der jüngsten Zweige am ehrwürdigen und früchtereichen Baum der abendländischen Zivilrechtspflege. Die Urheber erhielten vor allem die vermögensrechtlichen Befugnisse

---

[1]) Bulletin de L'Association Littéraire Internationale No. 16 — Mai/Juni 1883, S. 5 ff.

[2]) v. Orelli, A.: Das schweizerische Bundesgesetz betreffend das Urheberrecht an Werken der Literatur und Kunst unter **Berücksichtigung der** bezüglichen Staatsverträge, 1884, S. 1 ff.

nicht deswegen erst so spät, weil die Interessen der Werkbenützer den Weg versperrten. Sie wollten selber die Nutzung des Geisteswerkes, das sie bis in die Neuzeit eher als geheimnisvolle Gabe denn als Schöpfung aus eigenpersönlichem Verdienst den Mitmenschen darboten, nicht zum Gegenstand des Güterumsatzes herabwürdigen. Erst das seit der Renaissance gewachsene Vertrauen in die Eigenständigkeit des menschlichen Tuns und die vom Liberalismus dargereichte wirtschaftliche Freiheit und die von ihm zugleich aufgezwungene Verteidigung der individuellen ökonomischen Existenz ließen das Urheberrecht derart wachsen, wie es der Berner Verband übernahm und es weltweit predigte [3]).

Die Tatsache, daß das Urheberrecht als gerechte Ordnung zwischen den Urhebern, den Werkvermittlern und Werkgenießenden erst unter diesen besonderen geistigen und sozialen Bedingungen gedeihen konnte, trägt zur Antwort auf die hier gestellte Frage nach der Aufgabe und Organisation des Berner Verbandes Wesentliches herbei. An dieser Stelle ziehen wir daraus vorläufig den Schluß, daß die Herrschaft des Urhebers über sein Werk, so befremdlich das uns heute erscheint, weit weniger in der Natur der Sache liegt als das Eigentum an körperlichen Dingen, das mit den Uranfängen der Rechtsordnung begann. Wäre nur die Unfähigkeit der Juristen, das Geisteswerk als Erscheinung zu sehen und es zum Rechtsobjekt zu machen, für die späte Entwicklung des heutigen Urheberrechts verantwortlich, so dürfte uns dies nicht beeindrucken. Da dieses Geschehen jedoch der geistigen Überzeugung auch der Urheber entsprach, sind die Verhältnisse genau zu besehen, unter denen man heute mit unserem Urheberrecht der Gerechtigkeit dienen will. Das heißt also, daß das Urheberrecht so wenig wie ein politisches System zum vornherein als für alle Völker und in jedem Stadium ihrer Entwicklung zweckmäßig gelten darf. Damit ist nicht etwa dargetan, daß diese Eignung aus verschiedenen Gründen schließlich nicht doch zu bejahen ist. Unsere Zuneigung zu diesem Rechtssystem und unsere Hingabe an dasselbe sollen uns jedoch nicht verleiten, eine Diskussion über die Tauglichkeit des Urheberrechts als überflüssig abzulehnen, weil man sie ja als Axiom betrachten könne. Seine Tauglichkeit ist erst noch im Dialog mit vorhandenen oder vorgestellten Andersmeinenden zu erkennen.

Der Berner Verband übernahm vor allem eine rechtspolitische Aufgabe: Die internationale Ausdehnung des Urheberrechtsschutzes. In diesem Rahmen übertrug er dem Internationalen Büro auch die

---

[3]) Darüber die schöne und aufschlußreiche Studie von B a p p e r t, W.: Wege zur Urheberrechtsentwicklung, 1962.

wissenschaftliche Pflege des Urheberrechts. Daher hatte er stets weitgesteckte Ziele als die Rechtswissenschaft, die zur Zeit, als er entstand und sich entwickelte, die Grenzen der streng positivistischen Gesetzesauslegung nicht überschritt. Die Gründer des Berner Verbandes standen noch im Bann der Naturrechtsüberzeugung, die die Rapporteure bei der Vorbereitung des ersten französischen Urheberrechtsgesetzes das Eigentum des Schöpfers eines Werkes der Literatur und Kunst als „la propriété la plus sacrée, la plus intime, la plus digne de la protection des lois" (1791, 1793), proklamieren ließ. Dieses idealistische Systemdenken der kunstbegeisterten Juristen fand einen legitimen Partner im klar geäußerten Wunsch der Urheber nach dem Schutz ihrer Werke, dem u. a. Victor Hugo als erster Ehrenpräsident der A.L.A.I. Anerkennung verschaffte. Auch die seit Ihering aufkeimende Interessenjurisprudenz störte nicht. In ihrem Sinn waren die Verleger der literarischen und musikalischen Werke gerne Paten des Berner Verbandes. Sie konnten auf dem Umweg über das Urheberrecht ihre Ziele sicherer erreichen, als wenn sie bei den Rechten anknüpften, die ihnen seit dem Aufkommen des Buchdrucks wegen ihrer gewerblichen Leistung da und dort zugesprochen wurden. Nachdem der Berner Verband in diesen verschiedenen geistigen Grundlagen Wurzeln gefaßt hatte, förderte die Begriffsjurisprudenz seine Pläne. Wenn sie auch wissenschaftlich und theoretisch bekämpft wurde, so blieb ihr Einfluß doch bis vor kurzem stark. Er ist — übrigens zu Recht — auch jetzt noch nicht ganz verdrängt. Andernfalls müßten die Juristen mit der Rechtstheorie ja stets von vorn anfangen. Sie dürfen und sollen klar erfaßte Begriffe und allgemein erkannte Aussagen als Grundlagen für das weitere Denken benützen [4].

Zudem waren die Gründer und die Vertreter der Staaten, die später Mitglieder wurden, in der abendländischen Geistestradition aufgewachsen. Sie alle hatten von Jugend an das Erbe von Griechenland und Rom kennengelernt, und sie vermochten — ob sie christgläubig waren oder nicht — den Kreis, der von christlichen Denkern gezogen war, nicht zu meiden. Sie lebten alle auch im Wahn, daß ihre Zivilisation und Kultur sich immer weiter ausbreiten und die Menschheit zum Glück führen werden. Gegenstimmen waren im juristischen Bereich nicht zu hören. Politische Auseinandersetzungen betrafen die Vorherrschaft von Parteien in den Staaten und von Staaten in europäischen und außereuropäischen Gebieten. Diese

---

[4]) Klug, U.: Juristische Logik, 2 Aufl. 1958, S. 14 f.

Meinungsverschiedenheiten reichten jedoch nie bis zu den Wurzeln der geistigen Existenz. Die Staatsmänner und Parteiführer konnten sich im politischen Bereich heftig befehden und die Völker in den Krieg führen, die Juristen knüpften die vom gewaltsamen Geschehen unterbrochenen Gespräche beim Faden an, den sie vorher in der ruhigen Entwicklung gesponnen hatten.

Diese Geistesgemeinschaft der führenden Juristen brachte es mit sich, daß im Hinblick auf die Berner Übereinkunft von einigen weitblickenden Juristen ein paralleler interamerikanischer völkerrechtlicher Vertrag vorgeschlagen und 1889 in Montevideo abgeschlossen wurde. In den amerikanischen Staaten gingen aber die übrigen Juristen und die Politiker mit den wenigen Urheberrechtlern nicht so willig mit. Deshalb löste dort eine Übereinkunft die andere ab, und keine erlangte auch nur annähernd die Bedeutung der Berner Übereinkunft. Die kulturelle, zivilisatorische, soziale und geistige Grundlage war eben doch zu verschieden. Nur einige wenige amerikanische Juristen nahmen am urheberrechtlichen Höhenflug der europäischen teil. So ließ sich nur Brasilien als Mitglied des Berner Verbandes gewinnen. Besonders bedauert wurde das Fernbleiben der USA, die zivilisatorisch und sozial doch eine gleiche Grundlage hatten. Man machte dafür die Befreiung von der Form (RBUe Art. 4 Abs. 2) und seit dem Römer Text auch die Proklamation des droit moral (Art. 6 ^{bis}) verantwortlich. Der wirkliche Grund lag aber darin, daß das Denken der europäischen und der US-Juristen gerade im urheberrechtlichen Bereich aneinander vorbeiging. Nur wenige amerikanische Juristen wollten oder konnten das in einem begrifflich zum voraus fixierten System entwickelte Urheberrecht — es sei z B. an die französische Theorie des droit moral erinnert — als maßgeblich anerkennen. Sie vermochten nicht einzusehen, weshalb sie den auf dem common law gegründeten Schutz des unveröffentlichten Werkes und der ideellen Interessen und den am Copyright haftenden Schutz des veröffentlichten gegen das in sich geschlossene Urheberrecht europäischer Herkunft tauschen sollten.

Die Grenzen der Verständigung wurden in Großbritannien und seinem juristischen Einflußbereich (Commonwealth) erreicht, während Völker mit einer verschiedenen geistigen Abstammung wie Japan und die Türkei das Urheberrecht mit andern europäischen Rechtszweigen übernahmen.

Das alles ist zu bedenken, wenn wir jetzt über die Aufgabe und die Organisation des Berner Verbandes reden. Die heutige Lage ist gegenüber jener am Ende des letzten Jahrhunderts nicht vor allem deshalb so verschieden, weil der kommunistische Block ein neues

Machtzentrum bildete und weil zahlreiche neue Staaten in Afrika und Asien entstanden sind. Viel wichtiger ist der Umstand, daß die Gültigkeit des Weltbildes, nach dem die Juristen die Anfänge des Berner Verbandes und seine Entwicklung in der ruhigen Überzeugung von seiner allgemein anzuerkennenden Überlegenheit ausrichteten, in Frage gestellt ist.

Das Urheberrecht eines Staates, der das Individuum sich ungehindert entfalten läßt und der die Freiheit des Geistes nur zur Selbstverteidigung einschränkt, kann nicht dasselbe sein wie jenes, das Urhebern Schutz gewährt, denen es verwehrt ist, die Werke nach ihrer persönlichen Neigung und Überzeugung zu schaffen. Juristen, deren Sorge dem unabhängigen Individuum nicht weniger gilt als der Gemeinschaft, folgen einer andern Leitidee als jene, die das Kollektiv in das Schema des ökonomischen und geistigen Planes zwängen und die einzelnen nur als funktionelle Glieder der vorgeschriebenen Entwicklung gelten lassen. Die teilweise rechtstechnische Übereinstimmung der Rechtsinstitute ist unter diesen Voraussetzungen rein äußerlich. So kann es vorkommen, daß ein Staat den eigenen und den fremden Urhebern alle Befugnisse beläßt, die die RBUe iure conventionis vorschreibt. Dennoch werden seine Vertreter, wenn er die Grundlage des urheberrechtlichen Schaffens, die geistige Freiheit, verneint, mit den Urheberrechtlern der Staaten, die sie nicht antasten, nicht zur grundsätzlichen Verständigung gelangen. Auch die wirtschaftliche Stellung des Urhebers verschiebt die Standpunkte, von denen aus die Juristen die Rechtsentwicklung anpacken. Wird der Staat zum Mäzen, indem er aus öffentlichen Mitteln die Urheber honoriert und sie derart von der Last der wirtschaftlichen Existenzsorge und der Gefahr des ökonomischen Zweckschaffens befreit, ihnen aber damit zugleich die persönliche Unabhängigkeit entzieht, so gelangt er zu einem andern Urheberrecht als der wirtschaftlich liberale Staat.

Weiterhin ist zu bedenken, daß das Urheberrecht in den Staaten des Berner Verbandes eine privilegierte Stellung hat, vor allem international. Auf dieser im Reich der gesamten Rechtspflege kleinen Domäne sind die RBUe mit ihrem Internationalen Büro, das WUA samt der Urheberrechtsabteilung der Unesco und mehrere amerikanische Pan- und Interamerikanische Übereinkünfte errichtet. Besondere internationale Verbände (A.L.A.I., CISAC und InterGU) sowie zahlreiche nationale Gesellschaften widmen sich ausschließlich seiner Pflege. Ihm sind mehrere internationale und nationale Zeitschriften gewidmet. Die Rechtsvergleichung ist durch ein imposantes Schrifttum und durch die Herausgabe der Gesetzestexte aller

Länder auf den Weg gebracht. Am Rande des Urheberrechts stehen noch die Bemühungen um die Werkvermittler (Römer Abkommen zum Schutze der ausübenden Künstler, der Hersteller von Schallplatten und der Sendeunternehmen sowie die beiden Abkommen des Europarats betreffend das Fernsehen).

Dieser einzigartige Aufwand, der für kein anderes Rechtsgebiet getrieben wird, ist nicht allein der besonderen Liebe der Urheberrechtler zu ihrem Spezialbereich und der Energie der Urhebervertreter zu verdanken. Sie brächten das nicht zustande, bestände nicht eine günstige geistige Grundlage. Sollte sie sich allgemein oder in einigen Gebieten ändern, so verlöre das Urheberrecht diese Ausnahmestellung. Diese Grundlage ist die allgemeine Liebe und Verehrung, mit der die Menschen aller zivilisierten Völker heute dem literarischen, musikalischen und künstlerischen Werk begegnen. Es fragt sich jedoch, ob Liebe und Verehrung ausreichen. Bedarf es nicht überdies der ganz besonderen Hochschätzung, die insbesondere die europäische und amerikanische Zivilisation aufbringen, die in der Literatur, Musik und bildenden Kunst — und zwar recht oft in ihrem rein ästhetischen Sein — Zuflucht und Ersatz für die tiefere Verbundenheit mit der Schöpfung suchen, die ihnen abhanden gekommen ist? Manche Zeichen deuten an, daß diese Vorherrschaft des Ästhetischen im kulturellen und geistigen Bezirk auch im nichtkommunistischen Bereich wankt, und daß sie vor allem im letzteren keine Anerkennung findet. Der dortige Kampf greift also noch an eine andere Wurzel des Urheberrechts als nur an die der freien geistigen Entwicklung. Aber auch in der westlichen Welt dürfen wir die echte Verehrung des Geisteswerkes nicht mit der übermäßigen, oft snobistischen Lobpreisung der Interpreten, der Geräuschkulissen und des organisierten Verleger- und Ausstellungsbetriebes verwechseln. Die Standfläche der echten Kunstbegeisterung die allein dem hoch entwickelten Urheberrecht ein solides Fundament gibt, ist viel schmaler, als sie beim flüchtigen Hinsehen erscheint [5]).

---

[5]) Heidegger, M.: Einführung in die Metaphysik, 2. A., 1958, S. 101: „Für uns Heutige ist das Schöne umgekehrt das Entspannende, Ausruhende und deshalb für den Genuß bestimmt. Kunst gehört dann in den Bereich des Zuckerbäckers. Ob der Kunstgenuß zur Befriedigung des Feinsinns der Kenner und Ästheten dient oder zur moralischen Erhebung des Gemütes, macht im Wesen keinen Unterschied. Den Griechen sagen ὄν und καλον dasselbe (Anwesen ist reines Scheinen). Die Ästhetik meint es anders; sie ist so alt wie die Logik. Die Kunst ist ihr Darstellung des Schönen im Sinne dessen, was gefällt als das Gefällige. Doch Kunst ist Eröffnung des Seins des Seienden. Wir müssen dem Wort ‚Kunst' und dem, was es nennen will, aus einer ursprünglich wiedergewonnenen Grundstellung zum Sein einen neuen Gehalt verschaffen."

Auch in der westlichen Welt ist daher die Grundlage des Urheberrechts auf die Tragfähigkeit für das bestehende prächtige Gebäude zu prüfen. Erst recht gilt das jedoch für all die neuen Staaten, die von der kolonialen Tradition her Mitglieder des Berner Verbandes sind. Wohin ihre geistige Entwicklung geht und welche Grundlage damit die Gestaltung des Rechts im allgemeinen und des Urheberrechts im besonderen vorfindet, ist noch nicht festzustellen. Wir können kaum damit rechnen, daß sie mit jener übereinstimmt, aus der heraus früher dort die Urheberrechtsgesetze geschaffen und der Beitritt zur RBUe erklärt wurden.

An diesen Änderungen der geistigen Situation können wir nicht vorbeigehen. Diese Feststellung ruft der Frage, ob auch der Jurist seine Denkmethode geändert habe, oder ob seine Betrachtungsweise sein Ergreifen der Tatsachen und seine Schlußfolgerungen vom Wechsel des allgemeinen Geistesbildes unbeeinflußt blieben. Die gesetzpolitischen Diskussionen z. B. um das Rom-Abkommen, das Filmrecht und die deutsche Urheberrechtsrevision, um nur diese zu nennen, zeigen die Juristen tatsächlich und erstaunlicherweise noch den Denkmethoden des geistigen Konstruierens nach den Vorbildern des achtzehnten und frühen neunzehnten Jahrhunderts, vor allem aber dem Positivismus der letzten hundert Jahre ergeben. Der Jurist läßt die Wünsche der Interessierten als Zeugnis der sozialen Realität zur Geltung gelangen und zieht daraus den Schluß. Er erforscht nicht selber die Tatsachen, nämlich die Lebensverhältnisse. Das tut er ebenfalls nicht, wenn er Begriffe wie „droit moral" als selbständige Werte vorstellt und sich nach dem Inhalt ausrichtet, den ihnen die Wissenschaft zugedacht hat. Die phänomenologische Methode, die heute geisteswissenschaftlich von größter Bedeutung ist[6]), beeinflußte die juristische Dogmatik und die Gesetzgebungsarbeiten noch erstaunlich wenig. Dabei ist doch das römische Recht in

---

[6]) Bochenski, J. M.: Die zeitgenössischen Denkmethoden, 2. Aufl., 1959, S 53: „Die phänomenologische Methode ist ein besonderes Erkenntnisverfahren. Sie besteht wesentlich in einem geistigen Schauen des Gegenstandes, d. h. sie gründet in einer Intuition. Diese Intuition bezieht sich auf das Gegebene; die Hauptregel der Phänomenologie lautet: „zu den Sachen selbst", wobei unter „Sachen" eben das Gegebene zu verstehen ist. Dies erfordert aber zunächst eine dreifache Ausschaltung oder „Reduktion", auch „Epoché" genannt: erstens von allem Subjektiven: es muß eine rein objektivistische, dem Gegenstand zugewandte Haltung eingenommen werden; zweitens von allem Theoretischen, wie Hypothesen, Beweisführungen, anderswo erworbenem Wissen, so daß nur das Gegebene zu Wort kommt; drittens von aller Tradition, d. h. allem, was von andern über den Gegenstand gelehrt wurde." S. 25 legt Bochenski dar, der Standpunkt des Phänomenologen werde von den Empiristen und von den Kritizisten bestritten. Er fährt dann fort: „Aber auch abgesehen von der Bedeutung dieser Streitfrage, darf selbst in einer kurzen Darstellung der zeitgenössischen Denkmethoden ein Kapitel über die phänomenologische Methode nicht

ihrem Sinne ausgebildet worden; und die guten Richter haben eh und je die Verhältnisse erforscht, bevor sie den Plan für die Zuteilung der Rechte und Pflichten entwarfen.

Zur Phänomenologie führt das Ableiten aus der Natur der Sache hin. Es führt aber zugleich darüber hinaus, nämlich zur Überzeugung, daß aus der Natur der Sache sich der Wertmaßstab ergibt. Dazwischengeschoben ist die Beschäftigung mit der menschlichen Existenz, zu deren Betrachtung die Phänomenologie die Methode bereitstellte [7]). Der Jurist erforscht sie an Hand der ihm zugänglichen Erscheinungen. Er macht aber bei diesen äußeren Zeichen

---

fehlen, da sie von einem großen Teil (vielleicht der Mehrheit) der heutigen Philosophen angewandt wird und viele Regeln enthält, die unabhängig von jedem philosophischen Standpunkt gelten. Man könnte sogar fast alle Regeln der phänomenologischen Methode als allgemeine wissenschaftliche Regeln hinstellen. Das entspräche allerdings nicht der Intention der Phänomenologen selbst. Indessen bleibt die objektive Tatsache bestehen, daß sie wichtige allgemeingültige Regeln für das theoretische Denken formulierten." S. 26: „Die zweite Hauptregel der phänomenologischen Methode, wie sie Husserl selbst vertrat, könnte so formuliert werden: In der Forschung soll das Denken ausschließlich auf den Gegenstand gerichtet sein mit vollständiger Ausschaltung alles Subjektiven. So formuliert gehört diese Regel zum Gemeingut der abendländischen wissenschaftlichen Methode." S. 29: „(1) Zuerst verlangt die Regel, daß alle Theorien, Schlüsse, Hypothesen usw. ausgeschlossen bleiben. Damit wollen die Phänomenologen nicht ein indirektes Erkennen überhaupt nicht gelten lassen; sie lassen es wohl zu, aber erst nach der phänomenologischen Grundlegung. Diese bildet den absoluten Anfang; sie begründet unter anderem auch die Rechtskraft der Schlußregeln, und deshalb darf man im Laufe der phänomenologischsen Untersuchung keinen Gebrauch von mittelbaren Erkenntnisverfahren machen. (2) Die Ausschaltung der Tradition hängt hiermit zusammen. Es handelt sich dabei nicht nur um das schon von Thomas von Aquin nachdrücklich formulierte Prinzip, nach welchem die Berufung auf eine menschliche Autorität das schwächste Argument bildet, so daß man sich nie auf das, was andere behaupten, als auf eine sichere Grundlage stützen darf. Die phänomenologische Methode verlangt nicht nur eine strenge Anwendung dieses thomistischen Prinzips, sondern darüber hinaus, daß der ganze „Stand der Wissenschaft", ob er durch Forscher nachgeprüft sei oder nicht, ausgeschaltet werde. Die Sachen allein, die Phänomene, so wie sie vor dem geistigen Auge des Forschers liegen, sollen zur Sprache kommen und nichts anderes." Bochenski weist anschließend darauf hin, daß dieser Grundsatz in der Praxis ungemein schwer, ja ganz rein überhaupt nicht durchführbar ist, weil im menschlichen Geist das Schauen und das Schließen so eng verbunden sind. Das Objekt des Schauens ist das Wesen, die Grundstruktur des Gegenstandes. Vgl. dazu auch Bochenski, J. M.: Europäische Philosophie der Gegenwart, 2. A., 1951, S. 41, 146 ff. Bochenski sagt, S. 162, von den Phänomenologen: „Sie entwickelten eine Methode, die wenn auch nicht neu (alle großen Philosophen waren bezüglich der Methode Phänomenologen), bei ihnen eine merkliche Verfeinerung und Reinigung erfuhr und bewußt als das entscheidende Verfahren in der Philosophie angewandt wurde."

7) Bochenski, Europäische Philosophie, S. 162 f.: „Die Phänomenologen drangen nicht weit genug, bis zum Konkreten, zum wirklichen Sein, vor. Zwei andere Schulen, die Existenzphilosophie und die gegenwärtige Metaphysik, beide Ausdruck der gleichen Tendenz, scheinen in Richtung auf die Probleme des Seins und des Menschen ein Stück weiterzukommen. Beide indes, wie überhaupt die Mehrzahl der gegenwärtigen Philosophen, sind sich ihrer Abhängigkeit von der Phänomenologie bewußt. Sie ist eine der Hauptquellen des heutigen philosophischen Gedankens."

nicht halt und dringt weiter vor zum Wesen, zur Struktur. Objekt seiner Anschauung ist nicht der einzelne Mensch, sondern stets die Beziehung zwischen zwei oder mehr Menschen. Für den Urheberrechtler sind Objekte der Wesensschau die Beziehungen des Urhebers zu seinem Werk und zu den Werkvermittlern und den Werkgenießenden sowie die Beziehungen dieser beiden Personengruppen zum Werk und zum Urheber. Diese Beziehungen hat der Urheberrechtler zuerst objektiv, losgelöst von seiner eigenen Auffassung und seiner wissenschaftlichen Lehrmeinung, zu erfassen. Objekt ist also die menschliche Existenz im Phänomen der zwischenmenschlichen Beziehungen, die sich um das Werk der Literatur und Kunst ergeben. Diese Beziehungen sind beeinflußt, ja entscheidend gestaltet durch das heutige Wesen der Menschen, also durch deren geistige und soziale Situation. Es gibt somit keine überzeitliche und von den konkreten Verhältnissen losgelöste Wesensschau. Es gibt zwar gleichbleibende Grundzüge der Menschen und einige unverrückbare Grundsätze zur Regelung der zwischenmenschlichen Beziehungen. Diese fehlen aber, wie die späte Entwicklung des Urheberrechts dartut, gerade in diesem Rechtsgebiet. Deshalb kann im internationelen Gespräch mit Vertretern von Völkern, die in anderem geistigen Grund wurzeln, nur das gemeinsame Erforschen der Phänomene, der Beziehungen der am Geisteswerk Interessierten, wie sie bei ihnen und bei uns sich dem Erfassen darbieten, zum Ziele führen. Das ist die wichtige und grundlegende Arbeit. Erst dann, wenn sie vollständig getan ist, wenn die tatsächlichen Beziehungen der Urheber zu ihren Werken sowie der Werkvermittler und der Werkbenützer zu den Werken und den Urhebern in den letzten Verästelungen bloßgelegt sind, beginnt die eigentliche juristische Aufgabe. Dann erst wird der Jurist bestimmen, was dem einen und was dem andern zukommt. Und zu allerletzt findet er die Form der Regeln, um das als Tatsachen Geschaute und das gestützt darauf als gerecht Erkannte zu ordnen.

Welcher Schluß ergibt sich aus diesen methodischen Überlegungen für die Aufgabe und die Organisation des Berner Verbandes?

Wir können unsere Urheberrechtsidee nicht unter Berufung auf die wissenschaftliche Tradition als Gedankengebäude Außenstehenden anbieten. Wir können auch nicht damit rechnen, daß alle selbstständig gewordenen Völker, die heute noch dem Verband angehören, unserem System als rechtsdogmatischer Konstruktion zustimmen. Wir haben mit ihnen gemeinsam geduldig die Phänomene, die ums Werk entstandenen und zu erwartenden zwischenmenschlichen Beziehungen, zu erforschen. Wir sind nicht imstande, unsere

Vorstellungen vom richtigen Urheberrecht aus dem Spiel zu lassen. Sie erleichtern uns sogar die Arbeit. Aber das ernstliche Bemühen, die Lösungen aus den Lebensverhältnissen im gemeinsamen Gespräch zu entwickeln, wird Anerkennung finden und zu richtigen Ergebnissen führen.

Damit ist die Aufgabe des Berner Verbandes gegeben. Die Zielsetzung bleibt die gleiche: der Schutz der Rechte der Urheber an ihren Werken der Literatur und Kunst. Das schließt auch die möglichst weite Verbreitung eines hoch entwickelten Urheberrechts ein. Der Verband darf daher nicht nur das Erreichte festhalten und es gegen Einbußen verteidigen. Er soll unentwegt die geistige Hinwendung von neuen Mitgliedern zum Verband und seinem Ziel anstreben. Dabei hat er die neuen geisteswissenschaftlichen Methoden anzuwenden. So wie er in seinen Anfängen durch die Strahlkraft der geistigen Überzeugung wirkte, hat er das auch jetzt unter den geänderten Verhältnissen zu tun.

Für das Urheberrecht müssen die Fundamente in einer Tiefe bereitet werden, wo der Boden der gemeinsamen geistigen Überzeugung erreicht ist. Das heißt, daß man die nicht gemeinsamen Schichten der Bildung, Zivilisation und der Weltanschauung durchstoßen muß. Es gibt sicherlich eine allen Völkern verständliche geistige Überzeugung davon, daß dem Urheber die Verfügung über sein Werk zusteht. Die Quellen dieser Gewißheit können aus unterschiedlichem Grund entspringen; aber ihre zentrale Fassung wird gelingen. Dieses Programm verlangt eine gewaltige geistige Arbeit. Das Sammeln von Gesetzen und Urteilen reicht bei weitem nicht aus. Die allgemein geistigen Grundlagen und die Denkmethoden sind einzubeziehen. Gefährlich ist für ein derartiges Unterfangen das Vermischen des urheberrechtlichen Suchens nach der gerechten Lösung mit handels- oder gar machtpolitischen Wünschen. Letztere machen sich geltend. Man hat sie aber klar zu erkennen und abzuheben. Gelich verhält es sich mit den Begehren der Interessierten. Auch sie haben keine unmittelbare Überzeugungskraft.

Die Aufgabe des Berner Verbandes hat nicht nur im rechtspolitischen Teil, sondern auch in dessen wissenschaftlicher Vorbereitung nicht gewechselt. Was hier als Programm vorgelegt wird, wurde vom Verband und insbesondere vom Internationalen Büro in Zusammenarbeit mit den privaten Verbänden stets geleistet. Nur war dies früher leichter, weil die vorn erwähnte gemeinsame geistige Grundlage festgefügt stand. Jetzt weist sie selbst in unserem Kreis Risse auf; andernorts mangelt sie.

Mit dieser Kennzeichnung der Aufgabe ist auch das Programm

für die Organisation gegeben. Der Verband muß in der Lage sein, wissenschaftlich zu überzeugen und nicht politisch zu überreden. Die urheberrechtliche Grundlagenforschung ist sein eigentliches Anliegen. Alle Einflüsse, die dieses langfristige und Geduld erheischende Werk stören, mögen fernbleiben. Auch jeder rasche äußere Erfolg, den nicht die geistige Überzeugung bewirkte, ist gefährlich. Daraus ergibt sich das Postulat, daß der Verband, wie bisher, autonom und allen politischen Einflüssen möglichst entrückt sei. Vor allem soll er nicht der Tummelplatz für staatlichen Ehrgeiz oder politisches Geltungs- und Machtbedürfnis sein. Das entspricht in allen Teilen der bisherigen Tradition. Die völlige politische Neutralität des Verbandes und des Internationalen Büros und dessen bewundernswerte Hingabe an die wissenschaftliche Pflege des Urheberrechts ließen das große Werk sogar die beiden Weltkriege unbeschädigt überdauern.

Es waren und sind Anzeichen dafür vorhanden, daß die internationale Aktivität und die oft mehr äußerlich betriebsame als geistig regsame Tätigkeit auch den Berner Verband und sein Büro in den politischen Strudel hineinreißen könnten. Ein starker Damm soll das verhindern. Er findet sich in der geplanten rechtlich anerkannten Vereinigung der Internationalen Büros des Berner und des Pariser Verbandes. Der schweizerische Bundesrat ist dieser Absicht mit der Feststellung zuvorgekommen, daß die beiden Internationalen Büros ihre Rechtsfähigkeit in der Schweiz haben (Statut vom 16. August 1960, Art. 3). Sie sind auch gemeinsam als Eigentümer des Gebäudes in Genf im Grundbuch eingetragen. Diese Feststellung läßt sich gegenwärtig rechtlich kaum begründen. Es wäre aber richtig und zweckmäßig, die beiden Internationalen Büros organisatorisch (was bisher schon geschah) und rechtlich zusammenzufassen und ihnen in gleichem Sinne wie dem Internationalen Patentinstitut im Haag die Rechtspersönlichkeit zu verleihen. Art. 11 dieses Statuts wäre das gute Vorbild: „Das Institut besitzt Rechtsfähigkeit. In jedem Mitgliedstaat steht ihm das Höchstmaß der durch die nationale Gesetzgebung den juristischen Personen zuerkannten Rechte zu." Es wäre sodann auch angezeigt, den Vereinigten Internationalen Büros als Stiftung einen Verwaltungsrat zuzugeben (Art. 6 ff. des Statuts des Internationalen Patentinstituts). Die Vereinigten Büros und deren Verwaltungsrat wären nicht Organe der Verbände; sie hätten aber gemäß einer aufzustellenden Satzung für sie wie bisher tätig zu sein. Diese Regelung brächte den höchst beachtlichen Vorteil, daß Erschütterungen der Verbände nicht unmittelbar die Vereinigten Büros gefährden würden. Sie könnten, wie bis anhin, der ruhige

Mittelpunkt der Pflege des gesamten Immaterialgüterrechts auf breitester wissenschaftlicher Grundlage bleiben. Das vorn skizzierte Programm wäre für den gewerblichen Rechtsschutz und das Urheberrecht auszuführen. Kamen bis anhin nur vereinzelte Wissenschaftler zum Studium in die hervorragend dokumentierte Bibliothek der Vereinigten Büros, so sollten Mittel und Wege gefunden werden, um dort die eigentliche Stätte für die Forschung in diesem Gebiet zu schaffen. Aussprachen der wissenschaftlich führenden Juristen aus aller Welt mit solchen, die am Anfang ihres Bemühens stehen, würden Einsicht und Verständnis vertiefen und mehren. Wichtig wäre auch die enge Zusammenarbeit mit andern Instituten, so vor allem mit dem von Prof. Ulmer hervorragend geleiteten Institut für ausländisches und internationales Patent-, Urheber- und Markenrecht der Universität München. Die von Anfang an so nützliche Verbindung mit den privaten internationalen Verbänden (so z. B. der A.L.A.I. und AIPPI) ist eifrig zu pflegen. Sie und ihre nationalen Gesellschaften haben bis anhin vor allem den Nachwuchs von Immaterialgüterrechtlern gebildet und geformt. Daß darob die administrativen Aufgaben im Dienst der beiden Verbände (z. B. die Eintragung der internationalen Marken und die internationale Hinterlegung der Muster und Modelle) nicht zu vernachlässigen wären, versteht sich von selbst.

Wenn dann die Vereinigten Büros als der Mittelpunkt der wissenschaftlichen Erforschung und Darstellung des Immaterialgüterrechts in der ganzen Welt anerkannt sind, werden dadurch auch der Berner und der Pariser Verband an Ansehen und Anziehungskraft noch gewinnen. Der wissenschaftliche Freundschaftsbund der Immaterialgüterrechtler aus zahlreichen Ländern, der jetzt schon besteht und sich oft manifestiert, wird unter der Führung der Vereinigten Büros gemehrt und gefestigt. So bildet sich mit dem Mittelpunkt bei den Vereinigten Büros ein gemeinsames gut begründetes Wissen über alle Belange des gewerblichen Rechtsschutzes und Urheberrechts, das deren Erhaltung, Pflege und weitere Ausbildung belegt und stärkt. Politische Emsigkeit kann da und dort etwas zustande bringen. Großes und Zukunftsträchtiges aber wächst nur auf geistig reichem Grund.

Die Übersetzungsvorbehalte in der Berner Übereinkunft (RBÜ) und der Übersetzungsartikel des Welturheberrechtsabkommens (WUA)

Von Rechtsanwalt am Oberlandesgericht
Dr. **Walter Bappert,** Freiburg i. Br.

I.

Allgemeines zum Recht der Übersetzung nach der RBÜ und dem WUA

1. Bei der Bedeutung, die heute dem internationalen Kulturaustausch zukommt, dient der Schutz des Rechts der Übersetzung im besonderen Maße den Interessen der Urheber. Dieser Schutz ist heute soweit wie möglich durch bi- und multilaterale völkerrechtliche Verträge [1]) zwischen einer großen Anzahl von Staaten verwirklicht worden, die dem Urheber einen gewissen Minimalschutz sichern. Hierbei genießt der Urheber im wesentlichen Schutz nach dem Prinzip der Inländerbehandlung.

Die RBÜ, die seit dem 9. September 1886 besteht, und der sich im Laufe der Zeit seitdem immer mehr Länder angeschlossen haben [2]), gewährleistet in ihren „Grundrechten" den verbandseigenen Werken einen einheitlichen Schutz, den der Urheber auch dann beanspruchen kann, wenn das nationale Recht eine entsprechende Vorschrift nicht kennt.

Das am 16. September 1955 abgeschlossene „Welturheberrechtsabkommen" [3]) besteht unabhängig von der RBÜ, und gemäß Art. XIX WUA richtet sich der Schutz des Urhebers in Ländern, die sowohl der RBÜ als auch dem WUA angehören, nach dem ersteren multilateralen Vertrag. Während die nach der RBÜ gewährten Rechte in jedem Verbandsland *jure conventionis* gelten, also unmittelbar beansprucht werden können, auch wenn das Verbandsland eine entsprechende Bestimmung in seinem nationalen Recht nicht kennt [4]), gelten die Vorschriften des WUA, durch welches kein Schutzverband begründet worden ist, nicht unmittelbar. Vielmehr ist nach dem WUA der jeweilige Vertragsstaat verpflichtet,

---

1) Vgl. Ulmer, Urheber- und Verlagsrecht 1960, 73 und GRUR 1960. 60; Bappert-Wagner, Internationales Urheberrecht 1956, 39.

2) Vgl. die Übersicht in GRUR AIT 1962, 195, 196 und Le droit d'Auteur (Copyright) 1963, 4 ff., 6, 7: Stand vom 1. Januar 1963.

3) Zum Stand der Ratifikationen und Beitritte vom 1. Januar 1963/vgl. Le droit d'Auteur (Copyright) 1963, 16.

4) Vgl. dazu Bappert-Wagner, aaO., Art. 1 RBÜ Anm. 5, S. 49 und Einl. WUA Anm. 3; a. A. Ulmer, GRUR 1960, 61.

mittels der nationalen Gesetzgebung den urheberrechtlichen Schutz fremder Staatsangehöriger sicherzustellen. Andererseits gibt aber auch das WUA in seinen Vorschriften einen gewissen Mindestschutz, der freilich nicht die Stärke dessen besitzt, den die RBÜ den Urhebern gewährleistet.

2. Zu den allgemeinen Voraussetzungen des Schutzes des Übersetzungsrechts gehört nach der RBÜ und dem WUA — wie allgemein beim internationalen Werkschutz —, daß der Staat, dessen Schutz erstrebt wird, Verbandsland der RBÜ oder Angehöriger des WUA ist. Unter Umständen kommt auch irgendein Sonderabkommen zwischen den jeweiligen Staaten, d. h. zwischen dem Staat, dem der Urheber des betreffenden Werkes angehört und demjenigen, in dem das Werk geschützt werden soll, in Frage.

Der Urheberschutz nach der RBÜ und dem WUA hängt ferner davon ab, daß das Werk in einem Mitgliedsland veröffentlicht worden ist [5]).

3. Nach Art. 2 Abs. 2 RBÜ sind auch Übersetzungen zu den Werken im Sinn der Übereinkunft zu rechnen. Neben dem Werk als solchem genießt daher auch die Übersetzung einen eigenen Schutz gegen Übersetzung, da auch der Übersetzer im Hinblick auf seine übersetzerische Tätigkeit als Urheber gilt.

Im folgenden sollen zunächst die sogenannten Übersetzungsvorbehalte in der RBÜ nach ihrem jetzigen Stand dargestellt und einige sich daran anknüpfende Probleme erläutert werden. Anschließend sollen dann der Übersetzungsartikel des WUA im Überblick [6]) und die Regelung der Zwangslizenzen entsprechend dem Übersetzungsartikel V WUA in einzelnen Vertragsstaaten des Welturheberrechtsabkommens ausführlicher dargestellt werden.

II.

Die Übersetzungsvorbehalte in der RBÜ

1. Der Grundsatz, daß der Urheber in den Verbandsländern auch gegen unbefugte Übersetzungen seines Werkes geschützt ist, wird durch sogenannte Vorbehalte einiger Verbandsländer durchbrochen:

Um verschiedenen Ländern entgegenzukommen und ihnen den Beitritt zur Berner Übereinkunft zu erleichtern, war anfangs den Ländern die Möglichkeit eingeräumt worden, bei ihrem Eintritt bestimmte Vorbehalte zu erklären. Bereits die Rom-Konferenz von

---

[5]) Vgl. dazu Bappert, Bbl. 1961, 1308 und Bappert-Wagner, UFITA Bd. 22 (1956) S. 340 ff.
[6]) Vgl. dazu auch eingehend Bappert Bbl. 1961, 1308 ff.

1928 hatte diese Möglichkeit dahin eingeschränkt, lediglich hinsichtlich des Übersetzungsschutzes den Vorbehalt zuzulassen, daß das beitretende Land sich nicht durch Art. 8 RBÜ, sondern durch Art. 5 in der Fassung der Pariser Zusatzakte von 1896 bindet. Eine weitere Einschränkung des Vorbehalts wurde insofern gemacht, als er nur für die Landessprachen des betreffenden Verbandslandes gelten solle [7]. Diese genannten Einschränkungen waren zwar nicht leicht durchzusetzen, aber dennoch unumgänglich notwendig, denn andernfalls wäre die Folge eine noch weitergehende Verwirrung im internationalen Urheberrecht gewesen, als sie auf Grund der jetzt noch existierenden Vorbehalte heute noch besteht.

Nach Art. 27 Abs. 2 und 3 RBÜ (Brüsseler Fassung) gilt für die Vorbehalte folgendes:

a) Verbandsländer, welche die Brüsseler Fassung unterzeichnet haben, dürfen ihre früheren Vorbehalte beibehalten, sofern dies bei der Ratifikation ausdrücklich erklärt wird. Hierzu sind diese Verbandsländer auch berechtigt, wenn sie der Brüsseler Fassung gemäß Art. 28 Abs. 3 beitreten.

b) Die Verbandsländer, welche den Brüsseler Text nicht unterzeichnet haben, können die Übereinkunft zwar nicht ratifizieren, ihr aber jederzeit in der Form des Art. 25 beitreten und dann die alten Vorbehalte aufrechterhalten.

c) Ein der RBÜ noch nicht angehöriger Staat konnte bis zum 1. Juli 1951 sowohl der Rom-Fassung als auch der Brüsseler Fassung der Konvention beitreten. Nach diesem Zeitpunkt ist nur noch ein Beitritt zum Brüsseler Text möglich. Dieser neu beitretende Staat kann sich nur vorbehalten, hinsichtlich des Übersetzungsschutzes anstelle durch Art. 8 durch Art. 5 der Berner Übereinkunft in der Fassung der Pariser Zusatzakte gebunden zu sein.

2. Im einzelnen ist die Rechtslage im Hinblick auf die Übersetzungsvorbehalte [8]) heute folgende:

a) G r i e c h e n l a n d [9]) hatte Vorbehalte bezüglich des Übersetzungs- und des Aufführungsrechts. Danach wurden Art. 8 und 11 ersetzt durch Art. 5 und 9 der Berner Übereinkunft von 1886. Auf diese Vorbehalte hat Griechenland jedoch bei der Ratifikation der Brüsseler Fassung zu Gunsten aller Länder der Union am 6. Ja-

[7]) Vgl. B a p p e r t - W a g n e r, Internationales Urheberrecht, Kom. 1956, Anm. z. Art. 25; M a u s, Das Übersetzungsrecht der wichtigsten Staaten der Berner Übereinkunft, Stuttgart, 1930, S. 148.

[8]) Für den Kongo (Brazzaville), für Dahomey, Frankreich, Mali, Niger und Tunesien gilt heute noch ein Vorbehalt bezüglich der Werke der angewandten Künste. An Stelle des Art. 2 IV der Rom-Fassung gilt Art. 4 der ursprünglichen Fassung von 1886. Vgl. Droit d'Auteur (Copyright) 1963, 6 und 7.

[9]) Vgl. Lois et traités sur le droit d'Auteur II, Paris 1962, 831 ff., 843.

nuar 1957 verzichtet [10]). Zwischen Deutschland und Griechenland hat dieser Vorbehalt demnach keine Gültigkeit mehr. Anders ist es dagegen zwischen Griechenland und den nicht der Revidierten Berner Übereinkunft beigetretenen Länder. Zwar hat nach Art. 6 des griechischen Urheberrechtsgesetzes der Autor eines literarischen Werkes das ausschließliche Recht, die Übersetzung dieses Werkes zu genehmigen, jedoch endet das Übersetzungsrecht 10 Jahre nach dem Ende des Jahres, in dem das Werk zum ersten Male publiziert worden ist. Die neue Regelung, die den Schutz in Griechenland, soweit es verbandsheimische Werke betrifft, erweitert hat, bezieht sich jedoch nur auf Werke, die am 6. Januar 1957 nicht bereits im Gemeineigentum standen [11]).

b) Italien [12]) hatte ursprünglich hinsichtlich der Übersetzung wissenschaftlicher Werke einen Vorbehalt erklärt [13]).

Machte der Urheber nicht innerhalb einer 10-Jahresfrist von seinem ausschließlichen Übersetzungsrecht Gebrauch, so konnte nach Ablauf der Frist eine Übersetzung des Werkes frei erfolgen [14]). Der Lauf der Frist begann mit dem Ende des Erscheinungsjahres des Werkes. Erfolgte jedoch die Veröffentlichung einer Übersetzung während dieses Zeitraumes, so bestand der Übersetzungsschutz für die gesamte Dauer des Rechts am Originalwerk, also 50 Jahre nach dem Tode des Autors.

Bei der Ratifikation der Rom-Fassung der Berner Übereinkunft von 1886 hat Italien seine früheren Vorbehalte fallen gelassen [15]). Damals entstand eine Kontroverse bezüglich der Übersetzungen nichtwissenschaftlicher Werke nichtitalienischer Staatsangehöriger eines Verbandslandes, die zwischen 1925 und 1931 erschienen waren. Denn 1925 hatte ein neues italienisches Urheberrechtsgesetz den bisher allgemein nur auf 10 Jahre beschränkten Übersetzungsschutz auf die Schutzdauer für das Werk selbst ausgedehnt (mit Ausnahme der wissenschaftlichen Werke) und diese Vergünstigung sogar auf Werke bezogen, die bis dahin in das öffentliche Eigentum gefallen waren [16]). Diese Kontroverse ist heute nicht mehr von Bedeutung. Nur soviel sei in diesem Zusammenhang gesagt, da es für die Beurteilung urheberrechtlicher Fragen auch heute noch gelegentlich wichtig werden kann: Die damalige Auffassung, alle nichtitalienischen

---

[10]) Gesetz 3565 vom 27. September/6. Oktober 1956; vgl. World-Copyright, Bd. IV, Sp. 644; Droit d'Auteur (Copyright) 1963, S. 6.

[11]) Vgl. World-Copyright, Bd. IV, Sp. 644.

[12]) Vgl. Lois et traités sur le droit d'Auteur II, Paris 1962, 1033 ff., 1095.

[13]) Vgl. Magnus, Tabellen zum internationalen Recht 1928, S. 136, Sp. 1.

[14]) Maus, aaO., S. 147.

[15]) Willy Hoffmann, Die Berner Übereinkunft ... 1935, S. 143, 226.

[16]) World Copyright, Bd. IV, Sp. 652.

verbandsangehörigen Urheber von Werken, die zwischen 1925 und 1931 veröffentlicht worden sind, verlören binnen 10 Jahren nach Nichtausübung das Übersetzungsrecht, wurde von dem italienischen Urheberrechtsgesetz von 1931 verwirklicht. Das Gesetz legte nämlich fest, daß jedes literarische oder wissenschaftliche Werk eines verbandsangehörigen außeritalienischen Landes nur dann vollen Übersetzungsschutz genießen sollte. wenn eine Übersetzung innerhalb der 10-Jahresfrist erfolgt sei [17]).

Gehen wir zur weiteren Erläuterung der internationalen Rechtssituation bei Italien im Hinblick auf Übersetzungen einmal von einem praktischen Beispiel aus:

Ein wissenschaftliches Werk eines deutschen Autors wird 1913 zum ersten Male in deutscher Sprache veröffentlicht. Eine italienische Übersetzung erscheint nicht. Der Autor stirbt 1938. 1950 veröffentlicht ein italienischer Verlag eine Übersetzung ohne die Genehmigung der Erben des Autors.

Das Werk war beim Inkrafttreten der Rom-Fassung der Berner Übereinkunft in Deutschland noch nicht Gemeingut geworden [18]). Nach Art. 18 Abs. 2 RBÜ erlangt jedoch ein Werk, das im Ursprungsland geschützt, in einem anderen Land aber durch Ablauf der Schutzfrist gemeinfrei geworden ist, im letzteren Land nicht den Verbandsschutz. Fraglich aber könnte sein, ob ein Werk auch hinsichtlich einer einzelnen urheberrechtlichen Befugnis gemeinfrei werden kann. Das Berner Büro bejahte dies [19]). Nach *Hoffmann* widerspricht aber diese Ansicht der grundsätzlichen Erkenntnis, da das Werk rechtlich eine Einheit bildet, die aus der Tatsache der Schöpfung hervorgeht, mögen auch für einzelne Verwertungsformen besondere Schutzfristen vorgesehen sein. Nach dieser Auffassung wäre dann der volle Übersetzungsschutz nach der Aufgabe des Übersetzungsvorbehalts durch Italien für ein verbandsangehöriges Werk gegeben gewesen.

Auch dieses Problem wurde jedoch durch die italienische Gesetzgebung von 1931 geregelt. Nach Art. 18 Abs. 3 RBÜ war die Durchführung der Grundsätze des Art. 18 besonderen Abmachungen bzw. der Landesgesetzgebung überlassen. Nach Art. 3 des italienischen Gesetzes vom 12. Juni 1931 blieben für die vor dem 1. August 1921 in einem Verbandsland erstmals erschienenen Werke die bisherigen italienischen Bestimmungen erhalten. Diese Vorschrift wurde später auch nicht durch das neue italienische Urheberrechtsgesetz vom

---

[17]) Vgl. World-Copyright, Bd. IV, Sp. 654 m. Nachw.
[18]) Vgl. Art. 18 Abs. 1 RBÜ.
[19]) Vgl. Willy H o f f m a n n , aaO., S. 237.

22. April 1941 [20]) berührt. Der Übersetzungsschutz für das 1913 erstmals in Deutschland veröffentlichte Werk war daher mit dem Ende des Jahres 1923 abgelaufen.

c) Japan hat ebenfalls einen Übersetzungsvorbehalt für alle Übersetzungen erklärt und bis heute beibehalten. Anstelle von Art. 8 der Rom-Fassung gilt dementsprechend Art. 5 der ursprünglichen Übereinkunft der Berner Übereinkunft vom 9. September 1886 in der Fassung der Pariser Zusatzakte von 1896. Dieser lautet:

> „Den einem der Verbandsländer angehörigen Urhebern oder ihren Rechtsnachfolgern steht in den übrigen Ländern während der ganzen Dauer ihres Rechts an dem Originale das ausschließliche Recht zu, ihre Werke zu übersetzen oder die Übersetzung derselben zu gestatten. Jedoch erlischt das ausschließliche Übersetzungsrecht, wenn der Urheber davon nicht innerhalb zehn Jahren von der ersten Veröffentlichung des Originalwerkes an gerechnet in dieser Weise Gebrauch gemacht hat, daß er in einem Verbandsland eine Übersetzung in der Sprache, für welche der Schutz in Anspruch genommen werden soll, sei es selbst veröffentlicht hat, sei es hat veröffentlichen lassen.
>
> Bei den in Lieferungen veröffentlichten Werken beginnt die Frist von zehn Jahren erst mit dem Erscheinen der letzten Lieferung des Originalwerks.
>
> Bei Werken, welche aus mehreren in Zwischenräumen erscheinenden Bänden bestehen, sowie bei fortlaufenden Berichten oder Heften, welche von literarischen oder wissenschaftlichen Gesellschaften oder von Privatpersonen veröffentlicht werden, wird jeder Band, jeder Bericht oder jedes Heft bezüglich der zehnjährigen Schutzfrist als ein besonderes Werk angesehen.
>
> In den in diesem Artikel vorgesehenen Fällen gilt für die Berechnung der Schutzfristen als Tag der Veröffentlichung der 31. Dezember des Jahres, in welchem das Werk erschienen ist".

Obwohl Japan auch Mitglied des WUA ist, gilt für den Schutz eines Werkes eines verbandsangehörigen Urhebers nicht das WUA, sondern die RBÜ. Denn wenn 2 Länder sowohl Mitglieder der RBÜ und des WUA sind, so ist das WUA auf den Schutz des betreffenden Werkes nicht anwendbar [21]). Nach dem WUA wäre der Urheber nämlich günstiger gestellt, weil Art. V WUA vorsieht, daß die Vertragsstaaten bei Schriftwerken eine Zwangslizenz bezüglich des Übersetzungsrechts einführen können, wobei allerdings dem Urheber jedenfalls eine angemessene Lizenzvergütung verbleibt. Darauf wird im einzelnen später noch eingegangen werden. Zur näheren Erläuterung der Rechtslage beim Übersetzungsschutz zwischen einem Verbandsland der RBÜ (wie z. B. Deutschland) und Japan soll wieder von einem praktischen Beispiel ausgegangen werden:

---

[20]) Droit d'Auteur 1941, 96 f., 114.

[21]) Vgl. Bappert-Wagner, Internationales Urheberrecht, Komm. 1956, Art. XVII; Bogsch, Universal Copyright Convention, New York 1958, S. 143.

Ein deutscher Verlag veröffentlicht ein Werk, das in 3 Bänden mit Copyright 1947, 1949 und 1951 erscheint. 1957 erscheint eine englische Übersetzung des Werkes, dem eine deutsche gekürzte und überarbeitete Neufassung des Werkes in 2 Bänden zu Grunde lag. 1962 übersetzt nun ein Japaner das Werk nach dieser englischen Ausgabe ins Japanische. Der deutsche Verlag ist sowohl Inhaber der Urheber- als auch der Übersetzerrechte.

Zwischen Deutschland und Japan gilt entsprechend dem oben Gesagten die RBÜ, also auch der von Japan aufrechterhaltene geschilderte Übersetzungsvorbehalt. Nach dem daher anzuwendenden Art. 5 Abs. 3 und 4 der ursprünglichen Übereinkunft von 1886 in der Fassung der Zusatzakte von 1896 ist die 10-Jahresfrist für den Schutz des Urhebers gegen ungenehmigte Übersetzungen mit dem Ende des Jahres 1961 abgelaufen. Innerhalb dieser Frist hätte eine japanische Übersetzung erscheinen müssen, um dem Urheber den vollen Übersetzungsschutz zu sichern. Auf das Urheberrecht kann sich der Verlag also nicht mehr berufen.

Der Verlag kann jedoch gegenüber der ungenehmigten japanischen Übersetzung die ihm gleichfalls hier zustehenden Übersetzungsrechte geltend machen. Nach Art. 2 Abs. 2 RBÜ (Rom-Fassung) genießen Übersetzungen den gleichen Schutz wie Originalwerke. Der Art. 2 der für Japan gültigen Rom-Fassung [22]) gewährt jedoch keinen Konventionsschutz. Nach Art. 2 Abs. 3 sind vielmehr die Verbandsstaaten der Rom-Fassung verpflichtet, den in Art. 2 RBÜ aufgestellten Werken mit Hilfe ihrer Gesetzgebung Schutz zu gewähren. Demnach ist also das nationale japanische Urheberrechtsgesetz entscheidend [23]). Nach Art. 21 des japanischen Urheberrechtsgesetzes vom 3. April 1899 in d. F. v. 15. Mai 1958 [24]) hat der Übersetzer das Urheberrecht an seiner Übersetzung. Er genießt den Schutz des japanischen Gesetzes, unbeschadet der Rechte des Urhebers am Originalwerk. Der Übersetzerurheber ist also auch nach japanischem Gesetz gegen eine unbefugte Weiterverwendung seiner Übersetzung geschützt. Da insofern die 10-Jahresfrist noch nicht abgelaufen ist, kann sich der Verlag auf diese Weise gegen eine unbefugte Weiterverwendung des übersetzten Werkes in Japan zur Wehr setzen.

d) Einen dem japanischen Vorbehalt hinsichtlich der Übersetzungen entsprechenden Vorbehalt haben heute ferner noch folgende Länder: Island, Jugoslawien und die Türkei. Allerdings

---

[22]) Vgl. Droit d'Auteur (Copyright) 1963, S. 7.

[23]) Vgl. Willy Hoffmann, aaO., S. 61.

[24]) Vgl. Lois et traités sur le droit d'Auteur II, Paris 1962, S. 1118.

haben diese den Vorbehalt im Unterschied zu Japan auf Übersetzungen in ihre Landessprache (n) beschränkt [25]).

III.

Der Übersetzungsartikel in der WUA, insbesondere die Zwangslizenzen gemäß Art. V [26])

1. Nach Art. V Abs. 1 WUA hat der Urheber das Übersetzungsrecht und das Recht zur Veröffentlichung der Übersetzung. Er kann ferner anderen die Übersetzung gestatten. Gegenstand des ausschließlichen Übersetzungsrechts sind die durch das Abkommen geschützten Werke: darunter sind alle Sprachwerke zu verstehen. Grundsätzlich ist auch davon auszugehen, daß dem Urheber das Übersetzungsrecht während der ganzen Schutzdauer des Werkes zusteht.

2. Die Zwangslizenz (allgemeine Gesichtspunkte). Art. V Abs. 2 WUA gibt jedoch die Möglichkeit, das Übersetzungsrecht des Autors einzuschränken. Diese Bestimmung, die immer wieder heftig kritisiert und als revisionsbedürftig bezeichnet worden ist, die einzuführen jedoch notwendig war, weil sonst das Welturheberrechtsabkommen von einer Reihe von Staaten nicht angenommen worden wäre, sieht vor, daß die vertragsschließenden Staaten durch eine sogenannte gesetzliche Lizenz oder Zwangslizenz das an und für sich unbeschränkte Übersetzungsrecht des Autors einschränken können. Die vertragsschließenden Staaten können diese Möglichkeit durch einen internen Gesetzgebungsakt ausnutzen. Voraussetzungen für die Erteilung einer Zwangslizenz nach Art. V WUA, die durch die nationale Gesetzgebung der einzelnen Länder sicherzustellen sind, sind folgende:

a) Innerhalb von 7 Jahren nach der ersten Veröffentlichung des Schriftwerkes darf keine Übersetzung des Werkes in die Landessprache oder gegebenenfalls in die Landessprachen des betreffenden Landes durch den Rechtsinhaber selbst oder mit dessen Zustimmung erfolgt sein.

Ist eine Übersetzung innerhalb der 7-Jahresfrist zwar erfolgt, aber sind alle Ausgaben nach Ablauf der Frist vergriffen, so ist auch dann die Erteilung einer Zwangslizenz möglich.

---

[25]) Vgl. Le droit d'Auteur (Copyright) 1963, 6 und 7.

[26]) Vgl. dazu auch Bappert-Wagner, Internationales Urheberrecht, Komm. München und Berlin 1956, S. 237 ff. und die dort S. 238 zitierten Stellen; ferner Bogsch, Universal Copyright Convention New York 1958, S. 67 ff.; Bappert, Bbl. 1961, 1298 ff.

b) Derjenige, der die Lizenz beantragt, muß nachweisen, daß er zuvor den Rechtsinhaber um die Erlaubnis zur Übersetzung gebeten, dieser jedoch die Genehmigung nicht erteilt hat.

Stattdessen kann der Lizenznehmer jedoch auch nachweisen, daß er den Inhaber des Übersetzungsrechts nicht ausfindig machen konnte und daß er eine Abschrift seines Ersuchens um Erteilung einer Lizenz an den von dem Originalwerk angegebenen Verleger und gleichzeitig an die diplomatische Vertretung des Staates abgesandt hat, soweit ihm die Staatsangehörigkeit des Rechtsinhabers bekannt ist, und daß sein Ersuchen entweder abschlägig beschieden oder binnen 2 Monaten nach dessen Absendung nicht beantwortet worden ist.

Die Zwangslizenz ist ferner in 4-facher Hinsicht begrenzt:

a) Die Erteilung durch die nach dem Landesgesetz zuständige Behörde darf nur an Angehörige des Staates erfolgen, der Mitglied des WUA ist.

b) Der aus der Zwangslizenz Berechtigte darf nur eine Übersetzung herausgeben. Alle Verwertungsarten stehen auch weiterhin allein dem Rechtsinhaber zu.

c) Die Übersetzung darf nur im Gebiet des Vertragsstaates herausgegeben, jedoch kann sie in anderen Staaten eingeführt und dort verkauft werden, wenn die Gesetze dieses Staates es gestatten.

d) Durch die interne Gesetzgebung muß der Vertragsstaat ferner sicherstellen, daß der Urheber vermögens- und persönlichkeitsrechtlich gesichert ist. Gewährleistet werden muß eine einwandfreie Übersetzung; außerdem müssen Titel des Originalwerkes und Name des Verfassers auf allen Exemplaren und Lizenzausgaben vermerkt werden; eine den internationalen Gepflogenheiten angemessene Lizenzgebühr soll bezahlt und dem Rechtsinhaber überwiesen werden.

3. Zwangslizenzen in einzelnen zur WUA gehörenden Ländern.

a) Von den Staaten, in denen Schriftwerke allgemein nach Ablauf einer Frist von 25 Jahren nach dem Tode des Urhebers durch gesetzliche Lizenz benutzt werden dürfen (Australien, Kanada, Groß-Britannien, Irland, Neuseeland, Süd-Afrikanische Union) [27]) gehören heute Groß-Britannien und Irland dem WUA an [28]). Für sie hat demnach Art. V WUA Gültigkeit.

b) Eine Anzahl von Ländern sieht in ihren Gesetzgebungen Zwangslizenzen vor, wenn der Urheber das Werk innerhalb einer bestimmten Zeit nicht nutzt. Im folgenden seien nur die genannt,

---

27) Vgl. Bappert, Bbl. 1961, 1312.
28) Vgl. Übersicht in GRUR AIT 1962, 195, 196.

die heute dem WUA angehören: Argentinien, Groß-Britannien, Irland, Japan, Mexiko, Nicaragua, Portugal.

c) Von den 12 Ländern, die dem Intergovermental Copyright Committee angehören [29]), haben, soweit ich sehe, gegenwärtig [30]) nur 4 Staaten, nämlich Argentinien, Indien, Japan und Mexiko, gesetzliche Maßnahmen ergriffen, um den Voraussetzungen des Art. V WUA Genüge zu tun. Auf diese soll daher etwas näher eingegangen werden:

aa) Argentinien [31]) hat die Vergabe von Zwangslizenzen für die Übersetzung ausländischer Werke entsprechend Art. V WUA durch Gesetz vom 31. Januar 1958 geregelt [32]). Die Vergabe der Lizenz erfolgt hiernach gemäß den Vorschriften, wie sie Art. V WUA aufstellt. Art. 2 d des argentinischen Gesetzes verlangt, daß der Antragsteller die Übersetzung des betreffenden Werkes jemanden anvertraut, der von einem ständigen Komitee als geeignet angesehen wird. Dieses Komitee besteht aus 1 Mitglied des argentinischen „General Directorate of Culture“ und je 1 Repräsentanten der Schriftsteller und der Verleger.

10 % des Verkaufspreises muß der Lizenznehmer an den Rechtsinhaber entrichten. Ein Drittel davon sind bei der argentinischen Nationalbank zu hinterlegen; die restlichen zwei Drittel, für die Sicherheit geleistet werden muß, sind binnen 2 Jahren zu bezahlen [33]).

bb) Mexiko [34]) hat eine der argentinischen fast ganz entsprechenden Regelung durch Gesetz vom 29. Dezember 1956 eingeführt [35]). Ein Spezialkomitee, bestehend aus einem Vertreter des Sekretariats für Erziehung, der National-Universität von Mexiko und des Schriftstellerverbandes, soll dafür sorgen, daß der Lizenznehmer einen kompetenten Übersetzer mit der Übersetzung des Werkes beauftragt [36]).

cc) Indien [37]) hat ein dem Art. V WUA entsprechendes Gesetz im Jahre 1957 erlassen (World Copyright Act 1957). Das Gesetz gibt dem Autor des Originalwerkes das ausschließliche Nutzungsrecht und sieht ferner vor, daß eine Lizenz für die Übersetzung und Veröffentlichung eines literarischen oder dramatischen Werkes entsprechend den in Art. V WUA aufgeführten Bedingungen vom indischen

---

[29]) Argentinien, Brasilien, Deutschland, England, Frankreich, Indien, Italien, Japan, Mexiko, Schweiz, Spanien, USA.
[30]) Vgl. Unesco Copyright Bulletin (UCB) XII, S. 278.
[31]) Vgl. Lois et traités sur le droit d'Auteur II, Paris 1962, S. 69 ff., 101 f.
[32]) Decree Nr. 1155; vgl. UCB XII, S. 278 unten.
[33]) Vgl. World Copyright Bd. IV, Sp. 621.
[34]) Vgl. Lois et traités . . . aaO., II, S. 1212 ff., 1219 f.
[35]) Vgl. UCB XII, S. 278; World Copyright Bd. IV, Sp. 657.
[36]) UCB XII, S. 279.
[37]) Vgl. Lois et traités . . . aaO., II, S. 924 ff., 936 ff.

„Copyright Board" vergeben werden kann (Section 32, Copyright Act 1957). Das Copyright Board muß dementsprechend vor Vergabe der Lizenz dafür sorgen, daß der Übersetzer geeignet und die Übersetzung korrekt durchgeführt worden ist. Auch muß dem Rechtsinhaber vor Vergabe der Zwangslizenz Gelegenheit zur Äußerung gegeben worden sein. Gegen die Entscheidung des Copyright Board gibt es sogar ein Rechtsmittel zum indischen „High Court" (Section 72 § 2 des Copyright Act 1957). Die indische „International Copyright Order 1958" [38]) legt ferner fest, daß die in dem indischen Copyright Act von 1957 enthaltenen Bestimmungen bezüglich der Zwangslizenz nicht auf Werke anzuwenden sind, die ihre erste Veröffentlichung in einem Land, das Mitglied der Berner Konvention ist, erfahren haben. Der Anwendungsbereich der Bestimmungen über die Zwangslizenz ist demnach beschränkt auf Werke, die zuerst in einem Vertragsstaat des WUA veröffentlicht worden sind, der nicht gleichzeitig Mitglied der RBÜ ist, oder auf Werke von Staatsangehörigen von Vertragsstaaten des WUA, die zuerst in einem Land veröffentlicht worden sind, welches der Berner Konvention nicht angehört.

dd) Japan [39]) hat in seinem Gesetz vom 28. April 1956 (Nr. 86) entsprechend der Regelung in Art. V WUA die Voraussetzungen für die Erteilung einer Zwangslizenz festgelegt. Diese Regelung bezieht sich auf Werke, die in Vertragsstaaten des WUA geschützt sind, die nicht gleichzeitig der Berner Konvention angehören. Auch hier kann 7 Jahre nach der ersten Publikation eine Zwangslizenz beantragt werden, falls in der Zwischenzeit keine Übersetzung in Japan veröffentlicht worden ist.

Die japanische Gesetzgebung hat jedoch bedauerlicherweise keine Bestimmungen erlassen, welche sicherstellen, daß die geplante Übersetzung auch ordnungsgemäß ist [40]). Diese in Art. V WUA aufgestellte Voraussetzung ist also nach japanischem Recht nicht Bedingung für die Erteilung einer Lizenz.

Bei der Erörterung des praktischen Falles (oben unter 2c) haben wir die Rechtslage hinsichtlich der Übersetzungen ausländischer Werke in Japan bereits geschildert. Zusammengefaßt sei hier noch einmal darauf hingewiesen, daß für deutsche Urheber im Verhältnis zu Japan die RBÜ und demnach auch der japanische Übersetzungsvorbehalt maßgebend ist. Nach dem japanischen Urheberrechtsgesetz vom 4. März 1899 i. d. F. v. 15. Mai 1958 (Gesetz Nr. 39 Art. 7)

[38]) Vgl. Lois et traités ... aaO., II, S. 965 ff., mit den Änderungen bis zum 31. August 1960.
[39]) Vgl. Lois et traités ... aaO., II, S. 1114 ff.
[40]) Vgl. UCB XII, S. 278.

verliert der Urheber das Übersetzungsrecht 10 Jahre nach der Erstveröffentlichung, wenn innerhalb dieser Frist keine Übersetzung in Japan erschienen ist.

Im Hinblick auf die unterschiedliche Behandlung von Übersetzungen ausländischer Werke in Japan, je nachdem, ob das Ursprungsland Mitglied der RBÜ oder Vertragsstaat des WUA ist, erscheint noch eine andere Differenz bedeutungsvoll: Das japanische Urheberrechtsgesetz spricht von der Übersetzung von „Werken", während das obengenannte, im Hinblick auf Art. V WUA erlassene japanische Gesetz vom 28. April 1956 in seinem Art. 5, entsprechend dem WUA, nur „Schriftwerke" einbezieht [41]).

4. Die Bedeutung von Art. V WUA und die nationalen Zwangslizenzen für den Übersetzer.

Es liegt auf der Hand, daß das System der Zwangslizenz, wenn es durch nationale Gesetzgebung eingeführt worden ist, für Verleger und Übersetzer Vorteile mit sich bringt. Denn sie sind dadurch unter Umständen zeitraubenden Verhandlungen mit dem Rechtsinhaber über die Vergabe einer Lizenz zur Übersetzung des Werkes enthoben. Die Möglichkeit, das Recht auszuüben, ist freilich durch die oben geschilderten Grundbedingungen des Art. V WUA zu Gunsten des Urhebers oder sonstiger Rechtsinhaber eingeschränkt.

Von entscheidender Bedeutung für die Rechtsstellung des Übersetzers ist aber die in Art. V WUA festgelegte Voraussetzung, daß die nationale Gesetzgebung der Vertragsstaaten eine ordnungsgemäße Übersetzung durch den Lizenznehmer sicherstellen muß. Diese Bedingungen, für den Autor eine Berücksichtigung seiner nichtvermögensrechtlichen Interessen, bedeuten andererseits für die Stellung des Übersetzers Verpflichtungen, soweit nationale Gesetze in Ausführung des Übersetzungsartikels des WUA vorliegen. Es ist oben dargestellt worden, daß in Argentinien, Indien und Mexiko, anders als in Japan, die nationale Urheberrechtsgesetzgebung Vorkehrungen getroffen hat, um bei Erteilung einer Zwangslizenz eine korrekte Übersetzung zu gewährleisten. Ob freilich die jeweiligen, mit der Prüfung der Übersetzungen befaßten Instanzen auch in der Praxis wirksame Arbeit zu leisten vermögen, ist gegenwärtig noch nicht zu übersehen [42]). Immerhin wird ein Lizenznehmer, der ein ausländisches Werk herauszubringen beabsichtigt, nun nicht selten vor die Frage gestellt sein, ob er trotz Ablauf der 7-Jahresfrist die Übersetzung eher mit Genehmigung des Autors anfertigen lassen sollte, weil er dann nicht gezwungen wäre, diese durch die dafür zuständi-

---

[41]) Vgl. UCB XII., S. 278.

[42]) Vgl. Report on the Rights of Translators, UCB XII, S. 277 ff.

gen Instanzen überprüfen zu lassen, oder ob er sich die möglicherweise langwierigen Verhandlungen mit dem Inhaber des Copyright erspart und eine Zwangslizenz beantragt, wobei zu bedenken wäre, daß die Überprüfung der Übersetzung auf ihre Richtigkeit unter Umständen auch geraume Zeit in Anspruch nehmen könnte.

Die Regelung des Art. V WUA, oft nur im Hinblick auf die Rechtsstellung des Urhebers kritisiert, wird heute gerade auch von Seiten der Übersetzer angegriffen. Das Lizenzsystem des Art. V WUA wird dabei im Hinblick auf Übersetzungen rechtlich und ökonomisch als unbefriedigend empfunden, wobei man wohl in erster Linie an die Benutzung einer Übersetzung zur Anfertigung einer weiteren, in einer anderen Sprache als die des Originalwerkes und der ersten Übersetzung denkt[43]).

Die private Tonbandaufnahme in verfassungsrechtlicher Sicht

Von Prof. Dr. **Philipp Möhring**, Karlsruhe

Die Urheberrechtsform ist in ihr entscheidendes Stadium getreten. Nachdem zunächst der Bundesrat zu dem vom Bundesjustizministerium ausgearbeiteten „Entwurf eines Gesetzes über Urheberrecht und verwandte Schutzrechte (Urheberrechtsgesetz)“ [1]) Stellung genommen hat [2]), steht nunmehr die erste Lesung des Entwurfes im Bundestag an. Die Tatsache, daß die Reformarbeiten aller Voraussicht nach in Kürze zu einem Abschluß kommen werden, wird von allen betroffenen Kreisen begrüßt. So einig man sich jedoch in dem Wunsch nach einer Ablösung des geltenden Gesetzes „betreffend das Urheberrecht an Werken der Literatur und der Tonkunst“ (LUG) [3]) war und ist, so uneinig ist man sich trotz einer langjährigen wissenschaftlichen Diskussion nach wie vor in vielen wesentlichen Sachfragen. Beim Gesetzgeber liegt es somit, das letzte Wort zu sprechen. Insbesondere ist er aufgerufen, den „Tonbandstreit“ zu beenden, der, ausgelöst durch das Rundschreiben der GEMA vom März 1950 [4]), im Hinblick auf die geplante Neuregelung des Urheberrechts auch nach

[43]) Vgl. Translators Copyright, Report of the International Federation of Translation, UCB XIII, S. 255 ff.

[1]) BT-Drucksache IV/270 vom 23. März 1962.

[2]) aaO. S. 176 ff. Siehe die zusammenfassende Dokumentation in UFITA Bd. 38 (1962) S. 297 ff. zum Abschnitt „Vergütungspflicht bei privaten Tonbandaufnahmen“ S. 313 ff.

[3]) Vom 19. Juni 1901 (RGBl. S. 227).

[4]) Vgl. Ulmer in: GEMA, Magnettongeräte und Urheberrecht, 1952, S. 7.

dem Ergehen des den Urhebern günstigen Grundig-Urteils I des Bundesgerichtshofes vom 18. Mai 1955 [5]) mit unverminderter Heftigkeit weitergeführt worden ist. Ebensowenig wie im Schrifttum [6]) hat diese Entscheidung, welche das Überspielen von Rundfunksendungen und Schallplatten auf Magnettonband, auch wenn es nicht zu gewerblichen Zwecken geschieht, für einen unzulässigen Eingriff in die Rechte der Urheber erklärt hat, bei den mit der Vorbereitung der Urheberrechtsreform betrauten Stellen ungeteilten Beifall gefunden. Die bisherigen Reformentwürfe schließen sich nicht durchweg an die vom Bundesgerichtshof vertretenen Gedankengänge an. Insbesondere das dem Bundestag gegenwärtig zur Beschlußfassung vorliegende Gesetzesprojekt sieht eine wesentliche Beschneidung sowohl des Verbietungs- als auch des Verwertungsrechts der Urheber vor. Damit erhebt sich die Frage, ob der Gesetzgeber nicht im Begriff steht, in Rechtspositionen einzugreifen, welche durch die Grundrechtsgarantie der Art. 2 und 14 GG unverbrüchlich abgesichert sind. Zur Aufhellung dieser verfassungsrechtlichen Problematik sollen die folgenden Ausführungen einen Beitrag leisten.

A. Das geltende Recht

Die Quelle des geltenden Rechts ist § 15 Abs. 2 LUG. Es heißt dort:

> „Eine Vervielfältigung zum persönlichen Gebrauch ist zulässig, wenn sie nicht den Zweck hat, aus dem Werk eine Einnahme zu erzielen."

Mit dem Aufkommen der Magnettongeräte stellte sich die Frage, ob auch die Überspielung auf Tonband von der in § 15 Abs. 2 LUG statuierten Vervielfältigungsfreiheit gedeckt sei. Auf die verhängnisvollen Folgen einer dem reinen Wortlaut folgenden Gesetzesinterpretation habe ich bereits im Jahre 1951 hingewiesen [7]). Bereits damals mußten ein einschneidender Rückgang des Schallplattenabsatzes und als dessen Folge eine Aushöhlung der urheberrechtlichen Verwertungsbefugnis befürchtet werden, falls es einem jeden Interessierten freistehen sollte, sich — unter Aufwendung lediglich der Kosten für das technische Material — Vervielfältigungstücke von Rundfunksendungen und Schallplatten zu verschaffen. Die nun einsetzende Diskussion [8]) kreiste vor allem um die Frage, ob § 15 Abs. 2 LUG systemwidrig dem Urheber bestimmte Verwertungsbefugnisse vorenthalte und deshalb den Charakter einer eng auszulegenden

[5]) BGHZ 17, 266 = UFITA Bd. 20 (1955) S. 314.
[6]) Kritisch insbesondere Bobsin, GRUR 1957, 318 ff.; Conradt, GRUR 1960, 592 ff.; Haeger, UFITA Bd. 37 (1962) S. 45 ff.; Hefermehl, UFITA Bd. 24 (1957) S. 56 ff.
[7]) NJW 1951, 743 f.
[8]) Vgl. insbesondere die Gutachten in: GEMA, Magnettongeräte und Urheberrecht, 1952.

Ausnahmevorschrift trage oder lediglich Ausdruck einer dem Urheberrecht immanenten Beschränkung sei, da dieses seinem Wesen gemäß vor der privaten Sphäre Halt zumachen habe.

Der Bundesgerichtshof [9]) ließ das Argument, § 15 Abs. 2 LUG konkretisiere lediglich eine dem Urheberrecht seiner Natur nach innewohnende Pflichtigkeit, nicht gelten. Von dem Grundsatz ausgehend, daß der Urheber kraft seiner Herrschaft über das Werk einen Anspruch auf dessen ungeschmälerte und umfassende Nutzung besitze, lehnte er es ab, jene Vorschrift als Niederschlag einer prinzipiellen gesetzgeberischen Entscheidung für eine Einschränkung der urheberrechtlichen Befugnisse anzusehen. Dementsprechend bekannte er sich zu einer restriktiven Auslegung des nach dem reinen Wortlaut sich ergebenden Gesetzessinnes.

Von dem in dieser Grundsatzentscheidung eingenommenen Standpunkt ist der Bundesgerichthof nicht wieder abgerückt [10]). Die gegenwärtige Rechtslage charakterisiert sich also dadurch, daß die Überspielung urheberrechtlich geschützter Werke auf Tonband, sei es zu privaten, sei es zu gewerblichen Zwecken, ohne Zustimmung des Berechtigten unzulässig ist und eine Urheberrechtsverletzung darstellt.

B. Die bisherigen Reformentwürfe

Der „Referentenentwurf" eines Urheberrechtsgesetzes aus dem Jahre 1954 sah in § 47 unter der Überschrift „Einschränkung des Vervielfältigungsrechts in bestimmten Fällen" sehr weitgehende Befugnisse der Benutzer urheberrechtlich geschützter Werke vor. Wörtlich bestimmte die Vorschrift (Abs. 1):

> „Jedermann darf einzelne Vervielfältigungsstücke eines Werkes zum persönlichen Gebrauch herstellen oder unentgeltlich für sich herstellen lassen. Der persönliche Gebrauch umfaßt nicht den Gebrauch zu beruflichen oder gewerblichen Zwecken."

Unter diese Formulierung wäre auch die Herstellung von Tonbandaufnahmen zu privaten Zwecken gefallen. Auf Grund der in der Literatur gegen diese Regelung vorgebrachten Bedenken [11]) und vor allem unter dem Einfluß der Rechtsauffassung des Bundesgerichtshofs [12]) entschloß man sich im Bundesjustizministerium zu einer Revision des im Referentenentwurf vertretenen Rechtsstandpunktes. Der „Ministerialentwurf" vom 26. Mai 1959 untersagte das Überspielen von Schallplatten auf Tonband schlechthin und ließ die

---

[9]) aaO. (oben Anm. 5) S. 277 ff.

[10]) Bestätigung im Urteil vom 22. Januar 1960, UFITA Bd. 31 (1960) S. 335 ff. = GRUR 1960, 376 ff.

[11]) Vgl. de Boor, GRUR 1954, 440 ff.; Goldbaum, UFITA Bd. 19 (1955) S. 42 ff.; Hubmann, ibid. S. 72 ff.; Kleine, JZ 1955, 228; Wolpert, UFITA Bd. 26 (1958) S. 318 ff.

[12]) BGHZ 17, 266 = UFITA Bd. 20 (1955) S. 314

Aufnahme von Rundfunksendungen auf Tonträgern zwar zu, sprach aber gleichzeitig die Verpflichtung aus, die Aufnahme binnen eines Monats wieder zu löschen (§ 50 Abs. 1):

„Zulässig ist, einzelne Vervielfältigungsstücke eines Werkes zum persönlichen Gebrauch herzustellen. Dies gilt nicht für die Aufnahme der öffentlichen Wiedergabe eines Werkes auf Bild- oder Tonträger und die Übertragung eines Werkes von einem Bild- oder Tonträger auf einen anderen. Jedoch ist die Aufnahme eines durch Funk gesendeten Werkes auf Bild- oder Tonträger zulässig; diese sind spätestens einen Monat nach der Herstellung unbrauchbar zu machen ...“

Anders wiederum der zur Grundlage des parlamentarischen Gesetzgebungsverfahrens gemachte Regierungsentwurf. Dieser erklärte in § 54 Abs. 1:

„Zulässig ist, einzelne Vervielfältigungsstücke eines Werkes zum persönlichen Gebrauch herzustellen“,

und bestimmte in Absatz 3 dieser Vorschrift, daß dem Urheber zum Ausgleich für den ihm von Gesetzes wegen zugemuteten Einbruch in seine Rechte eine „angemessene Vergütung“ zu gewähren sei.

Eine dem Typus nach als „Zwangslizenz“ anzusprechende Regelung, wie sie diese Bestimmung vorsieht, ist noch an anderer Stelle im Regierungsentwurf anzutreffen, nämlich in den §§ 46, 52, 53 Abs. 1 und 55. Auch dort wird die Vervielfältigung zu bestimmten Zwekken für zulässig erklärt und dem Urheber zum Ausgleich das Recht auf eine „angemessene Vergütung“ zugesprochen.

Dieses sorgsam ausgependelte Gleichgewicht zwischen „Zwangslizenz“ auf der einen, Vergütungspflicht auf der anderen Seite ist im Verlaufe der Gesetzgebungsarbeiten nicht erhalten geblieben. Der Bundesrat sprach sich gegen die Vorschrift des § 54 Abs. 3 aus [13]). In seiner offiziellen Stellungnahme [14]) ist zu lesen, ein Vergütungsanspruch sei nicht durchsetzbar, da der private Bereich des Einzelnen sich nicht kontrollieren lasse. Andererseits müsse berücksichtigt werden, daß das Tonband geeignet sei, „sich zu einem kulturpolitischen Faktor zu entwickeln“; es sei unklar, ob bei der Bemessung der Vergütung diesen kulturpolitischen Überlegungen stets Rechnung getragen würde und ob es nicht zu einer Häufung der Ansprüche verschiedener Verwertungsgesellschaften kommen werde. Auch die in § 46 Abs. 4 des Regierungsentwurfs geregelte Vergütungspflicht für die Vervielfältigung und die Verbreitung von Werken in Sammlungen für Kirchen-, Schul- oder Unterrichtsgebrauch fand nicht die Zustimmung der Ländervertretung. In der amtlichen Stellungnahme [15]) heißt es insoweit, die Vergütungspflicht führe zu einer „unerwünschten Verteuerung der Schulbücher. Die Vermögens-

[13]) Vgl. hierzu auch Löffler, NJW 1962, 994.
[14]) aaO. (oben Anm. 2) S. 177.
[15]) aaO. (oben Anm. 2) S. 176.

interessen der Urheber sollten hier gegenüber den Interessen der Allgemeinheit an der Volksbildung zurücktreten".

Das Bundeskabinett hat zwar in seiner Sitzung vom 16. März 1962 den Vorschlag zur Änderung von § 46 des Regierungsentwurfs abgelehnt, jedoch in bezug auf § 54 dieses Entwurfs sich die Auffassung des Bundesrats zu eigen gemacht[16]) und dem Bundestag diese um den streitigen Absatz 3 gekürzte Fassung[17]) zugeleitet.

Ließ bisher § 54 des Regierungsentwurfs wegen der Verbindung von Überspielungsfreiheit und Vergütungspflicht wenigstens die vermögensrechtlichen Interessen der Urheber unberührt, so ist nunmehr auch die letzte Barriere der Vergütungspflicht gefallen. Sollte der Bundestag sich der Auffassung von Bundesrat und Bundesregierung anschließen, so müßte mit einem bisher ungeahnten Aufschwung des Magnettongeschäfts gerechnet werden, der auf der Gegenseite von einem Niedergang des Schallplattengeschäfts begleitet wäre. Dieser sachliche Gesichtspunkt ist die Grundlage für die Kritik an dem Reformentwurf.

C. Der Reformentwurf in der heutigen Fassung

Die vom Bundesrat zur Rechtfertigung der von ihm für wünschenswert gehaltenen Überspielungsfreiheit angeführten Gründe erscheinen bei näherer Betrachtung äußerst fragwürdig. Überraschen muß vor allem der Hinweis auf „kulturpolitische Erwägungen". Konsequent zu Ende gedacht, müßte dieser Gedanke zu einer völligen Aufhebung des Urheberrechtsschutzes führen. Erkennt man der Forderung nach einem möglichst ungehinderten Zugang der Allgemeinheit zu allen Kulturgütern ein Primat zu, so ist es nur folgerichtig, ihr diesen Weg kostenlos zu eröffnen und die störenden Ansprüche der Urheber beiseite zu räumen. Offensichtlich ist im Bundesrat gar nicht erwogen worden, ob etwa das Verfassungsrecht der gesetzgeberischen Gestaltungsfreiheit auf dem Gebiet des Urheberrechts bestimmte Grenzen setzt. Besonders deutlich geht der Mangel der Besinnung auf die verfassungsrechtlichen Aspekte des Problems aus der oben wiedergegebenen amtlichen Äußerung zu § 46 Abs. 4 des Regierungsentwurfs hervor. Der dort vertretene Standpunkt, dem Gemeinwohl gebühre in jedem Falle der Vorrang vor dem privaten Interesse, ist zumindest in dieser undifferenzierten Form nicht haltbar. Und in der Tat läßt sich füglich bezweifeln, daß die uneingeschränkte Freigabe der privaten Tonbandaufnahme im

---

[16]) Vgl. BB 1962, 390.

[17]) BT-Drucksache IV/271, im folgenden als „Entwurf" zitiert. Siehe auch die Dokumentation in UFITA Bd. 38 (1962) S. 313 ff.

Einklag mit den grundrechtlich gesicherten Verbürgungen der Rechte der Urheber und Leistungsschutzberechtigten [18]) steht.

I. Die Vereinbarkeit von § 54 Entwurf mit Art. 2 GG

Denkbar ist zunächst, daß § 54 Entwurf in der jetzigen, um den bisherigen Absatz 3 gekürzten Fassung das Urheberpersönlichkeitsrecht [19]) und damit das allgemeine Freiheitsrecht aus Art. 2 Abs. 1 GG verletzt. Die sich hier auftuende Problemstellung ist nicht neu. Bereits die Kontroverse um die Auslegung von § 15 Abs. 2 LUG hatte zu der Erörterung der Frage geführt, ob etwa persönlichkeitsrechtliche Erwägungen der Überspielungsfreiheit im Wege stünden. Den Autoren, welche das Argument der Verletzung des Persönlichkeitsrechts für sich verwandten [20]), ist es allerdings nicht gelungen, in concreto darzulegen, worin diese Beeinträchtigung persönlichkeitsrechtlicher Belange bestehen soll. De Boor [21]) hat zwar das Beispiel eines Künstlers gebracht, der in einer live-Sendung eine unvollkommene Leistung erbringt und deshalb ein Interesse daran hat, daß die Sendung nicht auf Tonträger fixiert wird, doch ist dieser Fall wenig beweiskräftig. Denn die Sendung markiert die Trennungslinie zwischen privater und öffentlicher Sphäre, an der die uneingeschränkte Dipositonsbefugnis des Urhebers über das Erzeugnis seines Schaffens ihr Ende findet. Gewiß sind Werkschöpfer und Leistungsschutzberechtigte auf Grund ihres Persönlichkeitsrechts dagegen gesichert, daß der Niederschlag ihres Schaffens gegen ihren Willen der Öffentlichkeit zugänglich gemacht wird. In keinem der hier in Betracht kommenden Fälle, weder bei der Überspielung von Rundfunksendungen noch bei der Überspielung von Schallplatten, findet jedoch ein solcher Einbruch in die Privatsphäre des Werkschöpfers oder Interpreten statt. Es geht vielmehr allein um die Frage, in welchem Umfang der Einzelne ein der Allgemeinheit bereits mitgeteiltes Werk nutzen darf. Die vermögensrechtlichen Interessen der Urheber sind es, die hier im Vordergrund stehen[22]). Tatsächlich erstreben die Urheber auch kein Verbietungsrecht; sie wenden sich nicht gegen die in § 54 Abs. 1 Entwurf normierte

---

[18]) Betroffen von der Neuregelung sind neben Urhebern auch die Leistungsschutzberechtigten, vgl. die grundlegenden Urteile BGHZ 33, 1 ff., 20 ff., 38 ff. = UFITA Bd. 32 (1960) S. 200 ff., 223 ff., 243 ff. Die im folgenden vor allem im Hinblick auf die Urheber entwickelten Darlegungen gelten entsprechend auch für sie.

[19]) Vgl. Hubmann, Urheber- und Verlagsrecht, 1959, S. 135 ff.; Ulmer, Urheber- und Verlagsrecht, 2. Aufl., 1960, S. 4 f.; 41 ff.; Peter, UFITA Bd. 36 (1962) S. 257 ff.

[20]) Baum in: GEMA, Magnettongeräte und Urheberrecht S. 29 f.; Runge, ibid. S. 71; einschränkend de Boor, ibid. S. 107; a.A. Auerswald, ibid. S. 165 f. Vgl. auch Hirsch Ballin, UFITA Bd. 21 (1956) S. 211 ff.

[21]) de Boor in: GEMA, Magnettonbänder und Urheberrecht S. 107.

[22]) So auch Weber, Urheberrecht und Verfassung, 1961, S. 31 ff.

Überspielungsfreiheit als solche, sondern gegen die Störung des Äquivalenzverhältnisses von Überspielungsfreiheit und Vergütungspflicht, wie sie der endgültige Wegfall des umstrittenen Absatzes 3 zur Folge haben würde. Konkret ausgedrückt, die Urheber verfolgen ausschließlich das Ziel, einen Einnahmeverlust zu verhindern, wie er sich durch den bei einer Freigabe der privaten Tonbandaufnahme zu erwartenden Rückgang des Schallplattenabsatzes ergeben würde. In Anwendung des vom Bundesverfassungsgericht entwikkelten Grundsatzes, daß auf das allgemeine Freiheitsrecht des Art. 2 Abs. 1 GG erst dann zu rekurrieren ist, wenn keine speziellen Grundrechtsgarantien eingreifen [23]), ist daher vorrangig zu prüfen, ob § 54 Entwurf sich mit dem Garanten aller vermögenswerten Rechtspositionen, der Bestimmung des Art. 14 GG, vereinbaren läßt.

Im übrigen sei bemerkt, daß nach der Rechtsprechung des Bundesverfassungsgerichts [24]) Art. 2 Abs. 1 GG lediglich einen „letzten unantastbaren Bereich menschlicher Freiheit" schützt. Geht man von dieser Definition aus, so muß man ohnehin den Gedanken aufgeben, daß die Freigabe der privaten Tonbandaufnahme in Widerspruch zu Artikel 2 Abs. 1 GG geraten könnte, denn die Beeinträchtigung der urheberrechtlichen Belange ist kaum derart gravierend, daß sie die vom Bundesverfassungsgericht aufgestellten Kriterien erfüllen würde.

II. Die Vereinbarkeit von § 54 Entwurf mit Art. 14 GG

1) Das Urheberrecht als Eigentum

Das öffentlichrechtliche Schrifttum[25]) steht einhellig auf dem Standpunkt, daß sämtliche subjektiven vermögenswerten Privatrechte[26]) den Schutz des Artikel 14 GG genießen. Die höchstrichterliche Rechtsprechung ist zu demselben Ergebnis gelangt. Der Bundesgerichtshof hat in seinem grundlegenden Beschluß vom 10. Juni 1952 [27])

---

[23]) BVerfG 1, 264 (273 f.); 6, 32 (37); 7, 377 (386); 9, 63 (73); 9, 338 (343); 10, 55 (58); 195 (199); 221 (225); 11, 234 (238).

[24]) BVerfG 6, 32 (41).

[25]) Vgl. insbesondere Abraham in: BK, Art. 14 Anm. I 5; Dürig, JZ 1954, 9; Forsthoff, Lehrbuch des Verwaltungsrechts, Bd. I, Allgemeiner Teil, 8. Aufl., 1961, S. 298; Hamann, Das Grundgesetz, 2. Aufl., 1960, Art. 14 Anm. B 1b; Huber, Wirtschaftsverwaltungsrecht, Bd. II, 2. Aufl., 1954, S. 8 f.; Ipsen, VVDStRL Heft 10. S. 83; Janssen, Der Anspruch auf Entschädigung bei Aufopferung und Enteignung 1961, S. 146 f.; von Mangoldt-Klein, Das Bonner Grundgesetz Bd. I, 2. Aufl., 1957, Art. 14 Anm. III 1 b (S. 424); Scheuner in: Reinhardt-Scheuner, Verfassungsschutz des Eigentums, 1954, S. 95; Weber in: Neumann-Nipperdey-Scheuner, Die Grundrechte Bd. II S. 352 f.; H. J. Wolff, Verwaltungsrecht I, 4. Aufl., 1961, S. 343 f. Unklar Turegg-Kraus, Lehrbuch des Verwaltungsrechts, 4. Aufl., 1962, S. 197.

[26]) Kontrovers ist allerdings, wieweit Berechtigungen des öffentlichen Rechts dem Art. 14 GG unterfallen. Vgl. Übersicht bei Hamann, aaO. (oben Anm. 25), Art. 14 Anm. B 1 c.

[27]) BGHZ 6, 270 (278).

die vom Reichsgericht mit dem Urteil vom 18. November 1921 [28]) („lippische Rente") eingeleitete Rechtsprechung übernommen und sich zu der Auffassung bekannt, daß unter „Eigentum" im Sinne des Art. 14 GG nicht nur das Eigentum des bürgerlichen Rechts,d.h.das Sacheigentum, sondern jedes vermögenswerte Recht aufzufassen ist, gleichgültig, ob es dem privaten oder dem öffentlichen Recht angehört. Das Bundesverfassungsgericht nimmt zwar vom öffentlichen Recht gewährte Rechtspositionen von der verfassungsrechtlichen Eigentumsgarantie aus [29]), stimmt aber im übrigen, wenn nicht in der Terminologie, so doch in der Sache mit dem Bundesgerichtshof überein. Es formuliert [30]), als Eigentum sei anzuerkennen, „was der Einzelne sich durch eigene Leistung und eigenen Kapitalaufwand erworben hat", denn das Grundgesetz wolle „das Rechtsinstitut des Eigentums, so wie es das bürgerliche Recht und die gesellschaftlichen Anschauungen geformt haben, schützen" [31]). Vom urheberrechtlichen Standpunkt aus sind diese vom Bundesverfassungsgericht gebrauchten Wendungen besonders zu begrüßen: Durch die Nennung der eigenen Leistung als Rechtfertigung des Eigentums ist nun die vor allem in der Literatur zur Urheberrechtsreform [32]) verfochtene These von der besonderen Schutzwürdigkeit solcher „erdienter" Positionen vom Verfassungsrecht her untermauert worden.

Verwunderlich erscheint angesichts dieser so eindeutigen Rechtslage, daß in der urheberrechtlichen Literatur Stimmen lautgeworden sind, die das Urheberrecht aus dem Anwendungsbereich von Art. 14 GG herauslösen wollen [33]). Die Polemik gegen den Begriff des „geistigen Eigentums" ist damit weit über ihr Ziel hinausgeschossen. Die von Roeber [34]) angestellte Überlegung, wenn im Urheberrecht „ein droit double oder ein Recht sui generis" gesehen werde, so entfalle „aus Gründen der persönlichkeitsrechtlichen Gehaltes eines solchen Rechts die Möglichkeit zur Einbeziehung eines derart begrifflich bestimmten Urheberrechtes in die Eigentumsga-

---

28) RGZ 103, 200 (201).

29) BVerfG 1, 264 (277 ff.); 4, 219 (240).

30) BVerfG 1, 264 (278).

31) Vgl. zum Begriff der durch eigene Leistung und eigenen Kapitalaufwand erworbenen Rechtsposition Zimmer, DöV 1963, 81, ferner Dürig in Festschrift Apelt, 1958, S. 13 ff.

32) Vgl. Lehmann in: Urheberrechtsreform, ein Gebot der Gerechtigkeit. 1954, S. 10 und Über das Wesen des Urheberrechts, 1956, S. 15.

33) Roeber, Urheberrecht oder geistiges Eigentum, 1956, S. 49 f. = UFITA Bd. 21 (1956) S. 190. Vgl. auch Kleine, JZ 1955, 226 und Bobsin, GRUR 1957, 319, die es für mißlich halten, die Diskussion über die Festlegung der Grenzen des Urheberrechts unter dem Zeichen von Art. 14 GG zu führen. Ist aber das Urheberrecht Eigentum im Sinne von Art. 14 GG, so läßt sich die verfassungsrechtliche Problematik nicht übergehen.

34) aaO.

rantie des Artikels 14 GG", ist, wie bereits Ulmer[35]) hervorgehoben hat, Ausdruck eines begriffsjuristischen Denkens, wie Roeber es gerade seinen Widersachern vorwirft. Gleich wie auch das Wesen des Urheberrechts theoretisch einzufangen ist, es umfaßt einen Kernbestand vermögensrechtlicher Interessen, deren Existenz von der Stellungnahme im Theorienstreit unabhängig ist. Interessen solcher Art zu schützen ist die Aufgabe des Art. 14 GG.

Zuzugeben ist allerdings der Kritik [36]), daß der Begriff „geistiges Eigentum" geeignet ist, zu Fehlschlüssen zu verleiten, sofern er als Instrument des Bestrebens gebraucht wird, Urheberrecht und Sacheigentum einander so weit wie möglich gleichzustellen. Ist man sich jedoch der von der Sache her gegebenen Unterschiede bewußt, deren hauptsächlicher darin liegt, daß dem Sacheigentum ein der Welt der Dinge angehöriges Substrat zugrunde liegt, während das Werk als Gegenstand des Urheberrechts seinen Standort im Bereich des Geistigen hat, so lassen sich Einwendungen gegen die Verwendung des Begriffs „geistiges Eigentum" nicht erheben [37]). Im Gegenteil macht die Terminoligie in sehr nützlicher Weise sogleich deutlich, daß Sacheigentum und Urheberrecht in einem wesentlichen Merkmal, nämlich in ihrer Beziehung zur Eigentumsgarantie des Grundgesetzes, übereinstimmen: Beide sind Eigentum im Sinne von Art. 14 GG [38]).

2) Eigentum und Gesetz

Nach Art. 14 Abs. 1 Satz 2 GG werden „Inhalt und Schranken" des Eigentums durch die Gesetze bestimmt. Der Verfassunggeber hat dem einfachen Gesetzgeber mit dieser Formulierung eine sehr weitgehende Gestaltungsfreiheit eingeräumt, wie sie sich in ähnlich umfassender Weise nur noch in Art. 12 Abs. 1 Satz 2 GG findet [39]). Der Gesetzgeber muß auf Grund dieses Vorbehalts als ermächtigt angesehen werden, die Institute des bürgerlichen Rechts zu Reformzwekken umzugestalten [40]). Er hat es demnach in der Hand, die Konturen der urheberrechtlich geschützten Sphäre neu zu umreißen, soweit nach seinem — grundsätzlich sehr weit gespannten [41]) — Ermessen

---

[35]) UFITA Bd. 23 (1957) S. 273.

[36]) Vgl. ferner de Boor, JZ 1958, 748 sowie UFITA Bd. 21 (1956) S. 131; Hefermehl, UFITA Bd. 24 (1957) S. 70 f.

[37]) So zu Recht Hubmann, Urheber- und Verlagsrecht, 1959, S. 48 sowie in: Bettermann-Nipperdey-Scheuner. Die Grundrechte Bd. IV/1, 1960, S. 6 f.; Krüger-Nieland, GRUR 1957, 536; Reinhardt, Urheberrecht und Grundgesetz, 1957, S. 25 f.; Troller, UFITA Bd. 21 (1956) S. 224 f.; Ulmer, aaO. (oben Anm. 11) S. 93; Weber, aaO. (oben Anm. 22) S. 13.

[38]) So richtig Hubmann in: Bettermann-Nipperdey-Scheuner, Die Grundrechte Bd. IV/I, 1960, S. 22.

[39]) Vgl. Ipsen, aaO. (oben Anm. 25) S. 84.

[40]) Vgl. Huber, aaO. (oben Anm. 25) S. 12.

[41]) BVerfG 3, 58 (135); 162 (182); st. Rechtspr.

Änderungen des geltenden Rechtszustandes notwendig sind. Freilich ist seine Macht nicht unbegrenzt.

a) § 54 Entwurf als unzulässige entschädigunglose Enteignung?

Wird ein Vollrecht entzogen, so überschreitet eine solche Maßnahme stets das Maß dessen, was der Eigentümer (im verfassungsrechtlichen Sinne) entschädigungslos hinzunehmen hat [42]. Eigentumsverlust ist in jedem Fall mehr als bloße Eigentumsbindung. Bodenreformgesetze etwa, die das ein bestimmtes Flächenmaß übersteigende Grundeigentum generell entziehen, tragen daher Enteignungscharakter [43]. Unerheblich ist bei der Abtretung von Grundeigentum auch, ob die von der öffentlichen Hand in Anspruch genommenen Flächen im Verhältnis zu der dem Eigentümer verbleibenden Fläche erheblich sind oder nicht [44]. Auch derartige Teilenteignungen sind Enteignungen im Sinne von Artikel 14 GG.

Ob die Freigabe der privaten Tonbandaufnahme in § 54 Entwurf sich als eine derartige Teilenteignung darstellt, ist nicht ohne weiteres einsichtig. Das geltende Recht macht das Überspielen von Sendungen und Schallplatten auf Tonband, auch wenn es lediglich zum persönlichen Gebrauch geschieht, von einer Genehmigung des Urhebers abhängig. Alle gegen die Entscheidung BGHZ 17, 266 — UFITA Bd. 20 (1955) S. 314 — gerichtete Kritik [45] vermag nichts an der Tatsache zu ändern, daß sie als richtungweisendes Präjudiz für die Praxis des geltenden Rechts den Konflikt endgültig zugunsten der Urheber entschieden hat. Die legitime Aufgabe kritischer wissenschaftlicher Überprüfung der höchstrichterlichen Rechtsprechung soll hier nicht in Zweifel gezogen werden. Kritik läuft jedoch leer, wenn sie unter Verkennung des der richterlichen Entscheidung im Einzelfall verbleibenden Spielraums [46] dem Richter die Befugnis

---

[42] Rechtsprechung: BGHZ 4, 10 (47); 22, 1 (7); OVG Hamburg, NJW 1955, 1294 m. Anm. Schack; Bayer. VerfGH DöV 1956, 214 f.; Schrifttum: Diester, Enteignung und Entschädigung nach altem und neuem Recht, 1953, S. 75; Dürig, JZ 1954, 10; Forsthoff, aaO. (oben Anm. 25) S. 297, 300 Anm. 6; Hamann, aaO. (oben Anm. 25) Anm. B 6; Huber, aaO. (oben Anm. 25) S. 32; Reinhardt in: Reinhardt-Scheuner, Verfassungsschutz des Eigentums, 1954, S. 38 ff., 55; Schack, NJW 1954, 578; Scheuner, aaO. (oben Anm. 25) S. 111; Weber, aaO. (oben Anm. 25) S. 371; H. J. Wolff, aaO. (oben Anm. 25) S. 371.

[43] a. A. lediglich Knoll, AöR Bd. 79 S. 455.

[44] Das OVG Hamburg hat seine im Urteil vom 8. Nov. 1950, VRSpr. Bd. 3 S. 461 = DVBl 1951, 181 in dieser Richtung angestellten Überlegungen nicht weiter verfolgt.

[45] Vgl. insbesondere Bobsin, GRUR 1957, 318 ff.; Conradt, GRUR 1960. 592 ff.; Haeger, UFITA Bd. 37 (1962) S. 45 ff.; Hefermehl, UFITA Bd. 24 (1957) S. 56 ff.

[46] Vgl. Bülow, Gesetz und Richteramt, 1885; E. Isay, Rechtsnorm und Entscheidung, 1929; Esser, Grundsatz und Norm in der richterlichen Fortbildung des Privatrechts, 1956; Arndt, NJW 1963, 1273 ff.

zur Fortbildung des Rechts schlechthin abspricht und längst zu festem Rechtsboden gewordene Judizien in Frage zu stellen versucht [47]. Gewiß entbehren, die Entscheidungen des Bundesgerichtshofes der Gesetzeskraft, wie sie manchen Entscheidungen des Bundesverfassungsgerichts eignet [48]. Der Unterschied ist jedoch nur ein gradueller und mehr theoretischer. Auch der Spruch des ordentlichen Richters schafft Recht, wie ein Blick in jeden beliebigen BGB-Kommentar lehrt. Es wäre daher verfehlt, daran vorbeigehen zu wollen, daß der Bundesgerichtshof durch einschränkende Auslegung von § 15 Abs. 2 LUG [49]) dem Urheber eine Rechtsposition zugebilligt hat, die ihm im Falle der Gesetzwerdung von § 54 Entwurf entzogen würde.

Es liegt hier der Einwand nahe, die Untersuchung ziehe unzulässige Parallelen zwischen ungleichen Tatbeständen: Wenn schon ein — grundstäzlich bedenklicher — Vergleich zwischen Urheberrecht und und Sacheigentum angestellt werde, so müsse zwischen Werk und Eigentumssubstanz einerseits, den urheberrechtlichen Befugnissen und den aus dem Eigentum fließenden Befugnissen andererseits streng unterschieden werden. Da es dem Gesetzgeber unbenommen sei, die Befugnisse, die das Sacheigentum gewähre, einzuengen oder auszuweiten [50]) — von der Einhaltung gewisser äußerster Grenzen abgesehen —, so könne für das Urheberrecht nichts anderes gelten.

Jeden Zweifel vermag diese Beweisführung allerdings nicht auszuräumen. Denn die zunächst sich anbietende Parallele zwischen urheberrechtlichem Werk und Sacheigentum ist nur sehr bedingt brauchbar. Dürig [51]) hat darauf aufmerksam gemacht, daß die Unterscheidung zwischen „Eigentumsbeschränkung" einerseits und „Enteignung" andererseits ihre innere Rechtfertigung dadurch erlangt, daß nach dem Grundsatz der Elastizität des (Sach-)Eigentums das Vollrecht nach dem Fortfall der ihm auferlegten, meist temporären Fesseln wieder auflebt. Ist so beim Sacheigentum die Substanz, das Sachsubstrat das vorherrschende Element, so ist es im Urheberrecht gerade umgekehrt: Die Werkschöpfung als solche ist kaum mehr als ein nullum, wenn dem Urheber das Recht ihrer Verwertung genommen ist. Anders als dem Eigentum, wohnt auch dem Urheberrecht nicht die Kraft inne, verlorene Bastionen aus eigener Kraft wieder

---

47) Dieses Bedenken ist insbesondere gegenüber Conradt, GRUR 1960, S. 592 ff., und Haeger, UFITA Bd. 37 (1962) S. 45 ff. geltend zu machen.

48) Vgl. § 31 Abs. 2 BVerfGG.

49) Den Beispielsfall einer nachträglich aufgetretenen Gesetzeslücke sieht hier Dahm, Deutsches Recht, 2. Aufl., 1963, S. 51 f.

50) Vgl. die bei Kröner, Die Eigentumsgarantie in der Rechtsprechung des Bundesgerichtshofs 1961, S. 49 ff. angeführten Entscheidungen.

51) JZ 1954, 11.

zurückzugewinnen, es bedarf vielmehr stets der Hilfestellung des Gesetzgebers. Die in § 54 Entwurf vorgesehene Rechtsverkürzung ist zudem als eine endgültige gedacht, es tritt — vorbehaltlich immer einer späteren Gesetzesänderung — ein echter Rechtsverlust ein.

Dennoch muß wohl die sachgerechte Lösung des Problems auf einem anderen Wege gesucht werden. Bei der Neuregelung eines umfassenden Sachgebiets kann der Gesetzgeber nicht gehalten sein, jede überlieferte Rechtsposition zu respektieren, denn eine solche Konzeption würde eine jede Reform von vornherein zum Scheitern verurteilt sein lassen. Im bürgerlichen Recht grenzt der Rechtskreis des einen an den des anderen, so daß Erweiterung der Rechte des einen zwangsläufig Einengung der Freiheit des anderen bedeutet. Wäre es daher unzulässig, im Zuge der Umgestaltung eines Rechtsinstituts dem Einzelnen auch einmal Befugnisse wieder wegzunehmen, so hätte der Gesetzgeber sich grundsätzlich mit dem althergebrachten Rechtszustand abzufinden und müßte die notwendige Fortentwicklung des Rechts und seine Anpassung an die stets sich wandelnden Erfordernisse der Zeit der entsprechenden Gewalt überlassen. Nicht auf die bloße Tatsache der Rechtsentziehung kann es daher ankommen, vielmehr zeigt sich bereits an dieser Stelle, daß unter Aufgabe der Betrachtungsweise, welche die einzelnen urheberrechtlichen Befugnisse je für sich allein ins Auge faßt, auf Umfang und Ausmaß des gesetzgeberischen Eingriffs in das Urheberrecht als Ganzes abzustellen ist.

Bemerkenswert erscheint in diesem Zusammenhang, daß das Bundesverfassungsgericht[52]) mit sehr ähnlichen Gründen seine Ablehnung motiviert, auch Berechtigungen des öffentlichen Rechts unter der Eigentumsgarantie des Art. 14 GG zu begreifen. Es hat ausgeführt, die Aktionsfreiheit des Gesetzgebers wäre in unerträglicher Weise gelähmt, wenn man in der Entziehung oder Verkürzung öffentlichrechtlicher Positionen in jedem Falle eine Enteignung erblicken wollte, denn dann „dürfte der Gesetzgeber solche Positionen auch für die Zukunft nur noch verbessern, nicht aber — ohne Entschädigung oder vorherige Änderung des Grundgesetzes — verschlechtern". Droht also auf dem Gebiet des bürgerlichen Rechts eine „Frontenerstarrung", so bestünde im Bereich des öffentlichen Rechts die Gefahr einer fortlaufenden „Frontenverschiebung" zu Lasten des Staates, wenn die Auffassung durchdränge, daß jeder Rechtsentzug eine Enteignung bedeute.

Noch ein weiterer Grund läßt es als geboten erscheinen, eine andere rechtliche Optik zu wählen: Wäre die Freigabe der privaten Tonbandaufnahme als Enteignung der Urheber zu charakterisieren,

[52]) BVerfG 2, 380 (402).

so stünde damit zwar gleichzeitig die Nichtigkeit des § 54 Entwurf fest, da nach Art. 14 Abs. 3 Satz 2 GG jedes eine Enteignung anordnende Gesetz eine Entschädigungsregelung enthalten muß[53]), ungeklärt bliebe indes die eigentliche Kernfrage, wieweit die Sachbefugnis des Gesetzgebers zur Abgrenzung des urheberrechtlichen Eigentums reicht. Ohnehin greift der Gesichtspunkt der unzulässigen, da entschädigungslosen Legalenteignung bei den im Zeitpunkt des Inkrafttretens des Gesetzes noch überhaupt nicht existenten Urheberrechten wohl nicht durch. Die Figur der Enteignung eines nicht vorhandenen subjektiven Rechts wird man aus begriffslogischen Gründen ablehnen müssen. Es erweist sich somit als unerläßlich, die — sehr heikle — Vorschrift des Art. 19 Abs. 2 GG zu bemühen, wonach ein Grundrecht in keinem Falle in seinem „Wesensgehalt" angetastet werden darf.

b) § 54 Entwurf als unzulässige übermäßige Sozialbindung?

So selbstverständlich es klingt, daß auch Art. 14 GG unter der Oberherrschaft von Art. 19 Abs. 2 GG steht, so schwierig sind die Rechtsfragen, welche die Anwendung dieser beiden Vorschriften aufwirft. Nicht eindeutig geklärt sind bisher die Zusammenhänge zwischen Legalenteignung und Wesensgehaltssperre. Es offenbaren sich hier gewisse Widersprüchlichkeiten im Systemzusammenhang des Grundgesetzes. Denn: Eine stärkere Einwirkung auf das Eigentum als seine Entziehung läßt sich nicht denken, und doch ist in Art. 14 Abs. 3 Satz 2 GG die Expropriation durch Gesetz ausdrücklich für zulässig erklärt. Wenn also selbst Enteignungen im klassischen Sinne durch Gesetz bewirkt werden dürfen, so liegt der Schluß nahe, daß das Grundgesetz dem Gesetzgeber jegliche Einwirkung auf das Eigentum freistellt, daß mit anderen Worten Art. 14 GG nicht unter dem Schutz der Wesensgehaltsperre steht. In der Tat ist dies die Auffassung von Maunz[54]), die aber keinen Widerhall gefunden hat[55]). Auch nach dieser Ansicht sind freilich Gesetze, die sich selbst als Ausdruck der Sozialgebundenheit des Eigentums verstehen, in Wirklichkeit jedoch Enteignungscharakter tragen, nichtig,

---

[53]) Unbedingtes Erfordernis, vgl. BVerfG 4, 219 (233).

[54]) Deutsches Staatsrecht, 11. Aufl., 1962, S. 142 f.

[55]) Vgl. Diester, aaO. (oben Anm. 42) S. 144; Forsthoff, aaO. (oben Anm. 25) S. 299; Hamann, aaO. (oben Anm. 25), Art. 14 B 3 a. 4 b; Ipsen, aaO. (oben Anm. 25) S. 94f.; Janssen, aaO. (oben Anm. 25) S. 62; von Mangoldt-Klein, aaO. (oben Anm. 25) Art. 14 Anm. V 1 d (S. 433) und Anm. VII 7 f. (S. 448); Scheuner, aaO. (oben Anm. 25), S. 79; Weber, aaO. (oben Anm. 25) S. 357; H. J. Wolff, aaO. (oben Anm. 25) S. 335. — Auch der Bundesgerichtshof wendet in ständiger Rechtsprechung Art. 19 Abs. 2 GG an. Vgl. BGHZ 6, 270 (279); 15, 268 (275); 27, 15 (21); 30, 338 (341); Lindenmaier-Möhring Nr. 71 zu Art. 14 GG.

denn sie verstoßen in der Regel gegen die Junktim-Klausel in Art. 14 Abs. 3 Satz 2 GG.

Der Bundesgerichtshof[56]) sieht den Ausweg aus diesem Dilemma[57]) in einer Unterscheidung, die auf den objektivierten Willen des Gesetzgebers abstellt. Wesentlich soll nach seiner Auffassung das finale Moment sein, ob das Gesetz auf eine Enteignung nach Art. 14 Abs. 3 Satz 2 GG abzielt oder ob sein Bestreben dahin geht, Inhalt und Schranken des Eigentums im Sinne von Art. 14 Abs. 1 Satz 2 GG zu bestimmen. Soll das Gesetz lediglich von dieser Befugnis zur Schrankenziehung Gebrauch machen, greift es aber dennoch in die Eigentumssubstanz ein, so ist es wegen Verstoßes gegen Art. 19 Abs. 2 GG nichtig. Ein unmittelbarer Rechtsverlust kraft Gesetzes ist also in diesem Falle ausgeschlossen, mittelbar allerdings kann ein solcher eintreten durch Verwaltungsakte, die zur Vollziehung des fälschlicherweise für gültig gehaltenen Gesetzesbefehls gesetzt werden. Hier liegt dann der Tatbestand eines enteignungsgleichen Eingriffs [58]) vor.

Diese Rechtsprechung liefert nicht nur brauchbare Kriterien für die Praxis, sie beruht auch auf einer klaren gedanklichen Konzeption. Gesetze, denen die Legislative bewußt enteignende Kraft beilegt, treffen, auch wenn sie abstrakt und allgemein sind, doch nur einen kleinen Teil der Rechte einer bestimmten Kategorie. Den in dieser Behauptung liegenden scheinbaren Widerspruch gilt es aufzuklären: Jede Kategorie von Rechten (Forderungsrechte, Grundeigentum) läßt sich in Untergruppen aufgliedern, die sich durch abstrakte Merkmale voneinander abheben, welche mit dem Wesen dieser Rechtskategorie keinen inneren Zusammenhang aufweisen. So ist etwa die Lage eines Grundstücks, soweit sie ohne Einfluß auf dessen Nutzbarkeit (Baugrundstück, landwirtschaftliches Grundstück) ist, ein in diesem Zusammenhang unwesentlicher Faktor. Die Ausrichtung auf solche „akzidentelle" Kriterien[59]) ist es aber, welche enteignende Gesetze auszeichnet Dies erklärt sich daraus, daß die Expropriation als Instrument der Sachbeschaffung jeweils der Erfüllung bestimmter konkreter Aufgaben dient und keine rechtspolitische Zielsetzung hat: Man denke etwa an die Requirierung sämtlicher Kraftwagen im Kriegsfalle. Eingriffe in die Substanz durch Gesetze im Sinne von Art. 14 Abs. 3 Satz 2 GG erfassen das Eigentum daher nie als solches und stellen somit keine Bedrohung dieses Rechtsinstituts dar. Im Gegenteil: Durch den Ausgleich in Geld, den das Gesetz, das mit der einen Hand nimmt, mit der anderen gewähren muß, findet die

[56]) BGHZ 6, 270 (279).
[57]) Vgl. hierzu auch Schick, DVBl 1962, 775.
[58]) Vgl. BGHZ 6, 270 (279, 289 f.); 7, 296 (297 f.); 13, 88 (92 f.).
[59]) Vgl. H. J. Wolff, aaO. (oben Anm. 25) S. 346.

Eigentumsgarantie eine Bekräftigung und Bestätigung. Klar zutage tritt damit die Berechtigung der unterschiedlichen Beurteilung von Eingriffen in die Eigentumssubstanz, die der Gesetzgeber auf dem Wege über einen seiner Auffassung nach Inhalt und Schranken festlegenden Hoheitsakt nach Art. 14 Abs. 1 Satz 2 GG erzwingen will. Solche Eingriffe stellen, da sie das Recht als solches in seiner Funktionsfähigkeit beeinträchtigen, den Wesenskern des Eigentums in Frage.

Da § 54 Entwurf von seinen Schöpfern als Konkretisierung der Sozialgebundenheit des Urheberrechts konzipiert ist, wird nun vollends deutlich, daß die Prüfung dieser Vorschrift unter dem Aspekt der entschädigungslosen Legalenteignung in die Irre führt [60]) und daß es demgegenüber entscheidend sein muß, ob der Gesetzgeber bei der Redaktion jener Vorschrift von zutreffenden Vorstellungen über Funktion und Wesensgehalt des Urheberrechts ausgegangen ist.

Nunmehr gilt es, die Maßstäbe aufzuzeigen, an denen die Tragweite des gesetzgeberischen Handelns gemessen werden kann.

Evident und keiner Begründung bedürftig ist zunächst der Satz, daß ein Gesetz, welches unter dem Deckmantel der Sozialbindung in Wirklichkeit wesentliche Rechtsinstitute des Privatrechts ersatzlos beseitigt und sich nicht damit begnügt, die einzelnen aus Rechten dieser Art entspringenden Befugnisse zu beschneiden, aus dem Rahmen des Art. 14 Abs. 1 Satz 2 herausfällt [61]). Dieser Tatbestand wäre etwa verwirklicht, wenn das Urheberrecht als Ganzes dem Zugriff der Legislative zum Opfer fallen würde.

Sachlich notwendig und unangreifbar ist ferner die Maxime, daß Gesetze, die das Eigentum zwar nominell bestehen lassen, die Verfügungsbefugnis des Eigentümers aber in so einschneidender Weise beschränken, daß ihre Wirkung, wirtschaftlich gesehen, einer Rechtsentziehung gleichkommt, ebenfalls mit dem Makel der Verfassungswidrigkeit behaftet wären [62]). Ein Anwendungsfall dieses Satzes wäre etwa gegeben, wenn die Wahrnehmung der Rechte der Urheber einem staatlichen Zwangskartell übertragen würde, das mit den von ihm eingezogenen Geldern nach Belieben schalten und walten dürfte, ohne den Urhebern Rechnung schuldig zu sein.

Mit diesen Feststellungen sind jedoch Sinn und Tragweite von Art. 19 Abs. 2 GG nicht ausgeschöpft. Eigentum muß funktionsfähig sein, es muß die ihm von der Verfassungsordnung zugedachte Aufgabe der wirtschaftlichen Sicherung des Einzelnen wirksam er-

[60]) So auch Weber, aaO. (oben Anm. 22) S. 18 f.

[61]) Einhellige Meinung, vgl. Hamann, aaO. (oben Anm. 25) Art. 14 Anm. B 4b; von Mangoldt-Klein, aaO. (oben Anm. 25), Art 14 Anm. II 6c (S. 417 f.); Weber, aaO. (oben Anm. 25) S. 356 f. jeweils m. w. Nachw.

[62]) Vgl. die in der vorigen Anm. Genannten. Huber, aaO. (oben Anm. 25) sieht hier einen Fall der entschädigungslosen Enteignung als gegeben an.

füllen können[63]). Diese Grenze überschreitet der Gesetzgeber nicht erst bei einer Entziehung oder faktischen Annullierung der Eigentümerstellung, vielmehr bereits dann, wenn er, statt das Eigentum seiner Eigenart entsprechend zu entfalten, ihm Fesseln anlegt, die zur Gewährleistung eines geordneten Gemeinschaftslebens nicht notwendig sind. Auf das Ausmaß des Eingriffs einerseits, die Erfordernisse des sozialen Lebens andererseits kommt es also an. Ich möchte hier den Satz wagen, daß jeder Eingriff von hoher Hand, der, sofern durch Gesetz nach Art. 14 Abs. 3 Satz 2 GG bewirkt, als Enteignungsmaßnahme zu charakterisieren ist, einen Verstoß gegen Art. 19 Abs. 2 GG bedeutet, wenn er sämtlichen Inhabern einer bestimmten Kategorie (verfassungsrechtlichen) Eigentums durch einen Rechtssatz nach Art. 14 Abs. 1 Satz 2 GG zugemutet wird. Es ist nicht einzusehen, weshalb der Wirkung nach identische Interventionen je nach ihrer Rechtsgrundlage dem Eigentümer im einen Falle das Recht auf eine Entschädigung geben, im anderen Falle dagegen ohne dies von ihm hingenommen werden sollen. Man verschließt sich allerdings dieser Erkenntnis, wenn man, wie der Bundesgerichtshof[64]) es grundsätzlich tut, das Sonderopfer und die ungleichmäßige Belastung unter Verstoß gegen den Gleichheitssatz als das Kennzeichen der Enteignung auffaßt. Gesetze, die Inhalt und Schranken einer Rechtskategorie wie des Urheberrechts umreißen, können begrifflich ein Sonderopfer nicht auferlegen. Dies hat in scharfsinniger Weise Dürig[65]) erkannt. Er argumentiert, wenn man die vom Reichsgericht entwickelte Einzelakt-Theorie[66]) beibehalte, so müsse man den sozialbindenden Gesetzen, die als generelle Akte keine besondere Opferlage schaffen könnten, breitesten Spielraum gewähren. Die Grenzen der Sozialbindung seien erst überschritten, wenn es zu einer Entziehung der Eigentumssubstanz komme.

„Schwere und Tragweite" der Beeinträtigung, wie sie das Bundesverwaltungsgericht[67]) — das Bundesverfassungsgericht[68]) sah bisher von einer Stellungnahme ab — für maßgebend hält, können daher nicht unberücksichtigt bleiben. Im übrigen hat der Bundesgerichtshof seine Sonderopfertheorie zwar im theoretischen Ansatzpunkt nicht aufgegeben, ist aber mehr und mehr zu materialen

[63]) Dieser Gedanke ist besonders von R e i n h a r d t entwickelt worden; vgl. aaO. (oben Anm. 42) passim und aaO. (oben Anm. 37) S. 29 f.

[64]) BGHZ 6, 270 (280), 15, 268 (271 f.); 23, 30 (32); 30, 338 (341).

[65]) JZ 1954, 8 m. Anm. 5. Vor ihm schon G i e s e , DRiZ 1951, 192; K r ü g e r , DöV 1950, 626.

[66]) RGZ 127, 280 (281); 128, 18 (28); 128, 165 (171 f.); 129, 146 (149); st. Rspr. Vgl. auch Staatsgerichtshof für das Deutsche Reich RGZ 124, 19 (33).

[67]) BVerwG 5, 143; st. Rspr. Vgl. aber auch die Entscheidung BVerwG 15, 1 (die hier interessierenden Abschnitte nur abgedruckt in NJW 1962, 2171), die eine gewisse Annäherung an die Rechtsprechung des Bundesgerichtshofes bringt.

[68]) BVerfG 11, 294 (296 f.).

Abgrenzungskriterien übergegangen, wenn er auf die Situationsgebundenheit eines Grundstücks[69]) abstellt, bei Bausperren neben ihrer Dauer[70]) in Betracht zieht, ob sie Zwecken örtlicher oder überörtlicher Planung[71]) dienen, oder bei Anbaumaßnahmen und -auflagen prüft, ob sie sich nicht nur auf Grund und Boden, sondern auch auf die organisatorische Betriebseinheit auswirken[72]). Hier geht es nicht mehr um Fragen der Gleichheit. Eine Bausperre wird nicht dadurch zu einem ungleich belastenden Sonderopfer, daß sie die Dauer von 3 Jahren übersteigt, vielmehr ist dies eine reine Frage der Tiefenwirkung des Eingriffs. Derartigen Eigentumsbeschränkungen eignet generell eine solche Intensität, daß der Eigentümer sie nicht hinzunehmen braucht. Sie können daher auf der Grundlage von Art. 14 Abs. 1 Satz 2 GG rechtswirksam nicht dekretiert werden.

Noch ein weiterer Satz, der sich jedoch mit dem vorhergehenden teilweise deckt, läßt sich formulieren. Die im Zeichen der Sozialbindung angeordneten Eigentumsbeschränkungen stehen unter der Herrschaft des Prinzips der Verhältnismäßigkeit[73]) (des „Interventionsminimums"). Wenn eine Eingrenzung der Eigentümerstellung erforderlich ist, so muß der Gesetzgeber nach dem schonendsten Mittel greifen und sich mit der Normierung des unumgänglich Notwendigen begnügen.

Würde § 54 Entwurf in der vom Bundesjustizministerium ausgearbeiteten Fassung Gesetz, so ergäben sich unter dem Aspekt des Art. 14 GG keine Beanstandungen. Die vermögensrechtlichen Interessen der Urheber würden durch Absatz 3 der Vorschrift ausreichend geschützt.

Durch die Streichung dieses Absatzcs 3 wird jedoch ein Zentralstück aus dem umfassenden Verwertungsrecht der Urheber herausgebrochen. Seiner Natur nach kann zwar das Urheberrecht eine so ausschließliche Herrschaftsmacht wie das Sacheigentum nicht verleihen. Die Sache ist nur einmal da, sie kann nur Besitz eines Einzelnen sein. Dieser vermag sie vor dem Zugriff eines jeden anderen zu bewahren[74]). Anders das Werk. Als Form der Mitteilung ist es darauf gerichtet, Gemeinbesitz zu werden[75]), und neigt dazu, den Händen seines Schöpfers zu entgleiten. Die auf dieser Wesenseigenschaft

---

[69]) BGHZ 23, 30.
[70]) BGHZ 30, 338.
[71]) BGHZ 15, 268.
[72]) BB 1956, 511.
[73]) BGHZ 6, 270 (279); BVerfG 8, 71 (80); BVerwG 5, 171 (175).
[74]) Dies wird in der Literatur immer wieder unterstrichen, vgl. de Boor, JZ 1954, 748 sowie UFITA Bd. 21 (1956), S. 131 f.; Reinhardt, aaO. (oben Anm. 37) S. 32 f.; Roeber, Urheberrecht oder geistiges Eigentum S. 26 = UFITA Bd. 21 (1956) S. 167; Ulmer, aaO. (oben Anm. 19) S. 91; Weber, aaO. (oben Anm. 22) S. 22.
[75]) Vgl. die Formulierungen bei Ulmer, aaO. (oben Anm. 19) S. 6.

beruhende besondere Sozialbezogenheit des Urheberrechts ist häufig genug betont und ebenso häufig zur Rechtfertigung der Behauptung herangezogen worden, der Urheber müsse sich schon aus diesem Grunde bestimmte Durchbrechungen seines Verwertungsrechts gefallen lassen[76]). Da er in ganz besonderem Maße auf dem geistigen Kulturbesitz der Nation aufbaue, sei ihm ein Tribut zuzumuten, der anderen Rechtsinhabern nicht abverlangt werde[77]).

Dem ist entgegenzuhalten, daß die Gewährleistung des Sacheigentums, insbesondere des im Wege des Erbganges überkommenen, eine ebenso große, wenn nicht noch beachtenswertere Leistung der Gemeinschaft darstellt, so daß der Sacheigentümer der Allgemeinheit in gleichem Maße Dank und Anerkennung schuldet wie der Urheber[78]). Andererseits wird auch der eine Voraussetzung geistiger Kommunikation bildende Zugang zu den Ergebnissen des Schaffens der Urheber durch die Normierung einer Vergütungspflicht nicht behindert. Freier Zugang zu den Kulturgütern ist nicht gleichbedeutend mit kostenlosem Zugang[79]). Ein Prinzip, das lauten würde, der Erwerb von Kulturbesitz sei unentgeltlich, kennt unsere Rechtsordnung nicht. Bücher, Zeitschriften und Schallplatten müssen in der Regel gekauft werden, von Staats wegen wird der Einzelne nicht unterstützt. Mit der Sozialbezogenheit des Urheberrechts ist es somit keineswegs unvereinbar, dem Urheber die ausschließliche Verwertungsbefugnis vorzubehalten, im Gegenteil muß in der umfassenden Zuordnung aller Werknutzungen zu seinem Herrschaftsbereich der Leitsatz gesehen werden, an dem sich jedwede Regelung des Urheberrechts auszurichten hat. Nur so wird man dessen Eigentumscharakter gerecht: Eigentum gewährt grundsätzlich volle Herrschaftsgewalt — Ausnahmen bedürfen besonderer Rechtfertigung. In diesem Zusammenhang ist es auch legitim, auf Art. 2 Abs. 1 GG hinzuweisen, der als Niederschlag einer allgemeinen Freiheitsver-

---

[76]) Vgl. insbesondere Roeber, aaO. (oben Anm. 74) S. 25 = UFITA Bd. 21 (1956) S. 166.

[77]) So im Kern auch die oben (S. 201) wiedergegebene Begründung des Bundesrates.

[78]) Gegen die These von der im Verhältnis zum Sacheigentum gesteigerten Sozialgebundenheit des Urheberrechts nehmen auch Stellung Hubmann, Das Recht des schöpferischen Geistes, 1954, S. 75 f. und aaO. (oben Anm. 38) S. 26; Lehmann in: Urheberrechtsreform, ein Gebot der Gerechtigkeit S. 10 und Über das Wesen des Urheberrechts, S. 14; Reinhardt, aaO. (oben Anm. 37) S. 26; Ulmer, aaO. (oben Anm. 19) S. 94; Weber, aaO. (oben Anm. 22) S. 14.

[79]) de Boor, UFITA Bd. 21 (1956) S. 137; Hubmann, Das Recht des schöpferischen Geistes S. 124, UFITA Bd. 19 (1955) S. 61 f. und aaO. (oben Anm. 38) S. 22; Löffler, NJW 1962, 995; Neumann, GRUR 1957, 581; Reinhardt, aaO. (oben Anm. 37) S. 35 f.; Strauß, UFITA Bd. 32 (1960) S. 262 f.; Weber, aaO. (oben Anm. 13) S. 23; Wolpert, UFITA Bd. 26 (1958) S. 306.

mutung („in dubio pro libertate“)[80]) für die Interpretation sowohl des Verfassungsrechts als auch des einfachen Gesetzesrechts Leitlinien vorschreibt.

Wenn Haeger[81]) auf die vielfachen gesetzlichen Einschränkungen hinweist, wie sie in § 27 LUG normiert sind, so übersieht er, daß diese Vorschrift sich ihrerseits eine Überprüfung an Hand der Art. 2, 14 GG gefallen lassen muß und daß von kompetenter Seite[82]) Zweifel an ihrer Verfassungskonformität geäußert worden sind.

Selbst wenn die Gefahr eines Rückganges des Schallplattenabsatzes gering zu veranschlagen wäre, so wäre damit für die der hier vertretenen Meinung entgegengesetzte Auffassung wenig gewonnen, denn die grundsätzliche Frage wird durch die mehr oder minder große Intensität der Gefährdung der urheberrechtlichen Interessen nicht beeinflußt[83]). Zwar ist von jeher die Herstellung von Vervielfältigungsstücken mit anderen als mechanischen Mitteln nach § 15 Abs. 2 LUG gestattet gewesen und soll auch in Zukunft zulässig bleiben. Die Interessenlage ist insoweit jedoch eine qualitativ andere: Während das mit Hand angefertigte Vervielfältigungsstück kein vollwertiger Ersatz für den Besitz des Werkstückes selbst ist, steht die Tonbandaufnahme diesem in ihrer Qualität in nichts nach, ja kann als überspielte Rundfunksendung hochwertiger sein als die im Handel erhältliche Platte. Zudem ist sie praktisch unabnutzbar und besitzt somit eine längere Lebensdauer als die Schallplatte, die nach einer bestimmten Zeit abgespielt ist und dann auch wenig anspruchsvollen Ohren keine Befriedigung mehr bietet. Schon die von Gesetzes wegen zugelassene Eröffnung der bloßen Möglichkeit, derart vollkommene Vervielfältigungsstücke herzustellen, die einen vollen und ungeschmälerten Werkgenuß gewähren, muß als ein Einbruch in die Substanz des Urheberrechts betrachtet werden. Soll etwa das Gesetz in Abhängigkeit von der jeweiligen Beliebtheit der „Heimüberspielung“ ständig geändert werden? Ernstlich kann dies niemand für richtig und wünschenswert halten. Eine klare Entscheidung ist vonnöten. Sie muß an der a priori betrachteten abstrakten Gefährdung der vermögenswerten Rechte der Urheber durch die Magnetton-Vervielfältigung orientiert sein. Da eine solche wegen der qualitativen Überlegenheit der Tonbandaufnahme über die Schallplatte, der weiten Verbreitung der Tonbandgeräte[84]) und der ge-

[80]) Vgl. P. Schneider in: Hundert Jahre Deutsches Rechtsleben, 1960, Bd. II S. 263 ff.

[81]) UFITA Bd. 37 (1962) S. 52.

[82]) Vgl. Weber, aaO. (oben Anm. 22) S. 29; Reinhardt, aaO. (oben Anm. 37) S. 40 ff.

[83]) Vgl. Krüger-Nieland, GRUR 1957, 541; ferner G. u. D. Reinicke, NJW 1954, 1217. A. A. Hefermehl, UFITA Bd. 24 (1957) S. 83.

[84]) Vgl. die Zahlenangaben bei Löffler, NJW 1962, 995.

ringen Kosten des benötigten Tonbandmaterials[85]) bejaht werden muß, ist § 54 Entwurf abzulehnen.

Eine nähere Prüfung der konkreten Gefahrenlage führt zu keinem anderen Ergebnis[86]). Wenn der Schallplattenabsatz eine steigende Tendenz hat und wenn Entsprechendes für die Ausschüttungen der GEMA an die Urheber gilt[87]), so beruht dies nicht zuletzt darauf, daß es gegenwärtig eine Überspielungsfreiheit nicht gibt. Es kann unbedenklich davon ausgegangen werden, daß mindestens ein Teil derjenigen Besitzer eines Tonbandgerätes, die keine Gebühren an die GEMA abführen, es aus Gesetzestreue oder Gesetzesfurcht angesichts des bestehenden Verbotes unterlassen, sich durch die Aufnahme von Rundfunksendungen und Schallplatten eine private Musikbibliothek anzulegen. Auch die Strafbestimmung des § 38 LUG dürfte auf viele ein abschreckende Wirkung haben. Fällt der strafrechtliche Schutz, so ist die Überspielung mit keinem nennenswerten Risiko mehr verbunden. Was aber weit mehr ins Gewicht fällt ist dies: Würde der Gesetzgeber § 54 Entwurf in der vorliegenden Fassung billigen, so könnten die Hersteller von Magnettongeräten ungehindert in ihrer Werbung auf die erweiterten Möglichkeiten der Nutzung dieser Apparate hinweisen In die Bedienungsvorschriften könnten ausführliche Erläuterungen über die technischen Voraussetzungen des Überspielens aufgenommen werden. Auch würden sämtliche Rundfunkgeräte schon aus Wettbewerbsrücksichten mit der entsprechenden Ausrüstung versehen werden, so daß die bisher vorhandenen technischen Hindernisse[88]) auf ein Minimum reduziert wären. Die infolge der Ausweitung des Absatzes alsdann zu erwartende weitere Verbilligung von Tonbandgeräten und Tonbändern würde ein übriges tun, um den Anreiz zur Schaffung eines eigenen Tonbandarchivs zu vergrößern. Die dem Schallplattengeschäft drohenden Gefahren bagatellisieren, heißt daher meiner Ansicht nach

---

85) Vgl. Löffler, aaO. (vorige Anm.) S. 995.

86) Von einer nicht nur unerheblichen Gefährdung des Schallplattenabsatzes gehen aus Baum in: GEMA, Magnettongeräte und Urheberrecht, S. 29; Benkard, ibid. S. 50; de Boor, ibid. S. 103, GRUR 1954, 445 und JZ 1955, 749; Gentz, GRUR 1952, 449; Hubmann, Das Recht des schöpferischen Geistes S. 123 und UFITA Bd. 19 (1955) S. 73; Möhring, NJW 1951, 743 f. und in: GEMA, Magnettongeräte und Urheberrecht S. 85; Neumann, GRUR 1957, 587; Runge in: GEMA, Magnettongeräte und Urheberrecht S. 64, 69; Schulze, aaO. (oben Anm. 6) S. 44; Ulmer, aaO. (oben Anm. 4) S. 11 und aaO. (oben Anm. 19) S. 187; Voigtländer-Elster-Kleine, Urheberrecht 4. Aufl., 1952, S. 104; Wolpert, UFITA Bd. 26 (1958) S. 303. A. A. Auerswald in: GEMA, Magnettongeräte und Urheberrecht S. 163 f.; Bobsin, GRUR 1957, 371; Bußmann in: Magnettongeräte und Urheberrecht S. 128; Haeger, GRUR 1954, 55 u. UFITA Bd. 37 (1962) S. 60; Hefermehl, UFITA Bd. 24 (1957) S. 83 ff.; Mediger, GRUR 1951, 385 und BB 1956, 984.

87) Vgl. die Zahlenangaben bei Spitzbarth, NJW 1963, 882.

88) Geschildert von Haeger, GRUR 1954, 52 ff.

beide Augen vor der Realiät der technischen Entwicklung verschließen.

4) Die Rechtfertigung von § 54 Entwurf

Zur Rechtfertigung der Überspielungsfreiheit wird außer dem bereits widerlegten Argument der besonderen Sozialgebundeneit des Urheberrechts ausgeführt, die Intimsphäre müsse von urheberrechtlichen Ansprüchen freibleiben, derartige Ansprüche seien ohnehin nicht durchsetzbar, „leges imperfectae" untergrüben die Autorität des Staates, und schließlich sei die wirtschaftliche Stellung der Urheber bereits jetzt gefestigt genug. Jedes dieser Argumente ist sorgsam auf seine Stichhaltigkeit zu prüfen.

a) Der Schutz der Intimsphäre

Daß die private Sphäre des Einzelnen frei sein müsse von urheberrechtlichen Ansprüchen, ist geradezu das Kernstück der Beweisführung all derer, die für die Überspielungsfreiheit eintreten [89]). Mag dieser Satz im Urheberrecht auch überlieferter Tradition entsprochen haben [90]), so ist er doch nicht schon aus sich heraus evident. Ulmer [91]), und de Boor [92]) gebührt das Verdienst, gleich zu Beginn des „Tonbandstreites" darauf hingeweisen zu haben, daß angesichts der erhöhten Anfälligkeit der Urheberrechte den Mitteln der modernen Technik gegenüber mit althergebrachten Vorstellungen gebrochen werden muß, da sonst Werkschöpfer und Leistungsschutzberechtigte schutzlos gestellt würden. Wenn bisher das Urheberrecht in bestimmten Fällen vor der privaten Sphäre haltmachte, so einfach deshalb, weil es dort nicht verletzt werden konnte. In diesem Punkt haben sich aber die tatsächlichen Verhältnisse gewandelt. Die früher von der Sache her gerechtfertigte Beschränkung des Urheberrechts auf den öffentlichen Bereich droht die Werknutzungsbefugnis wertlos zu machen und auf diese Weise das Urheberrecht in seinem Bestand zu erschüttern. Überhaupt muß klargestellt werden, daß nicht die Urheber begonnen haben, in den privaten Bereich einzudringen, vielmehr ist dieser Bereich ein Feld der Angriffe gegen die Rechte der Urheber geworden, und deren Forderung nach einer Vergü-

---

[89]) Auerswald, aaO. (oben Anm. 86) S. 161, 167; Bobsin, GRUR 1957, 319; Bußmann, aaO. (oben Anm. 86) S. 124; Flume, Handelsblatt Nr. 39 vom 23. Feb. 1962 S. 12; Haeger, UFITA Bd. 37 (1962) S. 50 ff.; Hefermehl, UFITA Bd. 24 (1957) S. 73; Leinveber, GRUR 1962, 347; Mediger, GRUR 1951, 385; Reimer in GEMA: Magnettongeräte und Urheberrecht S. 34; Roeber, Urheberrecht oder geistiges Eigentum S. 20 = UFITA Bd. 21 (1956) S. 161; Spitzbarth, NJW 1963, 882.

[90]) Vgl. de Boor in: GEMA Magnettongeräte und Urheberrecht S. 104 und JZ 1955, 748; G. u. D. Reinicke, NJW 1954, 1220; Strauß, UFITA Bd. 32 (1960) S. 261; Ulmer, aaO. (oben Anm. 4) S. 11 und aaO. (Anm. 19) S. 186.

[91]) aaO. (oben Anm. 4) S. 13.

[92]) In GEMA: Magnettongeräte und Urheberrecht S. 104.

tungspflicht stellt nichts anders als eine Reaktion auf diese Angriffe dar[93]).

Im übrigen hat das LUG die private Sphäre niemals als eine außerhalb rechtlicher Wertungen liegende Exklave betrachtet: Der Wortlaut von § 15 Abs. 2 LUG stellt auf ein Absichtselement ab, nämlich die Vervielfältigung zum persönlichen Gebrauch, und verbietet die Vervielfältigung zu gewerblichen Zwecken ohne Rücksicht darauf, wo die Überspielung stattfindet[94]). Ganz allgemein ist das Zuhause kein rechtsfreier Raum, wie der Bundesgerichtshof[95]) klar ausgesprochen hat und wie nicht oft genug wiederholt werden kann[96]). Gerade die als Grundlage für Analogieschlüsse sehr geeigneten Verbotsnormen des Strafrechts kennen einen privilegierten Tatort „Wohnung" nicht. Es würde geradezu einen Rückfall in mittelalterliches Denken bedeuten, wenn man heute dem Zugriff der Staatsgewalt unzugängliche Bereiche schaffen wollte, wie sie früher etwa die Klöster waren. Mehr noch: Bestimmte Delikte wie der Ehebruch und das Schwarzhören werden vornehmlich in den eigenen vier Wänden begangen, und gleichwohl hat der Gesetzgeber sich nicht veranlaßt gesehen, die Straftatbestände insoweit einzuengen, da die Beurteilung eines Verhaltens als strafbar oder nicht je nach dem Tatort die ungünstigsten Auswirkungen auf die Rechtsvorstellungen der Bürger haben müßte. Die Forderung, für die Ge- und Verbote des Urheberrechts müsse Abweichendes gelten, fügt sich daher nicht in das System des geltenden Rechts ein.

Schließlich sei noch der Blick auf das so gern heraufbeschworene Schreckgespenst des GEMA-Kontrolleurs geworfen, der in jede Wohnung eindringt und dem Einzelnen den letzten Rest persönlicher Freiheit nimmt[97]). Es ist zuzugeben, daß derartige Kontrollen als unerwünscht anzusehen sind. Indes hegt die GEMA keineswegs die Absicht, ein weitverzweigtes und kostspieliges Kontrollnetz aufzubauen. Eine solche organisatorische Maßnahme hätte zudem wenig Sinn, da die GEMA keinen Rechtstitel besitzt, der ihr das Betreten und die Überprüfung fremder Wohnungen gestattet. Sie strebt einen solchen Rechtszustand auch gar nicht an, laufen doch alle von ihr stammenden Vorschläge auf die Einführung einer Lizenzgebühr hin-

---

[93]) So richtig Goldbaum, UFITA Bd. 19 (1955) S. 43 ff.

[94]) Dieses vom BGHZ 17, 281 = UFITA Bd. 20 (1955) S. 324 im Anschluß an de Boor, GRUR 1954, 444, 447 ins Treffen geführte Argument hat Hefermehl, UFITA Bd. 24 (1957) S. 56 ff nicht zu erschüttern vermocht.

[95]) BGHZ 17, 266 (280 f.) = UFITA Bd. 20 (1955) S. 314 (324).

[96]) Vgl. auch de Boor, GRUR 1954, 444; Goldbaum, UFITA Bd. 19 (1955) S. 47; Hubmann, Das Recht des schöpferischen Geistes S. 124 und UFITA Bd. 19 (1955) S. 72; Kleine, JZ 1955, 228; Löffler, NJW 1962, 994; Ulmer, aaO. (oben Anm. 4) S. 13; Schulze, aaO. (Anm. 6) S. 46 f.

[97]) Vgl. vor allem Haeger, UFITA Bd. 37 (1962) S. 64 f.; Hefermehl, UFITA Bd. 24 (1957) S. 89; Spitzbarth, NJW 1963, 882.

aus, die auf Grund vertraglicher Vereinbarung mit den betroffenen Industriefirmen entweder pauschal dem Kaufpreis des Gerätes und/oder der Magnettonbänder hinzugeschlagen oder aber, wie die Rundfunkgebühr monatlich erhoben wird [98]). Bei solchen Formen der Gebührenerhebung würde die Privatsphäre auch nicht im mindesten angetastet. Im Falle der Verwirklichung des erstgenannten Vorschlags bedüfte es einer irgendwie auch gearteten Kontrolle nicht. Wenn andererseits die Rundfunkgebühr zum Vorbild einer — wohl nur auf gesetzlichem Wege durchzusetzenden — Regelung genommen und der GEMA in diesem Zusammenhang ein Kontrollrecht eingeräumt würde, so wäre Gegenstand der Überprüfung doch lediglich die höchst einfach festzustellende Tatsache, ob ein Tonbandgerät vorhanden ist oder nicht. In der Sache würden damit die GEMA-Kontrolleure nichts anderes tun, als was die Rundfunkanstalten bereits jahrzehntelang praktizieren, ohne daß jemand dies bisher als eine Verletzung der durch Art. 13 GG geschützten Freiheit der Wohnung empfunden hätte [99]). Beanstandungen sind insoweit jedenfalls nicht laut geworden.

b) Mangelnde Durchsetzbarkeit des Vergütungsanspruchs?

Nicht ernst genug genommen werden kann das Argument, ein Vergütungsanspruch der Urheber sei nicht durchsetzbar und daher im praktischen Ergebnis wertlos, so daß es aus rechtspolitischen Erwägungen geboten sei, ihm schlechthin die Anerkennung zu versagen [100]). In zwei Richtungen bietet indes diese These der Kritik Ansatz: Einerseits ist es eine seit langem gefestigte Erkenntnis, daß das Urheberrecht im Gegensatz zum Sacheigentum, das rein tatsächlich besessen und beherrscht werden kann, zu seiner Durchsetzung staatlicher Hilfe bedarf. Besonders die technische Entwicklung führt immer wieder zu Situationen, die mit den herkömmlichen Ansprüchen nicht gemeistert werden können. Zu Recht haben daher zuerst das Reichsgericht [101]) und jetzt auch der Bundesgerichtshof [102])

---

[98]) Vgl. die Erörterung der verschiedenen Möglichkeiten bei de Boor, in: GEMA Magnettongeräte und Urheberrecht S. 107 ff.

[99]) So zu Recht de Boor in: GEMA Magnettongeräte und Urheberrecht S. 104 und GRUR 1954, 444; Hubmann, Das Recht des schöpferischen Geistes S. 124; Wolpert, UFITA Bd. 26 (1953) S. 308.

[100]) Vgl. Adam, JR 1961, 165; Bénigne Mentha, UFITA Bd. 26 (1958) S. 155; Bobsin, GRUR 1957, 321 f.; Bussmann, aaO. (oben Anm. 86) S. 143; Conradt, GRUR 1960, 596 f.; Flume, aaO. (oben Anm. 89); Haeger, UFITA Bd. 37 (1962) S. 69. Hefermehl, UFITA Bd. 24 (1957) S. 73, 91; Spitzbarth, NJW 1963, 883. Der Bundesgerichtshof hat freilich das Argument der mangelnden Durchsetzbarkeit bei der Auslegung von § 15 Abs. 2 LUG für unerheblich erklärt, vgl. BGHZ 17, 266 (290) = UFITA Bd. 20 (1955) S. 314 (330).

[101]) Vgl. Nachweise bei Hubmann, aaO. (oben Anm. 19) S. 51.

[102]) Siehe vorige Anm.

im Hinblick auf derartige Fallgestaltungen den Satz geprägt, daß neue Nutzungsmöglichkeiten dem Urheber zugute kommen müssen. Inkonsequent ist es daher, wegen des prekären Charakters eines Rechtes dem Urheber dieses Recht völlig zu nehmen. Wäre diese Richtung stets eingeschlagen worden, so gäbe es ein Urheberrecht, das diesen Namen auch wirklich verdiente, heute nicht. Richtig verstanden kann daher die Aufgabe der Legislative nur darin bestehen, die gesetzlichen Grundlagen zu schaffen, damit die Urheber den ihnen zustehenden Vergütungsanspruch künftig voll realisieren können [103]).

Schließlich trifft es auch einfach nicht zu, daß nach dem bisherigen Rechtszustand die auch nur bruchstückhafte Erfüllung jenes Anspruchs nicht gewährleistet sei [104]). Offensichtliche Mißbräuche werden mit Sicherheit über kurz oder lang aufgedeckt. Auch sonst werden die Urheber mit der Zeit Mittel und Wege zur Durchsetzung ihrer Rechte finden, ohne zu diesem Zweck auf das perhorreszierte Mittel der „Bespitzelung“ [105]) des Einzelnen in seiner Privatsphäre zurückgreifen zu wollen und zu müssen. Nicht auszuschließen ist allerdings, daß im Einzelfall die Aufdeckung eines säumigen Zahlers auf der Anzeige eines mißgünstigen Nachbarn oder Bekannten beruht. Als gravierender und unter allen Umständen zu vermeidender Mißstand kann dies nicht betrachtet werden. Da die Überspielung nach § 54 Abs. 1 Entwurf keine Urheberrechtsverletzung mehr sein soll, wäre die Folge einer Denunziation lediglich die, daß der ertappte Vervielfältiger seine rückständigen Schulden begleichen müßte; irgendwelchen sonstigen Sanktionen wäre er dagegen nicht ausgesetzt.

Im übrigen möge man die sittenprägende Kraft der Norm nicht unterschätzen. In der Diskussion ist bisher stets stillschweigend vorausgesetzt worden, daß ein gesetzesbrecherischer Wille im Zweifel anzunehmen sei. Gegen diese Annahme spricht jedoch die Erfahrung von der so häufig geschmähten Legalitätstreue der Deutschen [106]). Man wird daher im Gegenteil davon ausgehen können, daß im Falle einer gesetzlichen Fixierung der Vergütungspflicht die Mehrzahl der Tonbandgeräte-Besitzer freiwillig die geschuldeten Gebühren entrichten wird.

Damit ist dem Einwand der Boden entzogen, daß § 54 Abs. 3 Entwurf zwangsläufig den Charakter einer „lex imperfecta“ tragen

---

[103]) So zutreffend Goldbaum, UFITA Bd. 19 (1955) S. 45 f.; Neumann, GRUR 1957, 578 ff.; Weber, aaO. (oben Anm. 22), S. 22.

[104]) Der Feststellung Ulmers, aaO. (oben Anm. 19) S. 230, daß „die praktische Verwirklichung des Rechtes ... noch nicht gelungen“ sei, vermag ich nicht in vollem Umfang beizutreten.

[105]) Vgl. Hefermehl, UFITA Bd. 24 (1957) S. 73.

[106]) So auch Löffler, NJW 1962, 995.

würde [107]). Ohnehin geht die unter diesem Stichwort ins Treffen geführte Erwägung fehl, daß derartige Gesetze die Staatsautorität erschütterten. Diese kann nur dort in Gefahr sein, wo der Staat als Hoheitsträger auftritt, also auf dem Gebiet des öffentlichen Rechts. Regelungen des bürgerlichen Rechts dagegen sind reine Angelegenheiten von Privaten. Ansehen und Macht des Staates werden durch deren gegenseitige Rechtsbeziehungen nicht tangiert.

c) Die Steigerung der Einnahmen der Urheber

Das schwächste und deshalb hier an letzter Stelle behandelte Argument ist dies, daß die Urheber, begünstigt durch die technische Entwicklung, ihre Einnahmen bisher laufend hätten steigern können und daher auf der Gegenseite auch gewisse Nachteile in Kauf nehmen müßten, welche diese technische Entwicklung mit sich bringe [108]).

Genau genommen handelt es sich hier um die Propagierung eines — nicht von vornherein von der Hand zu weisenden — Vorteilsausgleichs höherer Art. Es stellt sich aber die Frage, ob ein innerer Zusammenhang aufgespürt werden kann, wie er allein die Vorteilsausgleichung zu rechtfertigen vermöchte. Sicherlich knüpft „die technische Entwicklung", global genommen, kein solches Band zwischen Vor- und Nachteilen. Jener Begriff ist überdies kaum erfaßbar und entzieht sich der exakten juristischen Definition. Es gibt auch keinen Grund, der es rechtfertigen könnte, den Urhebern zu ihrem Nachteil dasjenige anzurechnen, was sie durch Ausnutzung der gestiegenen Nachfrage nach Schrift- und Tonwerken sich durch vermehrten Einsatz ihrer Kräfte erworben haben. Überhaupt sind die Urheber durch die technische Entwicklung keineswegs privilegiert worden, vielmehr haben alle Bevölkerungskreise in gleicher Weise aus dieser Entwicklung Nutzen gezogen. Daher scheint es mir im Ansatz verfehlt, den geistig Schaffenden unter Hinweis auf ihre gegen früher im allgemeinen verbesserte wirtschaftliche Lage ein besonderes Opfer abzufordern.

Erwägenswert ist allein, ob die Urheber nicht solche Vorteile zur Ausgleichung zu bringen hätten, die ihn speziell das Tonbandgerät verschafft. Diese Frage kann hier aber auf sich beruhen, denn solche Vorteile lassen sich nicht erkennen.

---

[107]) Wie bei den Beratungen im Bundesrat am 2. Febr. 1962 von dem bayer. Justizminister Dr. Haas geäußert wurde, vgl. Protokoll der 240. Sitzung des Bundesrats am 2. Febr. 1962 S. 2 ff. und Dokumentation in UFITA Bd. 33 (1962) S. 318. Hiergegen Löffler, NJW 1962, 995; Schulze, UFITA Bd. 38 (1962) S. 273.

[108]) So Flume, aaO. (oben Anm. 89); Hefermehl, UFITA Bd. 24 (1957) S. 88; Spitzbarth, NJW 1963, 882.

Ergebnis

Zusammenfassend stelle ich fest, daß meiner Auffassung nach § 54 Entwurf gegen Art. 14 Abs. 1 Satz 2 und Art. 19 Abs. 2 GG verstößt, da das Urheberrecht durch die in jener Vorschrift normierte Freiheit, kostenlos Vervielfältigungsstücke zum persönlichen Gebrauch herzustellen, einschneidender beschränkt wird, als dies mit einer wesensgemäßen Eingrenzung dieses Rechtsinstituts vereinbar ist [109]).

[109]) Nach Fertigstellung des Aufsatzes ist mir ein nicht veröffentlichtes Gutachten von Konrad Zweigert vorgelegt worden, das dieser über die Frage erstattet hat, ob ein Ausschluß der Vergütungspflicht für private Tonbandaufnahmen verfassungsrechtlich eine Enteignung darstellen würde, die ohne Entschädigung unzulässig wäre. Das Gutachten kommt zu dem Ergebnis, daß die Freistellung der privaten Magnettonvervielfältigungen von urheberrechtlichen Ansprüchen den Rahmen der dem Gesetzgeber nach Art. 14 Abs. 1 Satz 2 GG eingeräumten Gestaltungsbefugnis überschreiten würde und daher eine verfassungsrechtlich unzulässige entschädigungslose Enteignung der Urheber und Leistungsschutzberechtigten wäre. Im Text selbst konnte ich die von Zweigert gewonnenen Ergebnisse nicht mehr berücksichtigen, hielt mich hierzu auch nicht berechtigt, da das Gutachten bisher nicht veröffentlicht worden ist. Auch eine Auseinandersetzung mit dem nach Abschluß der vorliegenden Arbeit erschienenen Aufsatz von Flume in UFITA Bd. 39 (1963) S. 1 ff. war nicht mehr möglich.

Der Bereicherungsanspruch im Persönlichkeitsrecht

Von Professor Dr. **Heinrich Hubmann**, Erlangen

Im „Paul-Dahlke-Urteil" hat der Bundesgerichtshof einen Bereicherungsanspruch bei unbefugter Verwendung des Bildnisses eines Schauspielers zu Reklamezwecken gegen die Werbung treibende Firma gewährt [1]). Er begründet diese Entscheidung damit, daß der Schauspieler die Erlaubnis zur Verwendung seines Bildes nach der in Künstlerkreisen weitgehend herrschenden Übung von der Zahlung einer Vergütung hätte abhängig machen können. Diese Vergütung habe die werbende Gesellschaft durch ihr unerlaubtes Vorgehen auf Kosten des Klägers erspart. Hierbei sei unerheblich, daß dem Schauspieler ein Urheberrecht an der Aufnahme nicht zustand und fraglich sein könne, ob er sich ein Entgelt durch eine anderweite Verwertung dieser Aufnahme hätte beschaffen können. Entscheidend sei allein, daß ihm die Honorierung seiner Einwilligung in die tatsächlich durchgeführte Veröffentlichung, die er auf Grund seines Rechts am eigenen Bild hätte verlangen können, vorenthalten worden sei. Der Bereicherungsanspruch solle nicht eine Vermögensminderung im Vermögen des Benachteiligten, sondern einen grundlosen Vermögenszuwachs im Vermögen des Bereicherten ausgleichen. Die Beklagte könne dem Bereicherungsanspruch auch nicht mit Erfolg entgegenhalten, daß sie keine Aufwendungen erspart habe, weil sie bei Kenntnis des Vergütungsanspruches des Klägers sein Bildnis nicht in das Werbeinserat aufgenommen, sondern sich anderweit beholfen hätte. Sie müsse sich vielmehr an der Sachlage, die sie selbst geschaffen habe, festhalten lassen.

Der Bundesgerichtshof geht in dieser Entscheidung nicht näher auf das Problem ein, ob ein Bereicherungsanspruch bei Eingriffen in Persönlichkeitsrechte überhaupt in Frage kommt. Daß bei Verletzung des Rechts am eigenen Bild (§§ 22 ff. KSchG) neben dem bei Verschulden des Verletzers bestehenden Schadenersatzanspruch grundsätzlich auch ein Bereicherungsanspruch möglich ist, der kein Verschulden voraussetzt, hält er offenbar für selbstverständlich, weil das Recht am eigenen Bild im Kunstschutzgesetz geregelt ist und im Urheberrecht seit langem der Bereicherungsanspruch anerkannt ist. Jedenfalls erwähnt er bei seiner Kritik der Ausführungen des Berufungsgerichts, das den Bereicherungsanspruch deshalb abgelehnt hatte, weil die Beklagte nichts „auf Kosten" des

---

[1]) BGHZ 20, 346, 354 f. = UFITA Bd. 22 (1956) S. 361, 368 f.

Schauspielers erlangt habe, das Berufungsgericht habe nicht verkannt, daß auf dem Gebiet des Urheberrechts die Geltendmachung von Bereicherungsansprüchen zulässig ist.

Trotz dieser grundsätzlichen Bejahung des Bereicherungsanspruchs bei unbefugter Bildnisveröffentlichung hat der Bundesgerichtshof aber im „Herrenreiter-Urteil“ [2]) keine Entschädigung aus ungerechtfertigter Bereicherung gewährt. In diesem Fall war das Bild eines Brauereibesitzers, das diesen als Herrenreiter zeigte, von einer Firma zur Werbung für ein Sexualkräftigungsmittel verwendet worden. Der Bundesgerichtshof stellte sich auf den Standpunkt, daß dem Brauereibesitzer zwar ein ideeller Schaden, aber kein irgendwie faßbarer Vermögensschaden entstanden sei. Es könne auch nicht auf Grund der Fiktion eines abgeschlossenen Lizenzvertrages eine Lizenzgebühr zugesprochen werden; denn dabei müßte dem Kläger ein Verhalten unterstellt werden, das er — und nicht nur er, sondern alle anderen in der gleichen beruflichen und gesellschaftlichen Stellung befindlichen Personen — als kränkend und als erneute Persönlichkeitsminderung empfinden müßte. Es müßte nämlich unterstellt werden, daß der Brauereibesitzer sich für viel Geld doch freiwillig in die unwürdige Lage gebracht hätte, gegen die er sich nun wehrt. Ein Bereicherungsanspruch könne also nicht gewährt werden, weil eine vermögensrechtliche Benachteiligung nicht entstanden sei und demzufolge auch eine Vermögensverschiebung als Voraussetzung der in den §§ 812 ff. BGB normierten Ansprüche nicht gegeben sei.

Diese Rechtsprechung des Bundesgerichshofs wirft eine Reihe von Problemen auf: Kann der bei Urheberrechtsverletzungen anerkannte Bereicherungsanspruch überhaupt auf das Recht am eigenen Bild übertragen werden? Besteht ein Bereicherungsanspruch auch bei anderen Persönlichkeitsrechten, insbesondere beim allgemeinen Persönlichkeitsrecht? Von welchen Voraussetzungen ist der Anspruch abhängig und worauf richtet er sich?

Schon bei der Frage, ob ein Bereicherungsanspruch überhaupt bei Persönlichkeitsverletzungen in Betracht kommt, gehen die Meinungen in der Literatur auseinander. *Mestmäcker* [3]) nimmt an, daß weder beim Recht am eigenen Bild noch bei anderen Persönlichkeitsrechten ein Bereicherungsanspruch gegeben sei, weil diese Rechte keinen vermögensrechtlichen Zuweisungsgehalt hätten. *Esser* [4]) steht auf dem Standpunkt, daß jedenfalls bei Verletzun-

---

[2]) BGHZ 26, 349 = UFITA Bd. 25 (1958) S. 452.

[3]) Mestmäcker, Eingriffserwerb und Rechtsverletzung in der ungerechtfertigten Bereicherung, JZ 1958, 521 ff.

[4]) Schuldrecht, 1960, S. 807 f.

gen des allgemeinen Persönlichkeitsrechts ein Bereicherungsanspruch nicht möglich sei, weil das sog. Persönlichkeitsrecht kein konkretes Zuteilungsgut sei. Nur wo es sich konkretisiert habe, wie beim Recht am eigenen Bild (vgl. § 22 KSchG), könne man sagen, daß ein Recht (zur Verbreitung oder Veröffentlichung) ausschließlich dem Abgebildeten zustehe und zugewiesen werde. Nach *Larenz* [5]) setzt der Bereicherungsanspruch bei Eingriffen in absolute Rechte voraus, daß das verletzte Recht seinem Zuweisungsgehalt nach dem Berechtigten gerade die wirtschaftliche Verwertung vorbehalten wolle, was bei Persönlichkeitsrechten nur ausnahmsweise der Fall sei. *Runge* [6]) ist der Auffassung, daß grundsätzlich bei jeder Persönlichkeitsverletzung ein Bereicherungsanspruch gegeben sei, weil das allgemeine Persönlichkeitsrecht und die besonderen Persönlichkeitsrechte, wie das Urheberpersönlichkeitsrecht, sich nicht auf den Bereich des Immateriellen beschränken, sondern sich auch auf vermögensrechtlicher Ebene bewegen. Daher müsse jeder Eingriff automatisch nicht nur die Persönlichkeit, sondern auch deren Vermögen verletzen. *Wilburg* [7]) will den Bereicherungsanspruch jedenfalls bei Eingriffen in solche Güter der Persönlichkeit zugestehen, die vermögensrechtliche Tragweite haben, wie die Arbeitskraft, der Name, die Firma und das eigene Bild.

Diese verschiedenen Stellungnahmen zum Bereicherungsanspruch im Persönlichkeitsrecht legen es nahe, ihn einer näheren Prüfung zu unterziehen. Er kann ja auch außerhalb des Rechts am eigenen Bild praktische Bedeutung gewinnen. Man denke an die Benutzung eines fremden Namens für Werbezwecke oder als Filmtitel, an die Benutzung einer fremden Firma oder eines einen fremden Namen enthaltenden Warenzeichens, an die Verwertung einer originellen und individuellen Filmidee, die noch nicht in eine urheberrechtsfähige Form gebracht wurde [8]), an die Anmaßung der Erfinder- oder Entdeckereigenschaft, an die Verletzung des Urheberpersönlichkeitsrechts, an die Verwertung eines fremden Lebensbildes in Film, Rundfunk und Fernsehen oder schriftstellerischen Erzeugnissen, an die Ausnutzung des geschäftlichen Rufs eines anderen, z. B.

---

[5]) Lehrbuch des Schuldrechts, Bd. II, 1962, S. 328 f.

[6]) In einer Anmerkung zur Paul-Dahlke-Entscheidung (Schulze BGHZ 25, S. 18).

[7]) Die Lehre von der ungerechtfertigten Bereicherung nach österreichischem und deutschem Recht, Graz 1934, S. 43.

[8]) Darüber, daß die individuelle Idee durch das allgemeine Persönlichkeitsrecht geschützt werden muß, vgl. Hubmann, Der Rechtsschutz der Idee in UFITA Bd. 24 (1957) S. 1.

durch vergleichende Werbung, an die Verwertung fremder Geheimnisse, insbesondere Geschäftsgeheimnisse, an die Veröffentlichung fremder Briefe, an die Benutzung von Leistungen ausübender Künstler usw. Soll in all diesen Fällen derjenige, dessen Persönlichkeitsgut rechtsgrundlos verwertet wurde, einen Anspruch auf Herausgabe der Bereicherung, die dem anderen zugeflossen ist, haben?

Der Anspruch kann jedenfalls nur gewährt werden, wenn die Voraussetzungen des § 812 BGB erfüllt sind. In Frage kommt sowohl die Leistungskondiktion wie die condictio wegen „Erwerbs in sonstiger Weise", nämlich die sog. Eingriffskondiktion. Beide Fälle des Bereicherungstatbestandes des § 812 BGB können auf dem Gebiet des Persönlichkeitsrechts nahe beieinander liegen, sind aber doch scharf voneinander zu unterscheiden, da das Merkmal „ohne Rechtsgrund", wie die neuere Lehre mit Recht betont, in beiden Fällen einen verschiedenen Sinn hat. Verkauft eine Schauspielerin ihr Bildnis an eine Illustrierte als Titelbild, ist aber der Kaufvertrag wegen Minderjährigkeit der Abgebildeten nichtig, so kommt die Leistungskondiktion in Betracht; verwendet dagegen ein Dritter das Bildnis für Werbezwecke, so steht nur ein Anspruch wegen Erwerbs „in sonstiger Weise" in Frage. In beiden Fällen liegt eine Verletzung des Rechts am eigenen Bild vor, weil die Veröffentlichung ohne (gültige) Einwilligung erfolgt ist. In beiden Fällen mag auch die Handlungsweise schuldlos sein. In ersterem Fall erlangte jedoch die Illustrierte den Vermögensvorteil, der in der Veröffentlichung des Titelbildes ohne Zahlungsverpflichtung liegt, auf Grund einer Leistung der Schauspielerin. Letztere hat ja ihr Bild gerade zu diesem Zweck zur Verfügung gestellt. Der Dritte dagegen hat den Vorteil, der in der Verwendung des Bildes für Werbezwecke liegt, nicht durch eine Leistung der Schauspielerin, sondern in sonstiger Weise, nämlich durch Eingriff in deren Rechtsphäre, erlangt. Welcher Kondiktionstatbestand ist nun aber gegeben, wenn die Illustrierte das Bildnis, das sie als Titelbild erworben hat, für ein Inserat verwendet? Es wird darauf ankommen, ob diese Verwertung noch dem Leistungszweck, also dem Vertragszweck, entspricht. Liegt sie außerhalb des Leistungszwecks, so ist eine Bereicherung in sonstiger Weise gegeben. Man kann in diesem Fall nicht etwa argumentieren, daß auch dieser Vorteil noch durch die Leistung der Schauspielerin, durch ihre Überlassung des Bildnisses, erlangt sei. Sonst müßte man bei Gültigkeit des Bildnisverkaufs einen Bereicherungsanspruch gegen die Illustrierte immer ablehnen, ganz gleich, wofür diese das Bildnis verwendet, weil ja die Bereicherung durch Leistung erlangt worden sei, diese aber ihren rechtlichen Grund in dem Kaufvertrag habe.

Eine Leistung im Sinne von § 812 BGB ist daher, wie *Esser*[9]) mit Recht darlegt, nur die zweckgerichtete, bewußte Mehrung fremden Vermögens. Die Leistungskondiktion ist somit bei Benutzung von fremden Persönlichkeitsgütern nur gegeben, wenn diese bewußt zur Verfügung gestellt wurden und sich die Verwertung im Rahmen des Leistungszweckes hält. Sie kommt z. B. in Betracht, wenn die Arbeitskraft für jemand eingesetzt wurde, wenn eine künstlerische Leistung für einen Filmproduzenten, für einen Schallplattenhersteller, für den Rundfunk usw. erbracht wurde, wenn Briefe zur Veröffentlichung überlassen wurden, wenn ein Geheimnis zur Verwertung mitgeteilt wurde, überhaupt wenn eine (unwirksame) Einwilligung zur Benutzung des Persönlichkeitsgutes erteilt wurde.

Welche Kondiktion hat nun der Verletzte, wenn sein Persönlichkeitsgut von einem Nichtberechtigten einem anderen zu bestimmter Nutzung überlassen wird? Zum Beispiel die Illustrierte stellt in unserem obigen Fall das Bildnis unbefugt einer anderen Firma für Werbezwecke zur Verfügung. Die Abgebildete kann sich hier nicht auf die Leistungskondiktion, sondern nur auf die Eingriffskondiktion berufen. Die Überlassung des Bildnisses durch die Illustrierte und die darin liegende Erlaubniserteilung zur Benutzung für Werbezwecke ist hinsichtlich des Persönlichkeitsgutes keine für die Schauspielerin wirkende Leistung. Letztere könnte daher auch nicht von der Illustrierten nach § 816 BGB die Herausgabe des Erlangten fordern. Wohl aber liegt ein Eingriff vor, und zwar von seiten der Werbung treibenden Firma wegen unbefugter Veröffentlichung und möglicherweise von Seiten der Illustrierten wegen unbefugter Verbreitung (vgl. §§ 22 KSchG).

Einige weitere Beispiele mögen die Unterscheidung zwischen Leistungs- und Eingriffskondiktion verdeutlichen. Ist bei einer Filmaufnahme der Vertrag zwischen einem Schauspieler und dem Filmhersteller nichtig, so hat ersterer gegen den letzteren die Leistungskondiktion, dagegen kommt gegen das Filmtheater, das den Filmstreifen vorführt, nur die Eingriffskondiktion in Frage[10]). Trägt

---

[9]) aaO. S. 779; vgl. auch Scheyhing, Leistungskondiktion und Bereicherung „in sonstiger Weise“, AcP 157, 371; Kötter, Die Rechtsnatur der Leistungskondiktion, AcP 153, 193.

[10]) Wird der Schauspieler vom Filmproduzenten entschädigt, so entfällt natürlich ein Anspruch gegen den Filmtheaterbesitzer, weil die Vorführung dann nicht mehr „auf Kosten“ des Schauspielers erfolgt. Dieser ist ja für die Vorführung mit entschädigt worden.

ein Sänger auf Grund nichtigen Vertrags mit dem Konzertunternehmer bei einer Veranstaltung ein Lied vor, so hat er gegen diesen die Leistungskondiktion, nimmt dagegen ein Zuhörer unbefugt seinen Gesang auf Tonband auf, so kommt gegen diesen nur die Eingriffskondiktion in Frage [11]).

Die Unterscheidung zwischen den beiden Kondiktionsarten ist, wie bereits angedeutet, deshalb wichtig, weil das Merkmal „ohne rechtlichen Grund" einen verschiedenen Sinn hat. Bei der Leistungskondiktion bedeutet es, daß ein rechtfertigendes Rechtsverhältnis, ein gültiges Schuldverhältnis oder eine gültige Rechtsgrundabrede, fehlt [12]). Sie ist daher gegeben, wenn der Vertrag, auf Grund dessen das Persönlichkeitsgut zur Benutzung überlassen oder die Einwilligung zur Verwertung erteilt wurde, nichtig ist.

Die Leistungskondiktion setzt voraus, daß die Bereicherung auf Kosten des Leistenden erfolgt ist. Die Leistung muß daher einen Vermögenswert für ihn haben [13]). Dies ist in der Regel dann ohne weiteres zu bejahen, wenn in der ungültigen Rechtsgrundabrede eine Vergütung festgelegt war. Aber auch wo dies nicht der Fall war, ist der Leistende entreichert, wenn eine Vergütung für die Überlassung des Persönlichkeitsgutes in einem derartigen Fall üblich ist. Dies gilt nicht nur für die Erbringung von Arbeitsleitungen [14]), sondern auch für die Überlassung sonstiger Persönlichkeitsgüter; denn auf die Art des geleisteten Gutes stellt die Leistungskondiktion nicht ab. Die Vermögensverschiebung ergibt sich hier bereits aus der Leistung. Es kommt also nicht darauf an, ob das Gut Vermögenswert hat, sondern ob die Leistung einen solchen besitzt, ob sie im allgemeinen nur gegen Vergütung erfolgt. Eine gewisse Einschränkung des Bereicherungsanspruchs ergibt sich aber aus § 817 Satz 2. Die Überlassung des Persönlichkeitsgutes darf nicht sittenwidrig sein und nicht gegen ein gesetzliches Verbot verstoßen.

Für die Frage, an wen sich der Leistende halten kann, ergibt sich aus dem von der Rechtsprechung aufgestellten Erfordernis der Unmittelbarkeit der Vermögensverschiebung, daß er nur denjenigen in Anspruch nehmen kann, dem er ohne Rechtsgrund

[11]) Erhält der Sänger vom Konzertunternehmer seine Gage, so kann er trotzdem noch gegen den Zuhörer vorgehen, weil die Gage für den unberechtigten Mitschnitt nicht entschädigen soll.

[12]) Vgl. Larenz, aaO. S. 322; Esser, aaO. S. 778; v. Caemmerer, Bereicherung und unerlaubte Handlung, in Festschrift für Ernst Rabel, Bd. I. 1954, S. 333 ff., 343.

[13]) Vgl. BGH in LM § 812 Nr. 6.

[14]) Vgl. Larenz, aaO. S. 328.

geleistet hat [15]), nicht einen Dritten, der dann die Leistung weiter auswertet. Wird z. B. ein ausübender Künstler auf Grund nichtigen Vertrags für einen Konzertunternehmer tätig und wird seine Leistung von einem Dritten auf Tonband aufgenommen, so kann er die Leistungskondiktion nur gegen den Unternehmer, nicht gegen den Dritten geltend machen.

Wir haben bisher gesehen, daß die Leistungskondiktion bei allen Persönlichkeitsgütern in Frage kommen kann, sofern der Berechtigte die Benutzung seines Persönlichkeitsgutes einem andern gestattet hat und entweder in der ungültigen Rechtsgrundabrede ein Entgelt vereinbart wurde oder ein Entgelt in solchen Fällen üblich ist. Dagegen kommt ein Anspruch wegen Bereicherung „in sonstiger Weise" nur bei Eingriffen in einzelne Persönlichkeitsrechte in Betracht.

Das Tatbestandsmerkmal „ohne rechtlichen Grund" in § 812 BGB bedeutet bei der Eingriffskondiktion etwas anderes als bei der Leistungskondiktion. Bei Eingriffen fehlt immer ein rechtfertigendes Rechtsverhältnis. Die Unrechtmäßigkeit der Bereicherung liegt aber nicht ohne weiteres in der Rechtswidrigkeit des Eingriffs. Die neuere Lehre betont im Anschluß an *Wilburg* [16]) mit Recht, daß es nicht darauf ankommt, ob der die Bereicherung bewirkende Vorgang selbst rechtswidrig war, sondern darauf, ob der neue Vermögensstand gerechtfertigt ist, ob also der Vermögenszuwachs auf Grund der rechtlichen Güterzuordnung dem Bereicherten oder einem anderen gebührt [17]).

Bei der Bereicherung durch Eingriff in Persönlichkeitsrechte ist also zu prüfen, ob das verletzte Persönlichkeitsrecht dem Berechtigten den wirtschaftlichen Vorteil, der dem Verletzer zugeflossen ist, zuordnen will oder nicht.

Hier ist zwischen dem allgemeinen Persönlichkeitsrecht einerseits und den gesetzlich geregelten Persönlichkeitsrechten andererseits zu unterscheiden. Das allgemeine Persönlichkeitsrecht hat keinen vermögensrechtlichen Zuweisungsgehalt, es will keine Verteilung wirtschaftlicher Vorteile vornehmen, sondern dem Anspruch des einzelnen auf Achtung seiner Menschenwürde und seiner Persönlichkeit zum Durchbruch verhelfen. Zwar kann der Abwehranspruch

---

[15]) Vgl. v. Caemmerer, aaO. S. 351; Wilburg, aaO. S. 113.

[16]) aaO. S. 27 ff.

[17]) v. Caemmerer, aaO. S. 353 ff.; v. Lübtow, Beiträge zur Lehre von der Condictio nach römischem und geltendem Recht, 1952, S. 25; Esser, aaO. S. 806 f; Larenz, aaO. S. 327; vgl. auch Heck, Schuldrecht, 1929, S. 421.

auch geltend gemacht werden, wenn er mehr der Verfolgung materieller als ideeller Interessen dient, oder wenn er das Ziel verfolgt, andere von einer wirtschaftlichen Nutzung des geschützten Persönlichkeitsgutes abzuhalten. Jedoch soll nicht dem Inhaber des Persönlichkeitsgutes eine finanzielle Verwertung vorbehalten oder gesichert werden. Das allgemeine Persönlichkeitsrecht ist nicht zur Kommerzialisierung bestimmt. Dies ergibt sich klar aus der Gegenüberstellung der Art. 1 und 2 GG einerseits und Art. 14 GG andererseits. Die Art. 1 und 2 GG dienen der Wahrung der Personwerte, Art. 14 GG dagegen dient der Garantie der Vermögensrechte. Nach Art. 14 Abs. 2 GG werden Inhalt und Schranken des Eigentums und damit der Vermögensrechte durch das Gesetz bestimmt. Es ist also dem Gesetzgeber vorbehalten zu bestimmen, inwieweit ein Vermögensvorteil dem einen oder anderen gebührt. Im übrigen gilt die Freiheit des Vermögenserwerbs, d. h. ein wirtschaftlicher Vorteil steht grundsätzlich demjenigen zu, der ihn erworben hat. Die Art. 1 und 2 GG wollen nicht eine Vermögensverteilung oder -zuweisung vornehmen, aus ihnen dürfen daher keine Vermögensrechte oder Verwertungsbefugnisse abgeleitet werden.

Diese Beschränkung, die den Art. 1 und 2 GG innewohnt, verbietet es, den Bereicherungsanspruch auf Eingriffe in das allgemeine Persönlichkeitsrecht anzuwenden. Während also bei schuldhaften Verletzungen des allgemeinen Persönlichkeitsrechts ein Schadensersatzanspruch besteht, darf der schuldlose Verletzer den erlangten Vermögensvorteil behalten. Dieser fällt unter den Grundsatz der Freiheit des Vermögenserwerbs. Dieses Ergebnis erscheint auch deshalb notwendig, weil das allgemeine Persönlichkeitsrecht schwer abgrenzbar ist. Wollte man an jeden Eingriff die Verpflichtung zur Herausgabe des Erwerbs knüpfen, so würde dies zu einer für das Wirtschaftsleben kaum tragbaren Unsicherheit führen. Ein Dichter oder Drehbuchautor z. B., der eine originelle Idee eines anderen in einem Roman, in einem Drehbuch verwertet, braucht die Bereicherung nicht herauszugeben, falls ihn kein Schuldvorwurf trifft. Dasselbe gilt von demjenigen, der urheberrechtlich nicht geschützte Briefe, die er erhalten hat, in einem Buch veröffentlicht oder ein fremdes Lebensbild beschreibt. Auch bei der Zweitverwertung der Leistung eines ausübenden Künstlers besteht kein Bereicherungsanspruch, soweit nicht Vorschriften des LitUG oder KSchG verletzt sind.

Etwas anderes gilt jedoch für Bereicherungen aus Eingriffen in gesetzlich geregelte Persönlichkeitsrechte. Hier ist die von Art. 14

GG geforderte Voraussetzung, daß Inhalt und Schranken des Rechts durch das Gesetz festgelegt werden, erfüllt, es entfällt somit das Bedenken, daß durch die Verpflichtung zur Herausgabe der Bereicherung die Rechtsicherheit gefährdet würde. Man kann auch nicht einwenden, daß allen Persönlichkeitsrechten, auch den gesetzlich geregelten, ein vermögensrechtlicher Zuweisungsgehalt fehle [18]). Wo das Gesetz dem einzelnen ein Gut zuweist und gegen Eingriffe schützt, tut es dies zu beliebiger Nutzung, nicht nur zu ideeler, sondern auch zu wirtschaftlicher und umgekehrt. Das Eigentum z. B. gewährt nicht nur die wirtschaftliche, sondern auch die ideelle Nutzung der Sache; ebenso ermöglicht das Recht am eigenen Bild es dem Berechtigten, sein Bildnis nach Belieben veröffentlichen zu lassen oder nicht, gleichgültig ob er ideelle oder finanzielle Zwecke verfolgt [19]). Man wird *Mestmäcker* nicht zustimmen können, wenn er meint, die Frage nach einer Güterzuweisung könne für ein Recht erst gestellt werden, wenn es soweit verselbständigt ist, daß es eine von der Person lösbare Rechtsmacht gegen Dritte vermittelt. Das Gesetz kann auch Vermögensvorteile gewähren, ohne sie übertragbar auszugestalten (vgl. §§ 847 Abs. 1 Satz 2, 1300 Abs. 2 BGB).

Die Eingriffskondiktion ist jedenfalls bei denjenigen Persönlichkeitsrechten gegeben, bei denen das Gesetz dem Berechtigten absolute Befugnisse gewährt. Dies ist außer beim Recht am eigenen Bild (§ 22 ff. KSchG) der Fall beim Urheberpersönlichkeitsrecht (§§ 9 LitUG, 12, 13, KSchG), beim Namensrecht (§ 12 BGB), beim Firmenrecht (§ 17 ff. HGB, 16 UnlWG) und beim Warenzeichenrecht, soweit dieses einen Namen enthält [20]).

Fraglich kann sein, ob auch die gesetzliche Regelung von Persönlichkeitsrechten durch Schutzvorschriften ausreicht, um bei Verstoß hiergegen einen Bereicherungsanspruch zu begründen. Kann z. B. bei Verletzung der Geheimsphäre durch Verstoß gegen §§ 17 ff. UnlWG, bei Verletzung der Ehre und des Rufes eines anderen durch Verstoß gegen §§ 185 ff. StGB, §§ 14 und 15 UnlWG, oder bei Verletzung der Erfinderehre (§§ 26 Abs. 6 und 7, 36 PatG) ein Bereicherungsanspruch erhoben werden? Man wird die Frage bejahen müssen. Auch diese Schutzvorschriften wollen ein bestimmt

---

[18]) So Mestmäcker JZ 1958, 525.

[19]) Mit Recht nimmt Esser, aaO. S. 807 f. beim Recht am eigenen Bild einen vermögensrechtlichen Zuweisungsgehalt an; ebenso Kleinheyer, Eingriffsbereicherung durch unbefugte Nutzung und Wertersatz, JZ 1961, 477 Anm. 35.

[20]) Soweit das Warenzeichenrecht keinen Namen enthält, ist es reines Immaterialgüterrecht und gehört daher nicht in den Rahmen dieser Untersuchung.

umgrenztes Gut: das Geheimnis, die Ehre, den geschäftlichen Ruf, die Erfinderehre, einem Berechtigten zur Wahrung seiner ideellen Interessen, aber auch der damit verbundenen materiellen Interessen zuweisen [21]). Soweit aus diesen Gütern Vermögensvorteile entstehen, gebühren sie nach den erwähnten Vorschriften dem Berechtigten.

Nun kann aber nicht jeder Eingriff in ein gesetzlich geregeltes und geschütztes Persönlichkeitsgut zu einem Bereicherungsanspruch führen, sondern nur ein solcher, bei dem das fremde Gut benutzt und verwertet wird; denn nur dann liegt eine unmittelbare Vermögensverschiebung, wie sie von der Rechtsprechung gefordert wird, vor [22]). Wer z. B. eine Geheimnisverletzung im Sinne von § 17 Abs. 2 UnlWG begeht, indem er ein fremdes Geschäftsgeheimnis unbefugt verwertet, ist herausgabepflichtig; denn er ist unmittelbar aus dem fremden Geheimnis bereichert. Wer dagegen eine Geheimnisverletzung im Sinne von § 17 Abs. 1 UnlWG begeht, indem er ein fremdes Geschäftsgeheimnis verrät, ist bezüglich des Entgelts, das er von demjenigen, dem er das Geheimnis mitgeteilt hat, erhalten hat, nicht nach § 812 BGB herausgabepflichtig; denn er hat das Entgelt nicht unmittelbar aus dem Geheimnis erlangt. Wer einen fremden Namen unbefugt für seine Geschäftszwecke verwendet, ist unmittelbar aus dem fremden Gut bereichert und daher herausgabepflichtig. Wer dagegen einem anderen Kaufmann unberechtigterweise das Recht zur Führung eines bestimmten Namens bestreitet, so daß dessen Kunden verwirrt werden und zu ihm übergehen, verwertet kein fremdes Gut — die Kundschaft ist ja nicht einem bestimmten Kaufmann zugeordnet — und haftet daher nicht aus § 812 BGB. Bei Eingriffen in die Ehre könnte ein Bereicherungsanspruch nur dann gegeben sein, wenn der Eingriff in der Ausnutzung des fremden Rufes liegt; jedoch wird in diesem Fall kaum ein Tatbestand der §§ 185 ff. StGB oder der §§ 14, 15 UnlWG erfüllt sein, sondern es wird ein Verstoß gegen § 1 UnlWG vorliegen. Letztere Vorschrift stellt jedoch keine Zuweisungsnorm dar, sie will nicht Güter zuteilen und sagt nichts darüber aus, wem der durch sittenwidriges Verhalten erlangte Vermögensvorteil gebührt. Dagegen kann eine Bereicherung aus fremdem Gut gegeben sein bei Verletzung der Erfinderehre durch Anmaßung der Erfinderschaft.

---

[21]) Ebenso Wilburg, aaO. S. 44 für die Rechtsätze, die das Vermögen schützen, z. B. die Vorschriften über den Betrug (unter Berufung auf RG in DJZ 1913, 530), und für die Normen des Wettbewerbsrechts; a. A. v. Caemmerer, aaO. S. 398.

[22]) Vgl. Esser, aaO. S. 806.

Auch wenn dem Erfordernis der Unmittelbarkeit der Vermögensverschiebung genügt ist, löst noch nicht jede Benutzung eines fremden, gesetzlich geschützten Persönlichkeitsgutes einen Bereicherungsanspruch aus. Der Vermögensvorteil muß nämlich auch auf Kosten des anderen Teils erlangt sein. Nun wird gesagt, daß das Tatbestandsmerkmal „auf Kosten" richtig verstanden nicht auf eine Vermögensminderung, sondern auf eine Rechtsbeeinträchtigung hindeute [23]). Der durch Eingriff in ein fremdes Recht erlangte Erwerb sei eben dann „auf Kosten" des Berechtigten gemacht, wenn, auch ohne daß ihn der Berechtigte sonst tatsächlich gemacht hätte, sein ausschließliches Recht auf Gebrauch oder Nutzung dadurch beeinträchtigt worden sei [24]). Dieser Ansicht ist zuzustimmen für Vermögensrechte wie Sachen- und Immaterialgüterrechte; denn ein Eingriff in ein Vermögensrecht bedeutet immer eine Beeinträchtigung der Vermögensposition, auch wenn der Beeinträchtigte nicht gerade einen Schaden, eine Vermögensminderung. erlitten hat. Bei Eingriffen in Persönlichkeitsrechte kann dies jedoch nicht generell gesagt werden. Das Persönlichkeitsrecht stellt nicht ohne weiteres einen Vermögenswert dar, sondern es kommt auf den Einzelfall an. Der Bundesgerichtshof hat daher mit Recht [24]a) bei Verletzung des Rechts am eigenen Bild auf den Einzelfall abgestellt und den Bereicherungsanspruch nur dort gewährt, wo — wie im Paul-Dahlke-Fall — die erteilte Erlaubnis zur Benutzung des Persönlichkeitsgutes gegen Entgelt üblich ist, und hat den Bereicherungsanspruch abgelehnt, wo — wie im Herrenreiter-Fall — eine Erlaubniserteilung gegen Entgelt gar nicht in Frage kommt. Ist die Erlaubniserteilung gegen Entgelt üblich und nicht etwa wegen Sittenwidrigkeit unzulässig, so besitzt das betreffende Persönlichkeitsrecht einen Vermögenswert; ebenso wie bei Eingriffen in Vermögensrechte ist daher der Bereicherungsanspruch auch dann gegeben, wenn der Entreicherte sein Recht nicht in der betreffenden Weise genutzt hätte.

Ist nach den bisherigen Ausführungen die Leistungskondiktion oder die Eingriffskondiktion begründet, so erhebt sich die Frage, was der Berechtigte, dessen Persönlichkeitsgut rechtsgrundlos benutzt wurde, herausverlangen kann. Nach § 812 BGB bezieht sich der Herausgabeanspruch in erster Linie auf das Erlangte. Sollte also z. B. der Berechtigte sein Persönlichkeitsgut in einer Verkörperung,

---

[23]) Esser, aaO. S. 806.

[24]) Larenz, aaO. S. 329.

[24]a) A. A. Bötticher, AcP Bd. 158 S. 403 ff.

etwa in einem Bildnis, einem anderen übergeben haben, so kann er von diesem die Verkörperung herausverlangen. Hat dagegen der Kondiktionsschuldner selbst die Bildaufnahme gemacht, so wird der Berechtigte nicht die Herausgabe des Bildes, sondern nur dessen Vernichtung verlangen können; denn das Material hat der Schuldner selbst zur Verfügung gestellt, nur das Bild hat er erlangt. Er gibt es zurück, indem er den früheren Zustand wiederherstellt, also die Aufnahme vernichtet. Die Rückgabepflicht erstreckt sich nach § 818 Abs. 1 BGB auf die gezogenen Nutzungen, also die Nutzungen des Persönlichkeitsrechts. Häufig besteht das Erlangte nur in diesen Nutzungen. Streitig ist nun, ob in solchen Fällen, in denen die Bereicherung in der Nutzung eines Rechts, z. B. eines Urheberrechts, besteht, nur das übliche Entgelt, insbesondere die übliche Lizenzgebühr, oder der erzielte Gewinn herauszugeben ist [25]). Der Begriff der Nutzungen umfaßt nach § 100 BGB die Rechtsfrüchte und die Vorteile, die durch den Gebrauch, also durch die Ausübung des fremden Persönlichkeitsrechts erlangt wurden. Dazu gehört nicht der ganze, wohl aber ein Teil des Gewinns [26]), den der Kondiktionsschuldner gehabt hat. Nicht durch die Ausübung des fremden Persönlichkeitsrechts erlangt ist der Teil des Gewinns, der auf der eigenen Leistung und den Betriebseinrichtungen des Bereicherten beruht [27]). Der restliche Gewinn besteht zumindest in dem ersparten Entgelt. Es stellt den Wert der ausgeübten persönlichkeitsrechtlichen Befugnis dar, und dieser Wert ist dem Bereicherten in jedem Falle zugeflossen. Daher kann der Bereicherungsschuldner, wie der Bundesgerichtshof [28]) mit Recht betont, mit dem Einwand nicht gehört werden, er hätte bei Kenntnis der Sachlage das fremde Persönlichkeitsgut nicht genutzt, sondern sich anderweitig beholfen. Der Verletzer müsse sich an der Sachlage, die er selbst geschaffen habe, festhalten lassen. Dies deshalb, weil er sich durch seine Handlungsweise eben den Wert der fremden Befugnis, der in der Lizenzgebühr ausgedrückt wird, verschafft hat; er ist also darum bereichert. Der Anspruchsberechtigte kann somit zumindest

---

[25]) Vgl. Ulmer, Urheber und Verlagsrecht, 1960, S. 407; v. Caemmerer, aaO. S. 356; L. Gieseke, GRUR 1958, 17; Mestmäcker, aaO.

[26]) Für ein Unternehmen hat der BGH (LM § 818 Abs. 2 Nr. 7) ausdrücklich ausgesprochen, daß der Gewinn zu den Nutzungen gehört. Dasselbe muß auch für den Gewinn gelten, der aus der Verwertung eines Rechts gezogen wird. Da somit § 818 Abs. 1 eingreift, kommt ein Wertersatz nach § 818 Abs. 2 — in der Regel jedenfalls — nicht in Betracht.

[27]) Vgl. Esser, aaO. S. 817; BGH in LM § 818 Abs. 2 Nr. 7; BGHZ 7, 217 f.

[28]) BGHZ 20, 355 = UFITA Bd. 22 (1956) f. 369.

diese ersparte Lizenzgebühr verlangen. Der Schuldner kann demgegenüber nicht einwenden, daß er nicht mehr bereichert sei; denn auch wenn er im Endergebnis keinen Gewinn erzielt oder vielleicht sogar einen Verlust gehabt hat, so hat er doch diesen Betrag erspart. Ihn hätte er ja bei ordnungsgemäßem Vorgehen schon bei Beginn der Nutzung zahlen müssen.

Dagegen ist der Einwand des Wegfalls der Bereicherung möglich, soweit mehr als die ersparte Lizenzgebühr verlangt wird. Der Bereicherungsschuldner kann also einwenden, daß ihm nach Abzug des auf seine eigene Leistung und auf seine Betriebseinrichtungen entfallenden Gewinnanteils und der Lizenzgebühr kein Überschuß verbleibe. Ist ihm jedoch ein solcher Überschuß verblieben, so kann ihn der Anspruchsberechtigte nur dann herausverlangen, wenn dieser Gewinn auf seine Kosten erlangt wurde, wenn also der Entreicherte wenigstens eine sichere Erwerbsaussicht auf Erzielung eines solchen Gewinns hatte [29]). Hat z. B. ein Schauspieler eine künstlerische Leistung auf Grund eines nichtigen Vertrages für einen Filmhersteller erbracht, so kann er als ungerechtfertigte Bereicherung nur verlangen, was er als Entgelt fordern konnte. Er kann aber nicht darüber hinaus eine Gewinnherausgabe verlangen; denn, da er keinen Gewerbebetrieb hat, kommt für ihn eine Gewinnerzielung nicht in Betracht. Dasselbe gilt bei der Eingriffskondiktion. Auch hier kann vom Verletzten über die Lizenzgebühr hinaus nur der Gewinn herausverlangt werden, der von ihm selbst erzielt werden konnte [30]).

Wir kommen also für den Bereicherungsanspruch im Persönlichkeitsrecht zu folgenden Ergebnissen:

Die Leistungskondiktion ist gegeben, wenn der Berechtigte sein Persönlichkeitsgut einem anderen ohne rechtfertigendes Schuldverhältnis, insbesondere auf Grund nichtigen Vertrages, durch eine zweckgerichtete, bewußte Handlung, insbesondere durch ausdrückliche oder stillschweigende Erlaubniserteilung, überläßt. Sie ist bei allen Persönlichkeitsrechten möglich unter der Voraussetzung, daß

---

[29]) Der Ausdruck „auf dessen Kosten" wurde von der II. Kommission gewählt statt des Begriffs „aus dessen Vermögen"; es sollten dadurch auch die Fälle erfaßt werden, in denen das Erlangte noch nicht zum Vermögen des Entreicherten gehörte, aber von ihm ohne den die Vermögensverschiebung bewirkenden Umstand erworben worden wäre, in denen er also eine sichere Erwerbsaussicht hatte (vgl. Enneccerus-Lehmann, Recht der Schuldverhältnisse, 1958, S. 877; Larenz, aaO. S. 328).

[30]) So mit Recht Ulmer, aaO. S. 407; L. Gieseke, aaO.; dagegen lehnen andere (so v. Caemmerer, aaO. S. 356; Larenz, aaO. S. 329, Fußnote 1), eine Gewinnherausgabe in jedem Falle ab.

die Leistung einen Vermögenswert hat, d. h. daß die Überlassung üblicherweise gegen Entgelt erfolgt oder ein Entgelt vereinbart war. Darauf, ob das Persönlichkeitrecht einen Vermögenswert hat, kommt es nicht an.

Die Eingriffskondiktion ist dagegen nur gegeben bei Benutzung von Persönlichkeitsgütern, die gesetzlich besonders geschützt sind, nicht bei solchen, die nur unter das allgemeine Persönlichkeitsrecht fallen. Sie setzt voraus, daß das Persönlichkeitsrecht Vermögenswert hat, daß also das Persönlichkeitsgut üblicherweise nur gegen Entgelt überlassen wird.

Der Anspruch kann jedenfalls auf Zahlung der ersparten Lizenzgebühr gerichtet werden. Ein darüber hinausgehender Gewinn kann herausverlangt werden, soweit er vom Berechtigten gezogen werden konnte und nicht auf die Tätigkeit und Betriebseinrichtungen des Bereicherten entfällt.

Probleme des Theaterarbeitsrechts

Von Prof. Dr **Neumann-Duesberg**, Göttingen

Das Rechtsverhältnis zwischen einem Theaterdirektor/Regisseur und dem Theaterträger weist besondere arbeitsvertragliche Aspekte auf. Namentlich können sich aus der fristlosen Entlassung eines Theaterdirektors und Regisseurs in Verbindung mit dessen Nichtbeschäftigung rechtliche Zweifelsfragen ergeben.

Hierfür bietet das Urteil des Landesarbeitsgerichts Berlin vom 4. Mai 1961 [1]) reiches Anschauungsmaterial. Zur Klärung der eingreifenden Probleme auf dem Gebiet des Theaterarbeitsrechts sei an dieses Urteil angeknüpft:

Im genannten Berliner Fall wurde der Kläger von der beklagten Theatergesellschaft für ein Berliner Theater als Theaterdirektor (Mitdirektor) und Regisseur vertraglich (am 1. Juni 1959) angestellt. Seine Tätigkeit führte aber zu Differenzen zwischen ihm und der Beklagten. Im Verlauf der Zerwürfnisse bot der Kläger wiederholt seinen Rücktritt an. So stellte er bereits einige Monate nach Vertragsschluß sein „Amt zur Verfügung" und erneuerte in einer Vorstandssitzung seine Bereitwilligkeit zum sofortigen Ausscheiden. Jedoch nahm er am nächsten Tag das Rücktrittsgesuch wieder zurück. Nach zwei weiteren Tagen (am 19. Januar 1960) beschloß der Vor-

[1]) UFITA Bd. 37 (1962) S. 241 ff. Auszugsweise in ArbuR (Arbeit und Recht) 1962, 126 ff.

stand die fristlose Entlassung des Klägers. Daraufhin wurde dieser „auf Grund zahlreicher rechtlicher, persönlicher, wirtschaftlicher und künstlerischer Erwägungen“, die nach Ansicht der Beklagten seine Weiterbeschäftigung unzumutbar machten, fristlos entlassen.

Der Kläger erhob Kündigungsschutzklage. Ferner verlangte er Schadenersatz wegen Nichtbeschäftigung für die Zeit bis zum 31. August 1961. Außerdem klagte er auf Widerruf bestimmter ehrenrühriger Behauptungen. Schließlich begehrte er Veröffentlichung des ganzen Urteils im Fall des Obsiegens.

In der ersten Instanz (ArbG Berlin) wurde die fristlose Entlassung für unwirksam erklärt, der übrige Teil der Klage aber abgewiesen. Das Landesarbeitsgericht Berlin trat der Entscheidung hinsichtlich der Unwirksamkeit der fristlosen Entlassung bei, billigte dem Kläger 18 000,— DM Schadenersatz zu, verurteilte die Beklagte zum Widerruf einer Behauptung und erkannte auf Veröffentlichungsbefugnis bezüglich des Widerrufs. Das Urteil wurde rechtskräftig.

Dieses Urteil und seine Besprechung durch Erich *Frey* [2]) geben zu einigen rechtlichen Bemerkungen Anlaß.

I. Theaterdirektor und Regisseur als Arbeitnehmer

Nach § 2 Abs. 1. Nr. 2 ArbGG sind die Arbeitsgerichte ausschließlich zuständig für bürgerliche Rechtsstreitigkeiten zwischen Arbeitnehmern und Arbeitgebern aus dem Arbeitsverhältnis bzw. über das Bestehen oder Nichtbestehen eines Arbeitsverhältnisses. § 5 Abs. 1 Nr. 3 ArbGG nimmt zwar Organmitglieder, aber nicht leitende Angestellte von der arbeitsgerichtlichen Zuständigkeit aus, selbst wenn es sich um Prokuristen oder um Personen mit der Berechtigung zur selbständigen Einstellung oder Entlassung von Arbeitnehmern handelt. Die Abgrenzung der leitenden Angestellten im Betriebsverfassungsgesetz (§ 4 Abs. 2 c BetrVG) und im Kündigungsschutzgesetz (§ 12 c KSchG) ist also für die arbeitsgerichtliche Zuständigkeit ohne Belang. Demgemäß kann der arbeitsgerichtliche Arbeitnehmerbegriff auch auf Theaterleiter und Regisseure zutreffen, falls sie in einem Arbeitsverhältnis mit persönlicher Abhängigkeit stehen. Sogar ein Chefarzt [3]) und ein Filmstar [4]) können

---

[2]) ArbuR 1962, 126 ff. (127/8).

[3]) BAG AP Nr. 24 zu § 611 BGB Stichwort „Ärzte, Gehaltsansprüche“ (Molitor) = SAE 1962, 86 (Herschel) = NJW 1961, 2085.

[4]) Herschel, UFITA Bd. 36 (1962) S. 115 ff., 121, gegen Gerhard Müller, UFITA Bd. 28 (1959) S. 134 ff., 144 = Heft 15 der Schriftenreihe der UFITA, Aktuelles Filmrecht, Bd. II (1959) S. 163; ferner Bundeskartellamt, WuW (Wirtschaft und Wettbewerb) 1962, 716 und UFITA Bd. 38 (1962) S. 234 unter Ablehnung von G. Müller. Zur Frage, ob Bühnenintendanten Arbeitnehmer sind, vgl. A. Hueck, RdA 1956, 45 ff. (47 ff.).

Arbeitnehmer sein. Die „Zuständigkeit des Arbeitsgerichts" ist in einem solchen Fall also gegeben.

Falls der Kläger als Mitdirektor des Theaters zur selbständigen Einstellung oder Entlassung von Arbeitnehmern berechtigt war, galten für ihn aber nicht die Vorschriften des „Kündigungsschutzgesetzes" (§ 12 KSchG). Insbesondere brauchte er dann nicht binnen drei Wochen seit Kündigungszugang Klage auf Feststellung der Unwirksamkeit der fristlosen Entlassung zu erheben [5]).

II. Zurverfügungstellung des Amts

Was bedeutet die Erklärung des Klägers, er stelle sein Amt (als Theaterdirektor und Regisseur) zur Verfügung?

1. Eine „Amtsniederlegung" gibt es nicht im Arbeitsvertragsrecht. Zwar kann z. B. ein Betriebsratsmitglied sein Amt niederlegen, wodurch die Mitgliedschaft im Betriebsrat endet [6]). Jedoch ist einem Arbeitnehmer die Niederlegung des Amtes nicht möglich, weil er im privatrechtlichen Arbeitsverhältnis steht, und zwar auch dann, wenn er bei einem öffentlichen Theaterträger tätig ist.

2. In den Worten des Klägers, er stelle sein Amt zur Verfügung, liegt auch keine Kündigung seitens des Klägers.

3. Im Gegensatz zu *Frey* [7]) möchte ich ferner nicht annehmen, daß der Kläger mit seiner Erklärung die Beklagte veranlassen wollte, ihm zu kündigen. Erst recht kann ich *Frey* nicht beipflichten, der Kläger habe im voraus eine von der Beklagten auszusprechende Kündigung angenommen und auf Rechtsbehelfe gegen solche Kündigung verzichtet. Einmal braucht eine Kündigung als einseitige Gestaltungserklärung nicht angenommen zu werden. Zum anderen entspräche eine fristlose Entlassung des Klägers nicht dessen Interesse und Willen, so daß die Zurverfügungstellung durch den Kläger nicht als Aufforderung zur (fristlosen) Kündigung angesehen werden kann.

4. Vielmehr erblicke ich in der Zurverfügungstellung des Amts durch den Kläger und im Rücktrittsgesuch nur eine Offerte zu einem Aufhebungsvertrag. Die Beklagte hat diese Offerte nicht angenommen, so daß eine gütliche einverständliche Lösung des Arbeitsverhältnisses nicht erfolgt ist. Statt dessen wurde der Kläger fristlos entlassen.

---

[5]) § 11 Abs. 1 Satz 2 KSchG.

[6]) § 24 BetrVG.

[7]) Anmerkung in ArbuR 1962, 128.

III. Interessenabwägung im Falle außerordentlicher und ordentlicher Kündigung eines Arbeitsverhältnisses

1. Außerordentliche Kündigung

Ein Arbeitsverhältnis kann durch außerordentliche Kündigung aus „wichtigem Grund" [8]) vorzeitig beendigt werden, wenn dem Kündigenden die Fortsetzung des Arbeitsverhältnisses bis zur Beendigung der vereinbarten Vertragszeit (beim befristeten Arbeitsverhältnis) oder bis zum Ende der ordentlichen Kündigungsfrist (beim unbefristeten Arbeitsverhältnis) nicht zugemutet werden kann.

Erich *Frey* [9]) meint in der Besprechung des oben genannten Urteils, die Zumutbarkeit sei bei Kündigungen durch den Arbeitgeber nur von seinem Standpunkt aus zu beantworten, eine beiderseitige Interessenabwägung entfalle hier. Diese Ansicht ist verfehlt. Mit Recht verlangt das Bundesarbeitsgericht in ständiger Rechtsprechung für die Zumutbarkeitsprüfung eine allseitige Interessenabwägung. So führte das Bundesarbeitsgericht [10]) zur außerordentlichen Kündigung eines befristeten Arbeitsverhältnisses aus:

> „Ein wichtiger Grund liegt allgemein gesehen dann vor, wenn dem Kündigenden nicht zugemutet werden kann, das Vertragsverhältnis bis zum Ablauf der Zeit fortzusetzen, für die es eingegangen worden ist. Zur Entscheidung darüber, ob dies zumutbar ist, ist eine alle wesentliche Umstände umfassende Abwägung der Interessen beider Teile notwendig. Fehlt es an einer solchen Interessenabwägung oder ist sie unvollständig, dann hat das Berufungsgericht den Rechtsbegriff des wichtigen Grundes verkannt, und das Urteil beruht auf einem Rechtsirrtum. Hat das Berufungsgericht aber unter Berücksichtigung aller wesentlichen Umstände wegen eines bestimmten Verhaltens eines Arbeitnehmers die Fortsetzung des Vertragsverhältnisses in vertretbarer Weise für unzumutbar gehalten, dann kann das Revisionsgericht dies nicht beanstanden. Der Begriff des wichtigen Grundes enthält als unbestimmter Rechtsbegriff einen bestimmten Beurteilungsspielraum, dessen Überschreitung erst dann zu einem Rechtsfehler führt."

In gleicher Weise sagte das Landesarbeitsgericht Frankfurt/M. [11]) zur außerordentlichen Kündigung eines unbefristeten Arbeitsverhältnisses:

---

[8]) Über die verschiedenen vom Gesetzgeber angewandten Methoden bei der Regelung der Frage, welche Gründe eine außerordentliche Kündigung rechtfertigen, vgl. Nikisch, Arbeitsrecht Bd. I (3. Auflage) § 50 I 2; Neumann-Duesberg, Das Prinzip der absoluten Unzumutbarkeit bei der Amtsenthebung des Betriebs- und Personalrats oder eines Mitglieds, Festschrift für Molitor, 1962, S. 307 ff. (317 ff.).

[9]) ArbuR 1962, 128 Nr. 6 (Abs. 2).

[10]) BAG AP Nr. 42 zu § 626 BGB = SAE 1961, 56; BAG AP Nr. 2 zu § 124a GewO.

[11]) AP Nr. 19 zu § 626 BGB. Vgl. auch BAG AP Nr. 4 zu § 626 BGB.

„Ein wichtiger Grund zur fristlosen Kündigung eines Arbeitsverhältnisses ist dann anzunehmen, wenn dem einen Vertragsteil nicht zugemutet werden kann, unter Berücksichtigung aller Umstände nach Treu und Glauben das Arbeitsverhältnis mit dem anderen Vertragsteil weiter fortzusetzen, und zwar auch nicht für die Dauer der vorgesehenen Kündigungsfrist. Es müssen Umstände vorliegen, die nach verständigem Ermessen dem einen oder dem anderen Teil eine Fortsetzung des Vertragsverhältnisses auch bis zum Ende der vorgesehenen ordentlichen Kündigungsfrist nicht zumutbar erscheinen lassen, da durch sie das Interesse des einen Teiles in unbilliger Weise geschädigt würde. Hierbei muß das Interesse des einen Partners an der Fortsetzung des Arbeitsverhältnisses und das Interesse des anderen Partners an einer fristlosen Beendigung gegeneinander abgewogen werden. Es muß klargestellt werden, ob wirklich die fristlose Auflösung des Arbeitsverhältnisses erforderlich ist oder ob dem Kündigenden nicht zugemutet werden kann, den Vertrag mit dem anderen Teil mindestens bis zum Ablauf der ordentlichen Kündigungsfrist fortzusetzen."

Wie sehr ein Arbeitnehmer durch die von *Frey* vertretene einseitige Zumutbarkeitsprüfung benachteiligt werden könnte, zeigt der eben genannte Fall des Landesarbeitsgerichtes Frankfurt/M., der auf die Revision hin auch vom Bundesarbeitsgericht [12]) entschieden wurde. Dort hatte der Arbeitgeber den Arbeitnehmer wegen Betrugs in Tateinheit mit Urkundenfälschung fristlos entlassen. Dabei waren aber nicht die Interessen des Arbeitnehmers berücksichtigt worden. Dieser war nämlich Kriegsbeschädigter, der zur Linderung seiner Schmerzen Opium brauchte und schließlich süchtig wurde. Die Straftaten hatte er zur Beschaffung von Opium begangen. Da der betreffende Arbeitnehmer letzten Endes ein Opfer des Krieges war, hätte eine beiderseitige Interessenabwägung ergeben, daß anstelle fristloser Entlassung allenfalls eine fristgemäße Kündigung angebracht war.

Ob im Falle des klagenden Theaterdirektors und Regisseurs die auf § 626 BGB gestützte fristlose Entlassung des Klägers unbegründet war, wie das Landesarbeitsgericht Berlin annahm, läßt sich mangels genügender tatsächlicher Unterlagen [13]) nicht nachprüfen. Das ist Tatfrage.

Da die beklagte Theatergesellschaft sich auf die Defizitfrage als Kündigungsgrund beschränkte, war dem Arbeitsgericht und Landesarbeitsgericht verwehrt, im Kündigungsschutzprozeß auf diejenigen Tatsachen einzugehen, die die kündigende Arbeitgeberin nicht als Kündigungsrechtfertigungsgründe vorgetragen hat. Zutreffend erklärt das Bundesarbeitsgericht [14]) in einem neueren Urteil: „Den Gerichten für Arbeitssachen ist es verwehrt, bei der Nach-

---

[12]) AP Nr 10 zu § 66 BetrVG.

[13]) Der Sachverhalt in ArbuR 1962, 126 ff. ist dafür zu knapp.

[14]) BAG AP Nr. 7 zu § 1 KSchG „betriebsbedingte Kündigung".

prüfung der arbeitgeberseitigen Kündigung im Kündigungsschutzprozeß auf solche Tatsachen einzugehen, die vom Arbeitgeber eindeutig und bewußt gerade nicht als Rechtfertigungsgrund für die Kündigung vorgetragen und bezeichnet werden."

2. Ordentliche Kündigung

Auch bei der ordentlichen Kündigung ist für die Frage, ob z. B. das „Verhalten" des Arbeitnehmers ein zureichender Kündigungsgrund ist (§ 1 Abs. 2 KSchG), allseitige Interessenabwägung geboten. Die ordentliche Kündigung ist begründet, wenn die Abwägung der beiderseitigen Interessen dazu führt, daß vom Standpunkt eines verständig urteilenden Arbeitgebers die Fortsetzung des Arbeitsverhältnisses zwar nicht unzumutbar ist, die Auflösung des Arbeitsverhältnisses aber — z. B. infolge des vom Arbeitnehmer zu vertretenden Verhaltens — angemessen und billigenswert erscheint [15]).

Eine ordentliche Kündigung des Arbeitsverhältnisses des hier klagenden Theaterdirektors und Regisseurs wäre (im Falle der Anwendbarkeit des Kündigungsschutzgesetzes) nur dann sozial gerechtfertigt (§ 1 Abs. 2 KSchG), wenn das dem Kläger vorgeworfene Verhalten bei Abwägung der Arbeitgeber-Arbeitnehmer-Interessen einen ruhig und verständig urteilenden Arbeitgeber veranlaßt haben würde, sich vom Kläger zu trennen. Das Landesarbeitsgericht Berlin hat eine fristgemäße Auflösung des Arbeitsverhältnisses verneint [16]).

IV. Umdeutung der fristlosen Entlassung in eine ordentliche Kündigung

Ob eine Entlassung, die als außerordentliche Kündigung unwirksam ist, als ordentliche Kündigung aufrechterhalten werden könnte, ist nur dann zu prüfen, wenn die fristlose Entlassung in eine fristgemäße Kündigung umgedeutet werden kann.

Nach § 11 Abs. 2 Satz 1 KSchG (falls das Kündigungsschutzgesetz auf den Kläger überhaupt zutraf) gilt eine unwirksame fristlose Kündigung im Zweifel nicht als Kündigung für den nächsten zulässigen Kündigungszeitpunkt. Nach ständiger Rechtsprechung [17])

---

[15]) Vgl. BAG AP Nr. 5 zu § 1 KSchG „betriebsbedingte Kündigung", BAG AP Nr. 3 zu § 1 KSchG „verhaltensbedingte Kündigung", BAG AP Nr. 5 und Nr. 21 zu § 1 KSchG, BAG AP Nr. 23 zu § 123 GewO.

[16]) Die Wiedergabe der Entscheidungsgründe des LAG Berlin in ArbuR 1962, 127 III ist bezüglich dieses Punktes zu knapp, so daß die Begründung des Gerichts in dem Kurzabdruck nicht klar genug ersichtlich ist.

[17]) Vgl. BAG AP Nr. 9 zu § 11 KSchG.

enthält diese Vorschrift aber nur eine widerlegbare Vermutung. Wenn ein Arbeitgeber zu erkennen gibt, daß er auf jeden Fall das Arbeitsverhältnis beenden will, ist für eine Umdeutung Raum. Nach dem Bundesarbeitsgericht [18]) kann eine unbegründete fristlose Entlassung (entgegen der Vermutung des § 11 Abs. 2 KSchG) in eine fristgemäße Kündigung dann umgedeutet werden, „wenn aus der Kündigung eindeutig und auch für den Gekündigten erkennbar hervorgeht, daß der Kündigende das Arbeitsverhältnis unter keinen Umständen fortsetzen will. Dieser Wille des Arbeitgebers muß nicht ausdrücklich in der Kündigungserklärung oder dem Kündigungsschreiben zum Ausdruck kommen, da besonders hohe Anforderungen an die Beseitigung der Vermutung nicht gestellt werden können... Es genügt, wenn der Arbeitgeber im Kündigungsschreiben zum Ausdruck bringt, daß er jede weitere Zusammenarbeit mit dem Arbeitnehmer ablehne".

Entläßt ein Theaterträger einen im unbefristeten Arbeitsverhältnis stehenden Theaterdirektor und Regisseur fristlos, dann lassen die zwischen dem Theaterträger und dem Künstler vorhandenen großen Spannungen darauf schließen, daß das Theater sich auf jeden Fall von dem betreffenden Künstler trennen will. Die außerordentliche Kündigung ist hier in eine ordentliche umzudeuten.

V. Schadenersatz wegen Nichtbeschäftigung

Auf Grund der personenrechtlichen [19]) Natur des Arbeitsverhältnisses, der Würde des Arbeitnehmers und der freien Entfaltung der Persönlichkeit wird in der neueren arbeitsrechtlichen Rechtsentwicklung [20]) ein allgemeiner Beschäftigungsanspruch des Arbeitnehmers bejaht. Für Bühnenangehörige spricht der Normalvertrag die Beschäftigungspflicht des Arbeitgebers ausdrücklich aus.

Diese entfällt ausnahmsweise nur dann, wenn überwiegende Interessen des Arbeitgebers eine Beschäftigung des Arbeitnehmers unzumutbar [21]) machen. Unzumutbares kann vom Arbeitgeber nicht verlangt werden [22]). Unzumutbarkeit bildet wie die Unmöglichkeit

[18]) AP Nr. 23 zu § 123 GewO.

[19]) Kein personenrechtliches Gemeinschaftsverhältnis, sondern ein personenbezogenes Privatrechtsverhältnis von zugleich personeller und schuldrechtlicher Struktur.

[20]) BAG AP Nr. 2 zu § 611 BGB „Beschäftigungspflicht"; Erman-Küchenhoff, § 611 Anm. 6bB; Soergel-Wlotzke-Volze, § 611 Anm. 186ff; Larenz, Schuldrecht Bd. II, § 48 II c.

[21]) Dagegen setzt Frey, ArbuR 1962, 128, keine Unzumutbarkeit voraus. Er begnügt sich mit jedem höherwertigen Interesse des Arbeitgebers an der Nichtbeschäftigung. Diese Meinung ist unzutreffend. So leicht kommt ein Schuldner (Arbeitgeber) nicht von seiner Vertragspflicht (Beschäftigungspflicht) los.

[22]) Nikisch, Arbeitsrecht Bd. I (3), § 38 I. 3.

einen Befreiungsgrund. Auch hier ist bei der Unzumutbarkeitsprüfung eine beiderseitige Interessenabwägung notwendig.

Das Landesarbeitsgericht Berlin [23]) meint: Die beklagte Theatergesellschaft habe eine Weiterbeschäftigung des Klägers „als Theaterdirektor" ablehnen können, weil sie nach den gesamten Vorgängen das Vertrauen zu dieser Funktion des Klägers verloren habe. Jedoch habe sie den Kläger als „Regisseur" weiterbeschäftigen müssen, weil es sich trotz des gemeinsamen Vertrages um eine gänzlich andere Aufgabe handele und der Normalvertrag einem Regisseur einen Beschäftigungsanspruch gebe.

Ob jemand als Theaterleiter nicht mehr tragbar ist, aber als Regisseur trotz der entstandenen großen Zerwürfnisse nach wie vor fungieren darf, ist Tatfrage.

Stellt man sich auf den Standpunkt, daß der Theaterträger trotz aufgetretener Spannungen wenigstens die Regisseurtätigkeit während des bestehenden Arbeitsverhältnisses nicht abzulehnen berechtigt ist, weil der Regisseur ein überwiegendes Interesse daran hat, sich in der Öffentlichkeit durch künstlerische Leistungen auszuweisen, so fragt sich, ob der Regisseur vom Theaterträger Schadenersatz wegen Nichtbeschäftigung aus schuldhafter Vertragsverletzung fordern kann.

Ein Vermögensschaden könnte darin liegen, daß ein Künstler durch Nichtbeschäftigung in seinem beruflichen Fortkommen benachteiligt wird. Er vermag seine künstlerischen Fähigkeiten nicht mehr unter Beweis zu stellen. Andere Theater werden bei Stellenbesetzungen nicht auf ihn aufmerksam, und ihm entgehen auf diese Art Engagements. Ob ein Schaden entstanden ist, wie hoch sich dieser beläuft und ob Schadenskausalität gegeben ist, ist gemäß § 287 ZPO vom Gericht unter Würdigung aller Umstände nach freier Überzeugung zu entscheiden [24]). Das Landesarbeitsgericht Berlin hat dem Kläger wegen Nichtbeschäftigung als Regisseur 18 000,— DM Schadenersatz zugesprochen, weil die beklagte Theatergesellschaft lebenswichtige Interessen auf seiner Seite verletzt habe, ihn nämlich gehindert habe, daß er sein Können dem Publikum weiterhin vorführe und er in der Fachwelt bekannt bleibe.

Problematisch kann das für die Schadenersatzpflicht nötige Verschulden des Theaterträgers bei der Nichtbeschäftigung sein. Im vorliegenden Fall entließ die Beklagte den Kläger fristlos

---

[23]) UFITA Bd. 37 (1962) S. 245 f. = ArbuR 1962, 127 IV.

[24]) BGH VersR 1962 S. 97, 825.

am 19. Januar 1960. Die Beklagte hielt die außerordentliche Kündigung für berechtigt und beschäftigte den Kläger deshalb nicht. Erst durch rechtskräftiges Urteil des Landesarbeitsgerichts vom 4. Mai 1961 erfuhr sie, daß das Arbeitsverhältnis weder durch außerordentliche noch durch ordentliche Kündigung beendet war, der Kläger also während des bestehengebliebenen Arbeitsverhältnisses als Regisseur hätte beschäftigt werden müssen. War trotz des guten Glaubens des Theaterträgers an die Berechtigung der Kündigung die Nichtbeschäftigung des Klägers schuldhaft?

Vorsatz scheidet (nach der Vorsatztheorie) aus, weil der beklagten Theatergesellschaft das Bewußtsein der Rechtswidrigkeit fehlte.

Ist jedoch Fahrlässigkeit zu bejahen? Nach dem objektiven, abstrakten Fahrlässigkeitsmaßstab des § 276 Abs. 1 Satz 2 BGB kommt es darauf an, wie sich ein verständiger Theaterträger in einer derartigen Lage — in der sich die Beklagte im vorliegenden Fall befand — verhalten hätte. Zum Ausschluß der Fahrlässigkeit ist nicht notwendig, daß sich das Handeln der Theatergesellschaft später als objektiv richtig herausstellt [25]). Vielmehr genügt dazu, daß ein verantwortungsbewußter Theaterunternehmer die Nichtbeschäftigung des Regisseurs im maßgebenden Entscheidungszeitraum als richtig ansehen durfte. Ob der Rechtsirrtum der Beklagten, die den Kläger nach der — auf schwerwiegende Vorkommnisse gestützten — fristlosen Entlassung nicht beschäftigte, unentschuldbar war, also eine Schadenersatzpflicht der Beklagten wegen fahrlässiger Nichtbeschäftigung zu bejahen ist, erscheint zweifelhaft [26]). Gewiß besteht im Rahmen des — ein Verschulden nicht voraussetzenden — § 615 BGB ein Gehaltsanspruch des Nichtbeschäftigten für die betreffende Zeit. Ob die Beklagte aber einen Schaden des nichtbeschäftigten Regisseurs schuldhaft verursacht hat, liegt auf einer anderen Ebene und wird im Zweifel zu verneinen sein.

VI. Ausdehnung der gerichtlich zuzusprechenden Veröffentlichungsbefugnis

Der klagende Theaterdirektor und Regisseur beantragte, ihm die Veröffentlichungsbefugnis [27]) auf Kosten des Theaterträgers hinsichtlich des ganzen Urteilstenors zuzusprechen. Das Landesarbeitsgericht Berlin erkannte auf Veröffentlichung des Tenors nur hin-

[25]) Vgl. zur Fahrlässigkeit Erman-Groepper, § 276 Anm. 4 b.

[26]) Siehe auch Frey, Anmerkung ArbuR 1962, 128.

[27]) In der Kurzwiedergabe des Urteils, ArbuR 1962, 127 VI, ist die Rede von „Verurteilung zur Veröffentlichung".

sichtlich desjenigen Teils, der sich auf den Widerruf ehrenkränkender Behauptungen [28]) bezog.

Damit wird die Frage aufgeworfen, in welchem Umfange auf Veröffentlichungsbefugnis zu erkennen ist, wenn ein vom Theaterträger fristlos entlassener und nicht weiterbeschäftigter Künstler im arbeitsgerichtlichen Prozeß rehabilitiert wird, indem (neben dem erreichten Ehrenschutz mittels Widerrufs) die Kündigung für unwirksam erklärt und seine Weiterbeschäftigung bejaht wird. M. E. ist es wegen der besonderen publizistischen Stellung eines Bühnenangehörigen und mit Rücksicht auf seinen künstlerischen Ruf notwendig, daß die Öffentlichkeit im vollen Umfang seine Rehabilitation erfährt: nicht nur die der Ehre, sondern auch die der Berufstätigkeit. Deshalb halte ich es — im Gegensatz zum Landesarbeitsgericht Berlin — für geboten, die Veröffentlichungsbefugnis über den Beleidigungswiderruf hinaus auf das Urteilserkenntnis der Kündigungsunwirksamkeit und der vom Theaterträger zu Unrecht abgelehnten Beschäftigung auszudehnen.

---

[28]) Vom LAG Berlin wird in dem Urteil unter V (UFITA Bd. 37 [1962] S. 248 ff. = ArbuR 1962, 127) eine Widerrufsverpflichtung der Beklagten analog § 1004 BGB bejaht, weil letztere schuldhaft gehandelt habe. Aber § 1004 BGB setzt kein Verschulden voraus.

Die sozial-staatlichen Ansprüche der Autoren auf Verwertungshilfe

Von Professor Dr. jur. **Carl Haensel**, Tübingen

1.

Ein bedeutender Staatsrechtslehrer hat sich in einem nicht für die Öffentlichkeit bestimmten Gutachten darüber gewundert, daß man den Gesamtkomplex der Urheberrechtsreform zehn Jahre lang erörtert habe, ohne das Grundrecht der Freiheit der Kunst auch nur zu erwähnen. Man erstaunt zunächst, wenn man dies hört, aber man besinnt sich dann darauf, daß das Urheberrecht ja nicht die schöpferische Tätigkeit, sondern nur deren Ergebnis: das Werk, schützt[1]). Es regelt die Verwertungsbefugnisse, nicht die Verwertungsmöglichkeiten, es qualifiziert nicht, weder ästhetisch noch moralisch; die Rechtsregeln, die zum legalen Verbot führen können, reifen auf anderen Gebieten. So kommt es zu dem seltsamen Ergebnis, daß dem Versuch des Gesetzgebers, etwas für die Verwertungsmöglichkeit eines Werkes zu tun, und zwar in der Pflege der Verwertungsgesellschaften, die Freiheit der Kunst entgegengehalten wird.

Man sollte doch einmal den Gedanken in die Urheberrechtsreform einführen, daß Millionen von Werken jahraus, jahrein geschaffen werden, die nicht einmal einen Drucker finden. Einen statistischen Anhaltspunkt liefern die Zahlen über die Preisausschreiben, bei denen die Preisträger nicht etwa Prozente, sondern Promille oder Dezimille ausmachen. Hunderttausende von Schriftstellern wollen nicht etwa die Anteilnahme an ihrem Werk verbieten, sondern wären bereit, große Opfer dafür zu bringen, daß sie darum gebeten würden, von den Verbotsrechten, die ihnen das Urheberrecht in die Hand gibt, keinen Gebrauch zu machen. Bis auf die wenigen, die, wie Lord Byron, aufwachen und berühmt sind, ersehnen die Werkeschaffenden in ihren Wunschträumen nicht das Ausschließlichkeitsrecht, sondern die Druck- und Aufnahmepflicht für ihr Erzeugnis.

---

[1]) **Als Beispiel: Hubmann, Urheber- und Verlagsrecht, München, 1959, § 1**

Das Urheberrecht führt nicht mehr zu Privilegien, aber es dient den schöpferischen Begabungen, den geistig von der Natur Privilegierten, es verlangt von allen Beteiligten besondere Sozialverpflichtung und Überwindung des Ressentiments der nicht Begnadeten. Dazu kommt der Unsicherheitsfaktor, daß die urheberrechtlichen Erträgnisse kein endgültiger Maßstab für die Leistungen sind, ein Hölderlin kann bei Lebzeiten verkannt werden und das Hauptwerk Schopenhauers wurde vor seinem Tode nur in ein paar hundert Exemplaren verkauft, während es jetzt in den Taschenbüchern größte Auflagen findet. Und noch schwieriger wird jetzt die Lage, wenn auch der Erfolgsautor zu denen gehört, denen mit einem ausschließlichen Nutzungsrecht alter Prägung nicht mehr zu helfen ist, um die Verbreitung durch die Massenkommunikationsmittel zu einer Einnahmequelle für ihn zu machen.

Es gibt zwei Wege: entweder das alte Urheberrecht wird umgebaut, mit neuen Begriffen und Regeln ausgestattet, oder es wird angebaut, neue Institutionen werden in einen künstlichen, rein äußerlichen Zusammenhang mit dem Urheberrecht gebracht.

Die Regierungsvorlage zum neuen Urheberrecht hat sich für den zweiten Weg entschieden und ein selbständiges Gesetz über die Verwertungsgesellschaften vorgelegt [2]).

Hier nun ist wieder eine paradoxe Lage entstanden, da die einzige große Verwertungsgesellschaft in der Bundesrepublik, die GEMA, die an die 100 Millionen DM im Jahre umsetzt, gegen ein solches Gesetz ist und die im Aufbau begriffene Verwertungsgesellschaft WORT, die bisher noch keinen Umsatz hat, es für unumgänglich erklärt [3]).

2.

Der Art. 5 des Grundgesetzes hat der Kunst und der Wissenschaft eine Reverenz erwiesen [4]) und damit den Künstler von anderen „Erwerbspersonen" abgehoben. Die Berufsfreiheit des Künstlers ist anders konstruiert, sie ist auf den zentralen Verfassungswert der Kunstfreiheit bezogen. Dies konnte Schiller nicht voraussehen, als er sein so oft zitiertes Gedicht von der Teilung der Erde schrieb und die Weggabe seines „Marktes" mit seiner zeitlichen Verspätung begründete.

---

[2]) Bundesratsdrucksachen 1 und 2/62. — Carl Haensel, Die Verankerung der Verwertungsgesellschaften im neuen Urheberrecht, UFITA Bd. 33 (1961) S. 288 ff.

[3]) Der Vorstand der GEMA hat am 9. April 1963 in Berlin öffentlich erklärt, daß die große Reform bis 1967, dem Zeitpunkt der Stockholmer Revisionskonferenz für die Berner Union, zurückgestellt werden sollte.

[4]) Ridder, Freiheit der Kunst nach dem Grundgesetz, Berlin 1963 S. 12.

Das Grundgesetz verleiht dem Künstler die besondere Ehre seiner Berufsfreiheit. Damit ist es unmöglich geworden, ihm in ähnlicher Weise zu helfen, wie es bei den anderen freien Berufen geschehen ist, den Ärzten, den Anwälten, den Apothekern, Tierärzten, kurz allen Berufstätigen, die in Kammern zusammengefaßt werden konnten. Ein solcher Plan würde schon an der Erinnerung an die Reichsschrifttumskammer der Nazizeit scheitern. Aber selbst ohne historisches Ressentiment wäre es sachlich unmöglich, die Hunderttausende schreibender Staatsbürger beiderlei Geschlechtes in einer Standesorganisation zusammenzufassen, die eine besondere eigenartige Berufsethik und ein Bewußtsein der Zusammengehörigkeit entwickelt, wie es bei den erwähnten Berufen verwirklicht werden konnte. Auf diesem Wege also eine Kammer zu begründen, deren Aufgabe es wäre, die nicht individuell verwertbaren Rechte als öffentlich-rechtliche Institution (Körperschaft oder Anstalt) zu verwalten, wäre verfassungswidrig und wirtschaftlich undurchführbar. Es bleibt nur der Weg des freiwilligen Zusammenschlusses in Verwertungsgesellschaften. Dies ist auch der Ausgangspunkt des Gesetzentwurfes [5]).

3.

Der Verfassungskonvent von Herrenchiemsee hat seinen Entwurf für die Grundrechte mit dem Satze eingeleitet:

> „Der Staat ist um der Menschen willen da, nicht der Mensch um des Staates willen.“

Die vom Grundgesetzgeber gewährten Freiheiten sind nicht die, welche der Dichter Schenkendorf gemeint hat, eine Nichteinmischung des Staates, ein Negativum, ein abschirmender Rahmen, sondern diese Freiheitsgarantien haben einen positiven Inhalt, sie geben nicht nur Zuflucht, sondern Ansprüche. Diese Freiheit wächst aus dem Selbsterhaltungstrieb des Menschen, aus dem Selbstentfaltungstrieb, der im Art. 2 GG ausdrücklich anerkannt ist. Von Freiheit kann man nicht sprechen, wenn nicht auch der Zugang, die Basis für die Betätigung, offen gestellt ist, welcher die Freiheit verheißen wird, oder wenn dieser Zugang an Bedingungen geknüpft würde [6]). Wenn schon Freiheit gewährt wird, muß auch die Basis geschaffen werden, auf der sie sich allein entwickeln kann. Der irreale Wunsch des Archimedes: „Δός μοὶ ποῦ στῶξ“ gewinnt einen neuen verfassungsrechtlich relevanten Sinn.

---

[5]) Bundesratsdrucksache 2/62 S. 8.

[6]) Krause in DÖV 1962, 252.

Der politische Kampf des liberalen Bürgertums gegen den Absolutismus zielte auf die Abstellung von Willkürakten der Verwaltung und die Sicherung ihrer Gesetzmäßigkeit. Bei diesem Kampfe wurden zunächst, da er nur um die Prinzipien geführt wurde, der Inhalt der Freiheitsgarantie und deren positive Formulierung ganz übersehen [7]. Carl Schmitt meint, daß heute die Gesetzmäßigkeit der Verwaltung, insbesondere der Polizei, etwas ganz Selbstverständliches sei, und daß man daher nicht mehr in dem früheren Zustand verharren dürfe, wonach man die Grundrechte als „leerlaufend" behandelte.

Carl Schmitt hat diese Lehre 1928 entwickelt, um auch dann einen verfassungsrechtlichen Bestandsschutz geben zu können, wenn subjektive Rechte, also Grundrechte im engeren Sinne, nicht nachweisbar sind. Wir wollen unsere Ausführungen über die Freiheitsbasis nicht auf diese Figur der garantierten Einrichtung gründen, wir wollen ein klassisches Freiheitsrecht, wie das Recht auf freie Meinungsäußerung und auf Verwertung der schriftlich niedergelegten Meinungsäußerung, nicht degradieren, nur um eine verfassungsrechtliche Bestandsgarantie nachzuweisen. Wir wollen unsere Freiheitsbasis sehr viel tiefer begründen und bis zum letzten Fundament des in Art. 20 GG verheißenen demokratischen und sozialen Bundesstaates hinabführen. Aber es ist wichtig, festzustellen, daß seit dieser Zeit etwa, also seit Jahrzehnten, der moderne Staat sich nicht auf einen polizeilichen Ordnungsschutz beschränkt, sondern als Leistungsträger Daseinsvorsorge im großen Stil betreibt.

Der Begriff Daseinsvorsorge ist von Forsthoff entwickelt worden [8]. Wir brauchen uns mit den Begründungen, dem Für und Wider und den Bedenklichkeiten dieser Entwicklung nicht im einzelnen auseinanderzusetzen, sie brauchen nicht anschaulich dargestellt, sie müssen nur der Vollständigkeit halber erwähnt werden. Forsthoff hat die Notwendigkeit betont, für die Daseinsvorsorge und die „leistende Verwaltung" nicht nur über den Inhalt, sondern auch über die Formeln und Formungen der Zeit des Absolutismus hinauszukommen und „einen neuen Zusammenhang treffender und gliedernder Begriffe zu entwickeln". Vergeblich hat man darauf hingewiesen, daß die alte und überholte Terminologie unseres Urheberrechtes verbessert und erneuert werden müsse, es ist z. B. ein Unding, für die bühnenmäßige Aufführung dasselbe Wort zu benutzen, wie für den Vortrag eines Musikstückes außerhalb des Theaters. Die für unser Urheberrecht

---

7) Carl Schmitt, Verfassungslehre, München, 1928, S. 170 ff.

8) E. Forsthoff, Lehrbuch des Verwaltungsrechts, München, 1961, Bd. I, S. 320 ff.

vorbildlichen Franzosen haben ebenfalls verschiedene Ausdrücke[9]). Aber die Begründung der Regierungsvorlage meint, daß ein Abgehen von der alten Terminologie Verwirrung auslösen könnte, wobei sie zugibt, daß eine solche neue Begriffsbildung die Systematik des Gesetzes vereinfachen würde[10]).

Für uns ist wichtig, daß wir feststellen dürfen, der alte Freiheitsbegriff, der schon in der Weimarer Verfassung verankert war, ist aus dem Bereiche des Verbots von Eingriffen in die Verpflichtung zu staatlichen Hilfeleistungen sublimiert worden. Man hat erkannt, daß die Freiheit des Einzelnen nicht dadurch gesichert werden kann, daß er Abwehrrechte gegen Übergriffe des Staates und seiner Verwaltung im Sinne der klassisch liberalen Überzeugung hat. Der Bürger im modernen Massenstaate ist nur frei insoweit, als er daseinsnotwendige Hilfen nicht nur als Almosen bekommt, sondern fordern darf. Dies ist die Basis seiner Freiheit. Das Bundesverwaltungsgericht hat seit seinem Bestehen in ständiger Rechtsprechung einen klagbaren Anspruch des Hilfebedürftigen auf staatliche Fürsorgeleistung anerkannt[11]). Sie ist auch das Hauptmotiv für die Forderung, den sogenannten „Vorbehalt des Gesetzes" generell auf das Gebiet der Leistungsverwaltung auszudehnen[12]). Man weiß heute, daß sich der Staat nicht damit begnügen kann, dem Einzelnen einen Rahmen zu bieten, innerhalb dessen er seine Persönlichkeit aufbauen kann. Er muß vielmehr durch positive Leistung die Basis schaffen, ohne die keine Persönlichkeitsverwirklichung möglich ist. Dies gehört zu den Staatsaufgaben. Dabei läßt sich nicht immer unterscheiden, ob es sich um echte moderne Daseinsvorsorge oder um Weiterführung alter Polizeiaufgaben handelt. Die Geschichte der gesetzlichen Ermächtigungen zur staatlichen Wirtschaftslenkung zeigt, daß gerade in Notsituationen die Gewißheit, ob eine Norm zur aktiver Sozialgestaltung oder nur zum Schutze des Bestehenden ermächtigte, oft einige Zeit auf sich warten ließ[13]). Auch bei den Verwertungsgesellschaften spielt die Polizei, wie wir sehen werden, eine Rolle.

Interessant und lehrreich ist ein Versuch des Bundesverfassungsgerichtes, die Rahmenfreiheit auf eine positive Basisfreiheit umzustellen. In dem Fernsehurteil des Bundesverfassungsgerichtes[14]) wird

---

[9]) Carl Haensel, Aufführung, Vortrag, Rundfunkweitergabe, München, 1958, S. 19 ff.

[10]) Bundesratsdrucksache 1/62 S. 48.

[11]) BVerwGE 1, 159 f. — Herrn Assessor Ditmar Wurche, der mir bei der Auffindung der öffentlich-rechtlichen Literatur half, besten Dank!

[12]) Hans Heinrich Rupp in DVBl. 1959, 81 (84); Stern, JZ 1960, 518 (524).

[13]) H. Krause, Wirtschaftslenkung und Ermächtigungsstil in Festschrift für Hueck, 1959, S. 413 (418, 419).

[14]) BVerfGE 12, 205 ff. = UFITA Bd. 34 (1961) S. 46 ff.

als feststehend angenommen, daß die im Grundgesetz verheißene Freiheit der Presse für diese ebenso institutionell sei wie die Rundfunkfreiheit. In der Begründung wird ausgeführt, daß die Sendetechnik, die zum Fernmeldewesen der Post gehöre, von der Programmveranstaltung getrennt zu behandeln sei. Eingangs heißt es, dieser Programmrundfunk sei nicht Teil, sondern Benutzer der Fernmeldeeinrichtungen, und man hätte zu dem Schluß kommen können, daß diejenigen Staatsbürger, die sich auf die Freiheit in Art. 5 GG beriefen und Berichterstattung über den Rundfunk veranstalten wollten, etwa behandelt würden wie die Aufgeber von Telegrammen oder Fernsprechteilnehmer. Dieser Auffassung war in den zwanziger Jahren der Chefjurist der Reichspost, der die privaten Programmgesellschaften als Nachrichtenauflieferer betrachtete[15]). Aber das Bundesverfassungsgericht legt den Art. 5 nicht im Sinne solcher Rundfunkfreiheit aus, sondern etabliert für den Rundfunk im Gegensatz zur Presse eine Sondersituation, weil die Träger des Rundfunks aus technischen Gründen und wegen der großen Kosten nur wenige sein könnten und daher „besondere Vorkehrungen" erforderlich seien. Diese Vorkehrungen seien ein Hoheitsrecht der Länder, die den Gesetzgebungsauftrag hierfür hätten. Die Rundfunkfreiheit wird also durch Vorkehrungen ersetzt, die diese Freiheit dem Einzelnen nehmen. Auf den ersten Blick wird man an die Definition der Freiheitsliebe durch Alfred de Musset erinnert: Aimez, ce que vous ne verrez jamais, aber es steckt ein richtiger Kern darin. Ich würde vielleicht nicht Carl Solger, den Philosophen der deutschen Romantik, zitieren, wenn sich nicht Carl Emge in einer ganz neuen Schrift in anderem Zusammenhang auf ihn bezöge; er ist noch lebendig und kann uns zu Einsichten verhelfen[16]).

Carl Solgers Grundbegriff ist die „Aufhebung", die dreierlei bedeuten kann: Vernichtung, Aufsparen für später und die Erhebung auf höhere Ebene. Auf die Freiheit angewandt, führt deren Aufhebung im Sinne der Sublimierung zu einer Bindung des Garanten Staat, jeden Mißbrauch zu verhindern, an die Algebra erinnernd, minus mal minus ergibt plus. Bindung Einzelner durch „Vorkehrungen" ergibt Freiheit für alle. Es ist das Argument gegen die Überbetonung der

---

[15]) Neugebauer, Fernmelderecht mit Rundfunkrecht, Berlin, 1929, S. 702, weitere Literatur und Analyse in Carl Haensel, Volksbewegung Rundfunk in UFITA Bd. 36 (1962) S. 176 ff. und in: Persönlichkeit und Technik im Lichte des Urheber-, Film-, Funk- und Fernsehrechts. Ehrengabe für Ernst E. Hirsch. Schriftenreihe der UFITA Heft 26, 1963, S. 176 ff.

[16]) Carl Emge, Die Frage nach einem neuen Kulturbegriff, Schriften der Mainzer Akademie, 1963, S. 21.

Freiheit der Kunst und die Rettung der Maßnahmen auf dem Gebiete des öffentlichen Rechtes, die in der privaten Urhebersphäre unzulässig wären.

4.

Außer Belgien und Frankreich haben alle Kulturstaaten „Vorkehrungen" getroffen, die sich mit den Verwertungsgesellschaften befassen[17]). Die deutsche Bundesregierung hat einen Gesetzesentwurf vorgelegt und damit zu erkennen gegeben, daß sie den Verfassungsauftrag aus Art. 5 anerkennt, die Freiheit des Kunstschaffens durch Sicherung einer Basis durchzusetzen. Bezüglich der Verwertungsgesellschaften würde dieser Verfassungsauftrag dahin lauten, daß eine solche Gesellschaft in die Lage gebracht werden muß, die ihnen anvertrauten Rechte der Autoren und Verleger mit möglichst geringen und vor Fehlinvestitionen sicheren Aufwendungen durchzuführen. Wenn die Regierung den Verfassungsauftrag so interpretiert hätte und entsprechend vorgegangen wäre, so wäre etwas völlig anderes herausgekommen als der jetzt vorliegende Regierungsentwurf.

Der Entwurf gibt in seiner Begründung zu, daß die Zusammenfassung aller Rechte in der Hand einer Verwertungsgesellschaft notwendig sei, trotzdem wird ihr aber diese Rechtsstellung nicht zuerkannt, etwa durch Verleihung eines Monopols, sondern es werden die Gefahren betont, die eine solche Treuhandstellung für die Urheber, die dieser Gesellschaft einen Teil ihres Vermögens anvertrauen, haben könnten. Und vor allem wird ausgeführt, daß die teilweise Außerkraftsetzung des Gesetzes von 1933, es ist an das STAGMA-Gesetz gedacht, worauf ich noch ausführlich zu sprechen komme, keine rechtliche Handhabe mehr für eine staatliche Einflußnahme auf die Verwertungsgesellschaften gäbe. Daher bestehe ein Bedürfnis für eine Neuregelung des Rechtsgebietes. Damit hat die Regierungsvorlage selber den Gegnern einer gesetzlichen Regelung der Verwertungsgesellschaften ein wertvolles Stichwort in die Hand gegeben, indem der Entwurf als eine Erneuerung obrigkeitlich-bürokratischer Maßnahmen aus der Nazizeit verdächtigt wird.

Das STAGMA-Gesetz von 1933 und seine Durchführungsverordnung bestanden aus 5 und 3, zusammen 8 Paragraphen. Der Regierungsentwurf des neuen Gesetzes umfaßt 28 Paragraphen, es sind 8 zu viel. Die Regelung, die der Gesetzgeber treffen muß, kann sich auf folgendes beschränken:

1. Die Wahrnehmung gleichartiger Rechte oder urheberrechtlicher Ansprüche durch jeweils nur eine einzige Verwertungsgesell-

[17]) Bundesratsdrucksache 2/62 S. 10.

schaft für alle Beteiligten. Diese Monopolstellung ist notwendig mit einer zu erteilenden staatlichen Erlaubnis und Kontrolle verbunden.

2. Jeder, der Urheber nutzt (Verbraucherorganisationen, insbesondere Rundfunkanstalten), ist zur Auskunft verpflichtet, wann, wo, wie und welche Rechte er benutzt.

3. Die kartellrechtlichen Vorschriften sind zu modifizieren oder durch Spezialvorschriften für urheberrechtliche Verwertungsgesellschaften zu ersetzen, da die Urheberrechte keine Ware sind und das Urheberrecht seinem Wesen nach schon Monopolcharakter trägt.

Es ist anzunehmen, daß die gesetzgeberische Vernunft und die Bemühungen aller Beteiligten dazu führen können, die Paragraphen, die für die Regelung von 2 und 3 notwendig sind, sinngemäß zu fassen. Aber der ganze Verwertungsgedanke steht und fällt mit der Zusammenfassung aller gleichartigen Rechte in einer einzigen Verwertungsgesellschaft, im Inland und dem Ausland gegenüber (oben 1). Um dieses Kernstück gehen meine nachfolgenden Ausführungen.

Der im Jahre 1954 vorgelegte Referentenentwurf[18]) sah in seinem § 4 das gesetzliche Monopol für Verwertungsgesellschaften vor, bei mehreren Bewerbern für eine Sparte sollte jene Gesellschaft das Monopol erhalten, die die meisten Mitglieder hatte. Der Ministerialentwurf von 1959 bezeichnete die Aufgabe dieser Vorschrift als die wesentlichste Abweichung und gründete sie auf das Apotheken-Urteil des Bundesverfassungsgerichtes vom 11. Juni 1958[19]), außerdem auf den lapidaren Satz:

> „Die natürliche Entwicklung wird daher in den meisten Fällen von selbst auf eine Monopolstellung der Verwertungsgesellschaften hinführen, wie sie die GEMA bereits innehat.“

Aber über die Entwickelung der Verwertungsgesellschaften in Deutschland, bevor der Gesetzgeber das Monopol verlieh, sagt die Begründung nichts. Das „von selbst“ hat 30 Jahre gedauert und wirtschaftliche Schäden verursacht, die beteiligte Gesellschaften an den Rand des Zusammenbruches brachten. Der Gesetzesentwurf bekennt aber mit dieser Formulierung, daß es ohne die Zusammenfassung der zu verwertenden Rechte in einer Hand nicht geht. Der verfassungsmäßig bestellte Daseinsvorsorger meint nur, daß sich die Natur und das Konkursrecht auch ohne sein Eingreifen helfen würden. Von einer

---

[18]) Abgedruckt im Ministerialentwurf, Köln 1959.

[19]) BVerfGE 7, 377.

Sorge um die sachgemäße Verwaltung des Vermögens der Urheber ist in diesem Zusammenhange keine Rede mehr.

Die Widerlegung dieses Standpunktes muß nach zwei Richtungen erfolgen:

a) hinsichtlich der verfassungsrechtlichen Bedenken, und
b) an Hand der Geschichte der Verwertungsgesellschaften in Deutschland.

5.

Die Terminologie „natürliche Entwickelung" befremdet in der Begründung eines Gesetzesentwurfes; gemeint ist wohl der wirtschaftliche Reinigungsprozeß des Wettbewerbes. Indem wir das Kind beim richtigen Namen nennen, decken wir die Grundfehler dieser ganzen Konzeption auf.

Der Gesetzgeber startet also mit seinem Gesetz über die Verwertungsgesellschaften einen Wettbewerb, von dem er weiß und sogar wünscht, daß er für alle Wettbewerber zum wirtschaftlichen Bankrott führt, außer für den einen, der die anderen überlebt und damit endlich in die Lage kommt, in der internationalen Verflechtung das deutsche Programm zu vertreten.

Hier wird Grundlegendes verkannt: Die Bundesrepublik Deutschland ist kein altliberaler Rechtsstaat mehr mit scharfer Trennung von Staat und Gesellschaft. Der Art. 20 Abs. 1 GG hat ausdrücklich die Sozialverpflichtung zur obersten Norm erhoben, und diesem strikten Sozialauftrag gegenüber sind die Vorschriften in Art. 12 Abs. 1 Satz 2 und Art. 2 Abs. 2 in schwacher Position[20]). Es ist nicht zu bestreiten, daß ein Staat, dessen Verfassungsordnung auf der freien Selbstbestimmung seiner Bürger beruht, den wirtschaftlichen Wettbewerb schützen darf und muß, aber ein Wettbewerb der aufgezeigten gladiatorischen Art mit tödlichem Ausgang für alle, bis auf einen, kann sich nie auf Art. 2 Abs. 2 GG berufen, denn die Sozialpflicht des Staates gehört zu der den Art. 2 Abs. 1 einschränkenden „verfassungsmäßigen Ordnung". Das Bundesverwaltungsgericht[21]) sieht in der staatlichen Versicherungsaufsicht[22]) einen Ausfluß der Sozialpflicht des Staates, unter anderem deshalb, weil im Falle des Mißbrauchs des Versicherungswesens schwere Schädigung dem allgemeinen Wohl wie den einzelnen drohe, und der Einzelne ohne Hilfe zu eigener zuverlässiger

[20]) Dürig in: Maunz-Dürig, Grundgesetz, Komm., Art. 2 I Rdnr. 24 und 45, dem man gewiß nicht übertriebene „Staatsfreundlichkeit" im wirtschaftlichen Bereich unterstellen kann.

[21]) BVerwGE 3, 303 (304) vom 24. Mai 1956.

[22]) §§ 1, 5 und 140 des Gesetzes über die Beaufsichtigung der privaten Versicherungsunternehmen, vom 6. Juni 1931 RGBl. 1931 I S. 315, 750.

Beurteilung der in Frage kommenden Anstalten nicht imstande ist. In unserem Falle genügt nicht einmal die bloße Aufsicht, weil sie gar nicht imstande ist, die falsche Grundkonzeption unschädlich zu machen, und zwar deshalb nicht, weil selbst die korrekte Geschäftsführung die Tatsache nicht beseitigen kann, daß auf ein und derselben Sparte mehrere Gesellschaften nicht nebeneinander kassieren können. Die praktischen Erfahrungen aus den Jahren 1903 bis 1933 sind unten in Abschnitt 7 dargestellt. Die Schaffung konkurrierender Verwertungsgesellschaften hindert jede in ihren Funktionen. Der Gesetzgeber müßte also, wenn er nicht den Mut hat, das adäquate Mittel des Monopols anzuwenden, eine komplizierte Regelung treffen, die verschiedenen Gesellschaften doch wieder unter einen Hut zu bringen und jedenfalls eine von ihnen oder eine übergeordnete Stelle legitimieren, den Verbrauchern Lizenzen zu erteilen und die zu zahlenden Beträge einzuziehen. Diese Schleichwege hat der Gesetzgeber aber gar nicht nötig, wenn er die Erkenntnis realisiert, daß gerade aus dem Prinzip des Sozialstaates heraus gesetzlich verankerte Privatmonopole zulässig, ja erforderlich sind, und diese Konsequenz wird auch allgemein in der Literatur gezogen[23]). Nicht jedes, vor allen Dingen nicht jedes Staatsmonopol, läßt sich aus Art. 20 Abs. 1 GG rechtfertigen. Hier kommt es darauf an, ob eine öffentliche Aufgabe wahrzunehmen ist. Das Sozialstaatsprinzip erweitert den Kreis der verfassungsrechtlich gegebenen Staatsaufgaben um den Bereich der erwähnten Daseinsvorsorge und sozialen Gestaltung.

Wir haben gesehen, daß die privatrechtliche Verwertungsgesellschaft, z. B. der Verein, der wirtschaftliche Ziele verfolgt und dem die Rechtsfähigkeit daher durch Verwaltungsakt verliehen werden muß, die geeignete Form für die Wahrnehmung der Nutzungsrechte des Urhebers ist, daß weiterhin eine Verleihungspflicht und die gesetzliche Fundierung als öffentliche Aufgabe vom Staate zu erfüllen ist. Dem steht nicht etwa entgegen, daß einer privaten Gesellschaft öffentliche Aufgaben übertragen werden sollen. Die Übertragung einer solchen Aufgabe ist, wenn notwendig, nicht mehr den reinen Zweckmäßigkeitserwägungen des Gesetzgebers überlassen. Im Presserecht hat man sich daran gewöhnt, private Unternehmungen als Träger der öffentlichen Funktion anzuerkennen[24]). Noch überzeugender ist die Heranziehung der Tarifautonomie, die den Sozialpartnern, den Ar-

---

[23]) Dürig, aaO Art. 2 Abs. 1 Rdnr. 51; E. R. Huber, DÖV 1956, 137 f.; vor allem Thieme, JZ 61, 283, 284. Nachw.; Reinhard in: Festschrift für Hueck, 1959, S. 439 (443).

[24]) Besonders Ridder in: Die Grundrechte Bd. II (1954) S. 243 (254, 269); von Mangoldt-Klein, Das Bonner Grundgesetz, 2. Aufl., S. 243 Anm. VI 1; Franz Schneider, Presse und Meinungsfreiheit, 1962, S. 8 f., 106, 115 f.

beitgeberverbänden und den Gewerkschaften zugestanden wird. Nach § 4 Abs. 1 des Tarifvertragsgesetzes haben die von den Sozialpartnern abgeschlossenen Tarifverträge normative, also Gesetzen gleiche Wirkung für die Tarifgebundenen, soweit Abschluß, Inhalt, Beendigung des Arbeitsverhältnisses und betriebliche Fragen geregelt werden. Diese privatrechtlichen Vereinigungen werden durch Art. 9 Abs. 3 GG ausdrücklich garantiert, sie haben die Befugnis, Normen zu setzen, sie gestalten den „kollektiven Normenvertrag“ [25]).

Wir haben uns dafür entschieden, die Zugehörigkeit zum öffentlichen Rechte anzunehmen, wenn der Staat Verwertungshilfe dafür leistet, daß der Urheber bei der Verbreitung durch Massenkommunikationsmittel seine Lizenzen erhält und der Veranstalter seine Zahlstelle. Aber selbst wenn der Staat Hoheitsverwaltung zu treiben hat, kann er unter gegebenen Umständen in die Gestaltungsformen des Privatrechtes ausweichen, immer bleibt er auch dann seinen eigenartigen Bindungen, wie das Willkürverbot und andere gesetzliche Schranken, verpflichtet. Die hiermit beantwortete Frage nach der Zugehörigkeit zum öffentlichen Rechte ist für den Rechtsweg wichtig, den der Hilfsbedürftige einschlagen muß, um staatliche Vorsorgeleistungen zu erzwingen [26]).

Da es sich in unserem Falle nicht um ein bestehendes Gesetz handelt, sondern um ein solches, das erst erlassen werden soll, liegt es in der Hand des Gesetzgebers, die Abgrenzungskriterien zu bestimmen. Er vermag also zu normieren, daß sein Gegenstand in den Formen und mit Hilfe der eigenartigen Möglichkeiten der öffentlichen Verwaltung erledigt wird [27]). Es erübrigt sich deshalb eine grundsätzliche Stellungnahme zu den übrigen Abgrenzungstheorien, wenn man den Standpunkt vertreten kann, daß die wahrzunehmende Aufgabe nur mit Hilfe der der öffentlichen Verwaltung vorbehaltenen Gestaltungsmöglichkeiten erfüllt werden kann. Diese Frage aber haben wir schon bejaht. Bejaht man sie, belegt man, daß der Staat sich eines Problems annehmen muß, dessen Lösung private Kräfte übersteigt, so ist auch bei Annahme eines Subsidiaritätsprinzipes ein Eingreifen des Staates notwendig, das ihn nur dann von einer solchen Pflicht entbindet, wenn auf einem rein privaten Wege der bestimmte Erfolg erreicht werden

---

[25]) So überzeugend gegen veraltete Privatrechtstheorien: Nikisch, Arbeitsrecht, 2. Aufl., Bd. II (1959), S. 70, 216 ff.; E. R. Huber, Wirtschaftsverwaltungsrecht, 2. Aufl., Bd. II (1954), S. 425 ff. (431).

[26]) Über die Grenzen staatlichen Verhandelns etwa: Bullinger, Vertrag und Verwaltungsakt, 1962; Forsthoff, aaO. S. 254.

[27]) In diese Richtung zielt die von Wolff, Verwaltungsrecht, Bd. I, 4. Aufl., S. 82 vertretene Zuordnungstheorie; ähnlich Siebert in DÖV 1959, 733 (735) und in: Festschrift für Niedermeyer, 1953, S. 215; Bullinger, aaO. S. 20 f.

kann. Hier muß man freilich im Auge behalten, daß es hier nicht nur auf die Formen der obrigkeitlichen Eingriffsverwaltung, sondern auch auf die der Leistungsverwaltung ankommen kann.

Wir wollen der Vollständigkeit halber auch die geläufigen Abgrenzungskriterien erwähnen, die bereits von erlassenen Gesetzen ausgehen, um auch insoweit unsere Annahme der Zugehörigkeit zum öffentlichen Rechte abzuschirmen. Eines dieser Abgrenzungskriterien ist die Prüfung, ob die Interessen der Allgemeinheit oder Privater vom Gesetzgeber ins Auge gefaßt wurden [28]), oder ob sich das Gesetz an Private oder an Hoheitsträger wendet [29]), ferner: ob es einem Adressaten das Recht verleiht, zu befehlen und zu verbieten [30]).

Aus dem Begriff des Sozialstaates wurde bisher seine Verpflichtung zur urheberrechtlichen Verwertungshilfe abgeleitet. Hier ist aber noch ein ganz anderer Gesichtspunkt anzuführen, der im Staat den alten Träger der Polizeigewalt sieht. Zur Polizeigewalt und Sicherung der öffentlichen Ordnung gehört auch die Verpflichtung, zu verhindern, daß sich ein gutwilliger Bürger strafbar macht, weil die Unvollkommenheit der Gesetze ihm Fußangeln stellt.

Die Urheberrechtsverletzungen werden strafrechtlich verfolgt, jedes bisher erlassene Urhebergesetz und ebenso die Regierungsvorlage enthalten Strafvorschriften. Auch die Rundfunkweitergabe, eines der Zweitrechte, die durch das Massenkommunikationsmittel Rundfunk entstanden sind, macht den Gastwirt strafbar, der seinen Gästen die Programme weitergibt, ohne die beteiligten Urheber um Genehmigungen angegangen zu haben. Dies kann er aber nur, wenn er die Adresse einer Verwertungsgesellschaft ermitteln kann, die mit ihm Lizenzverträge in Tarifform abschließen kann.

---

[28]) Etwa G. Jellinek, System der subjektiven öffentlichen Rechte, 2. Aufl., S. 219 f.; diese Abgrenzungsmethode trägt der Tatsache nicht ausreichend Rechnung, daß private und öffentliche Interessen vielfach gleichlaufen und keine wirklichen Gegensätzlichkeiten darstellen; BVerfGE 7, 342 (355); Wolff, Verwaltungsrecht Bd. I, 4. Aufl., S. 81; Reinhard, aaO. S. 442 f.; Bullinger aaO. S. 36 f. Nur mit den (möglichen) Gegenständen, nicht aber den Kriterien der Unterscheidung zwischen öffentlichem und privatem Recht beschäftigt sich Ernst Wolf, Zur Methode der Bestimmung von privatem und öffentlichem Recht in: Festschrift für Molitor, 1962, S. 1 ff., insbesondere S. 6, 7 und 12 (jeweils ff.).

[29]) Diese Theorie ist unbrauchbar, da feststeht, daß der Staat sich privatrechtlicher Formen bedienen und eine Privatperson öffentliche Aufgaben wahrnehmen kann, siehe die Materien Wegebau und Beförderungspflichten.

[30]) Hier spielt die Über- bzw. Gleichordnung die entscheidende Rolle. Die Theorie ist in Deutschland herrschend (RGZ 167, 284; RGHZ 14, 227; Forsthoff, aaO. S. 361); Giacometti, Allgemeine Lehren des rechtsstaatlichen Verwaltungsrechtes, Bd. I (1960), S. 97 f. erweitert ihren Anwendungsbereich vom einzelnen Rechtsverhältnis auf das gesamte objektive Recht. Sie bereitet Schwierigkeiten, wo, wie im Bereich der Leistungsverwaltung, auf Befehl und Zwang verzichtet wird.

6.

Die Vorsorge dafür, daß der Veranstalter, der Verbraucher, der auf Lizenzerwirkung angewiesen ist, an denjenigen herankommt, der diese Rechte zu vergeben hat, ist nicht nur auf die Verpflichtung des Sozialstaates zu gründen, wie ihn das Grundgesetz geschaffen hat, sondern ergibt sich schon aus dem älteren Verfassungsrecht. Art. 158 der Weimarer Verfassung sichert nicht nur das Recht der Urheber und Erfinder, „die geistige Arbeit" soll als Ganzes den Schutz und die Fürsorge des Reiches genießen. Anschütz, der führende Kommentator der Weimarer Verfassung, bemerkt zu dem Art. 158, daß dies ein alter Grundsatz sei, aber Nipperdey sieht in dieser Vorschrift weitgehende neue Aufträge[31]). Diesen Auftrag haben die Verfassungen der Länder, die zwischen dem Zusammenbruch 1945 und dem Grundgesetz von 1949 liegen, zu realisieren versucht. So sagt z. B. Art. 40 Abs. 2 und 3 der Verfassung von Rheinland-Pfalz:

> „Die Erzeugnisse der geistigen Arbeit, die Rechte der Urheber, Erfinder und Künstler genießen den Schutz und die Fürsorge des Staates.
>
> Die Teilnahme an den Kulturgütern ist dem ganzen Volke zu ermöglichen."

Beim Zitat dieser und anderer Vorschriften der Länderverfassungen bemerkt Werner Weber[32]), daß keine dieser „Urheberrechtsklauseln" heute mehr eine juristisch-praktische Bedeutung hätte, da die Weimarer Verfassung nicht mehr gelte und die neuen Länderverfassungen auf die Urhebergesetzrechtsgebung keine Wirkung mehr ausüben könnten, weil diese nach Art. 73 Nr. 9 GG zur ausschließlichen Kompetenz des Bundes gehören. Wenn man der Ansicht Webers folgt, wäre das Verwertungsgesetz als Bundesgesetz zu erlassen. In einer weitausholenden Untersuchung über die sog. Urhebernachfolge-Vergütung[33]) — wieder ein solches Wortungetüm, das sich der Gesetzgeber leisten will — vertritt Mallmann den Standpunkt, diese Urhebernachfolge-Vergütung sei nicht Sache des Bundesgesetzgebers, sondern gehöre zur Kultur- und Sozialverwaltung, die nicht mehr unter Art. 73 Nr. 9 GG einzuordnen sei. Wenn man Mallmanns Ansicht weiter entwickelt und auf unser Thema einstellt, könnte man zu der Auffassung kommen, daß auch die Staatsfürsorge für die Verwertung der Zweitrechte, die der Urheber allein nicht durchführen kann, zu der Kultur- und Sozialverwaltung gehöre und damit Länder-

---

[31]) Nipperdey, Grundrechte und Grundpflichten der Reichsverfassung, III 1930, S. 374.

[32]) Urheberrecht und Verfassung, Berlin, 1961, S. 9.

[33]) Börsenblatt Nr. 76 vom 21. Sept. 1952.

und nicht Bundessache sei. Wir brauchen diese Frage nicht zu entscheiden. Wenn die Bundesgesetzgebung sich auf den Standpunkt ihrer Kompetenz stellt, wird sie das Verwertungsgesetz erlassen, wobei zu hoffen ist, daß die hier vorgetragenen Gesichtspunkte bei dem Inhalt des Gesetzes berücksichtigt werden. Sollte der Bundesgesetzgeber noch Bedenken an seiner Zuständigkeit bekommen, so wären die Länder verpflichtet, auf Grund ihrer Zuständigkeit die Ansprüche der Autoren auf sozial-staatliche Verwertungshilfe zu erfüllen. Ich komme am Ende der Arbeit noch einmal auf die Gesetzgebungstechnik zurück. Jedenfalls sind diese technischen Schwierigkeiten kein Argument gegen die bereits heute gegebenen Ansprüche der Autoren.

Noch klarer wird dies, wenn man die Ebene der nationalen Verfassung verläßt und die „Allgemeine Erklärung der Menschenrechte", wie sie die United Nations am 10. Dezember 1948 aufgestellt haben, heranzieht. Dort heißt es in Art. 27 Abs. 2:

> „Jeder Mensch hat das Recht auf Schutz der moralischen und materiellen Interessen, die sich aus jeder wissenschaftlichen, literarischen oder künstlerischen Produktion ergeben, deren Urheber er ist."

Hierbei soll freilich nicht übersehen werden, daß die Menschenrechtsdeklaration der UN keine innerstaatlich unmittelbar anwendbare Normen enthält, im Gegensatz zum Grundgesetz, das seine Grundrechte mit dem Rang unmittelbar geltender, dem Gesetzgeber vorgeordneter Rechtsätze ausstattet (siehe Art. 1, Art. 20 Abs. 3 GG). Mir scheint bei solchen Überlegungen, daß für den Urheber nichtapollinischen Grades, sondern für den schlichten Nutznießer einer Leistung und vor allem für deren Verbraucher, für das Publikum schlechthin, ein Dichter wie Friedrich Schiller noch nicht erschienen ist, der darauf hinwiese, daß diese noch weit nach dem verträumten Dichter kommen und in den olympischen Himmel nicht eingewiesen werden. Ein soziales Urheberrecht, das eine ganz andere Terminologie brauchte statt Verbot und Ausschließlichkeit, ist noch nicht einmal auf dem Marsch. Julius Kopsch hat im Jahre 1928 darauf hingewiesen, daß der Künstler sein Werk für die soziale Gemeinschaft schaffe, und daß bei voller Aufrechterhaltung der Reinheit seines persönlichen Ausdrucks, worauf er ein unabdingbares Recht habe, in der Verwertung der kleinen Rechte zu angemessenen, nicht individuell ausgehandelten Tarifen mit Abschlußzwang gegenüber zahlungswilligen Verbrauchern, also einer Art gesetzlicher Lizenz, nicht ein Eingriff in die künstlerische Freiheit sondern in Wahrheit eine Maßnahme zur sozialen Befreiung der schaffenden Künstler zu sehen sei. Die Angriffe gegen Kopsch, teilweise zur mänadischer Wut gesteigert, haben es bis heute in der Literatur verhindert, dieses Problem zu Ende zu denken[34]).

Der Gedanke, das Pferd vom Schwanze her aufzuzäumen und ohne Rücksicht auf Zusammenschluß oder Einzelvertrieb der Urheber eine Gesellschaft von Veranstaltern mit dem Rechte auszustatten, die Nutzungsentschädigungen entgegenzunehmen, womit der Verbraucher von seiner Lizenzzahlungspflicht befreit würde, scheitert an der Festlegung der Tarifsätze, die ohne Mitwirkung der Urheber nicht möglich ist. Dies wäre eine Enteignung, die durch die Sachlage nicht gerechtfertigt wäre, weil ja die Möglichkeit für den Gesetzgeber besteht, statt eines solchen Enteignungstatbestandes Verwertungsgesellschaften vorzusehen, die den Urhebern die Mitwirkung an der Gestaltung der Tarife sichern. Im Jahre 1928 hatten sich erstmals in Deutschland die gewerblichen Musikveranstalter und die gelegentlichen Veranstalter von Musikaufführungen zum Reichskartell der Musikveranstalter verbunden[35]). Die Grundforderung dieses Verbandes war nicht ein Empfangsmonopol, sondern die Schaffung einer einheitlichen Verwertungsstelle durch die Urheber.

Die Bedenken, daß die Konzessionierung einer einzigen Verwertungsgesellschaft für eine Sparte den Grundsätzen zuwiderlaufe, die das sog. Apotheken-Urteil des Bundesverfassungsgerichtes aufgestellt habe[36]), werden zwar von der Begründung des Ministerialentwurfes erwähnt[37]), dürften aber durch die bisherigen Ausführungen bereits widerlegt sein. Die sachgemäße Verwertung der Urheberrechte, also die Aufschließung ihrer Nutzung, ist keine Privatsache mehr, sondern Angelegenheit der Allgemeinheit. Hier muß sich der Außenseiter, der Sand in die Maschine werfen will, eben fügen. Dies bringt Art. 14 Abs. 2 GG klar zum Ausdruck.

Aber ein anderes viel ernster zu nehmendes Bedenken verschweigt die zitierte Begründung, es liegt in dem Grundrecht auf freie Vereinigung im Art. 9 Abs. 1 GG. Hier ist zunächst zu sagen, daß die Konzessionierung einer Verwertungsgesellschaft andere Autoren nicht an ihrer Vereinigung hindert. Diese bleibt unbenommen, auch mit dem Ziele, die konzessionierte Gesellschaft zu überwachen und vielleicht den Entzug der Konzession und deren Übertragung auf die andere Vereinigung zu erreichen. Durchschlagender ist das weitere Argu-

---

[34]) Julius Kopsch, Zur Frage der gesetzlichen Lizenz, Archiv für Funkrecht 1928, S. 201 ff.

[35]) Plugge und Roeber, Das musikalische Tantiemerecht in Deutschland, Berlin, 1930, S. 49.

[36]) BVerfGE 7, 377.

[37]) S. 211.

ment: wie oben begründet, ist die Verwertung der Urheberrechte, die nur kollektiv erfolgen kann, öffentliche Aufgabe. Gerade hier zeigt sich nun als Probe aufs Exempel die Richtigkeit dieser Auffassung. Wenn eine einzelne private Gesellschaft (Verein) mit der Wahrnehmung dieser öffentlichen Aufgabe betraut wird, so ist dies keine Verletzung der Vereinigungsfreiheit. Art. 9 GG kann und will nicht mehr garantieren als die Vereinigung zur Verfolgung eines nicht verbotenen privaten Zweckes. In der Verfolgung öffentlicher Ziele und Aufgaben können private Einzelpersonen wie private Vereinigungen beschränkt werden. Andernfalls wäre jeder Einbruch in die Staatsverwaltung unter dem Vorwand der Vereinigungsfreiheit, die nicht gestört werden dürfe, nicht nur in privater, sondern auch in öffentlicher Zielsetzung, möglich.

Daß der Art. 9 Abs. 1 GG öffentlich-rechtliche Körperschaften nicht umfaßt, ist einhellige Meinung[38]).

7.

Ob man aus der Geschichte etwas lernen kann, ist eine Frage, die verschieden beantwortet wird, jedenfalls muß man immer wieder versuchen, Erfahrungen zu nutzen.

Auf Anregung von Richard Strauß wurde am 14. Januar 1903 die Genossenschaft Deutscher Tonsetzer (GDT) gegründet und die Anstalt für musikalische Aufführungsrechte (AFMA) ins Leben gerufen[39]). Aber bereits nach zehn Jahren entstanden Meinungsverschiedenheiten zwischen den Komponisten, die das Rückgrat der GDT bildeten und den Musikverlegern, die durch die Verwertung der mechanischen Rechte gemäß der Novelle von 1910 zum Urheberrechtsgesetz (LitUG) verschärft wurden. Leipziger Musikverleger, Komponisten der leichteren Muse und Schlagerdichter schieden aus der AFMA aus und schlossen sich zur GEMA, der Genossenschaft für musikalische Aufführungsrechte, zusammen. In der selben Zeit wurde die Anstalt für mechanisch-musikalische Rechte, die AMMRE, und zwar als GmbH, gegründet, die nach wenigen Jahren fast den gesamten Umsatz in mechanischen Rechten in Deutschland kontrollierte und ein Kartell mit der Wiener AKM, dem Verbande zum Schutze musikalischer Aufführungsrechte, vereinbarte. Es entstand ein Konkurrenzkampf, der nach zeitgenössischen Darstellungen „für das Unterhaltungsgewerbe als Ganzes zu einer starken wirtschaftlichen Belastung" führte[40]). Es

---

[38]) BVerfGE 10, 345 (361) vom 25. Febr. 1960; 12, 319 (323) vom 2. Mai 1961.

[39]) GEMA-Festschrift zum 50jährigen Bestehen, München 1953, insbesondere die Aufsätze vom Generaldirektor Erich Schulze und Dr. Gustav Bock.

[40]) Plugge und Roeber, aaO. S. 61 f., S. 95 ff.

häuften sich Fälle, wie der des bedeutenden Komponisten Walter Kollo, der sowohl von der GDT wie von der GEMA als Mitglied in Anspruch genommen wurde. Beide Gesellschaften konnten wegen unbefugten Spielens der Kollo-Werke die Musikveranstalter auf Schadenersatz verklagen oder nach § 38 LitUG Strafantrag stellen und nach § 40 LitUG Buße verlangen. Es kam zu einstweiligen Verfügungen und zu Prozessen mit jahrelanger Lauffrist. Man kann schon aus diesem Sachverhalt die eine Lehre ziehen, daß bei der Konkurrenz mehrerer Verwertungsgesellschaften auf demselben Gebiete Abwerbungen und Unklarheiten vorkommen müssen. Bereits damals wurde nach Staatshilfe gerufen, die Schaffung einer staatlichen Spruchstelle, die Stellung der zentralen Verwertungsanstalt unter Staatsaufsicht, die Einsetzung einer ständigen Wirtschafts-Gutachterkommission und die Einführung des Registrierungszwanges gefordert.

Im Jahre 1929 gelang es dem im Jahre zuvor begründeten Reichskartell der Musikveranstalter mit der GDT einen Meistvergünstigungs- und Empfehlungsvertrag zustande zu bringen, der die Zentralisierung der Aufführungsrechte in einer Stelle, die Herausgabe von Werkeverzeichnissen und den Abbau der Verwaltungskosten zum Ziele hatte. Kaum war dies gelungen, klagten GEMA und AKM auf Nichtigkeit dieses Vertrages, da dieser zum Ruin der GEMA und der AKM führen würde. Nach der Darstellung von Bock (S. 32) begannen sich die beiden Gesellschaften in den zwanziger Jahren „zu einem leidlichen Nebeneinanderbestehen" durchzuringen. Nach der Darstellung von Erich Schulze (S. 18) vereinigten sich die bestehenden Organisationen in der Weise, daß künftig allein der Musikschutzverband bei den Musikverbrauchern die Tantieme kassierte.

Am 4. Juli 1933 wurde das bereits erwähnte Gesetz über Vermittlung von Musikaufführungsrechten erlassen, das allgemein in der Literatur als STAGMA-Gesetz bezeichnet wird, weil auf ihm die Errichtung der STAGMA, der „Staatlich genehmigten Gesellschaft zur Verwertung musikalischer Urheberrechte" beruht, die heute noch besteht, aber nicht mehr als STAGMA, sondern als GEMA firmiert.

Es gibt eine Auffassung, daß diese STAGMA-Gesetzgebung eine nationalsozialistische Erfindung sei, aus obrigkeitsstaatlich-bürokratischem Geiste geboren, der Beginn nationalsozialistischer Kulturpolitik. Dies ist unrichtig. Die STAGMA-Gesetzgebung ist nicht ein Beginn, sondern ein Schlußstein, und zwar die Legalisierung und staatliche Festigung des Gedankens der monopolistischen Verwertungsgesellschaft unter der Ägide von Richard Strauß, dem Begründer und der tragenden Persönlichkeit der GDT seit 1903. Auf seine Anregung erging am 4. Juli 1933 das STAGMA-Gesetz. Das wirkliche Reichskulturkammergesetz, also der Beginn der nationalsozialistischen Kulturpolitik, stammt erst vom 20. September 1933 mit der Ersten Durchführungsverordnung vom 1. November 1933[41]). Erst am 22. September 1933 bestimmte der § 1 des Reichskulturkammergesetzes, daß das Reichskartell der Deutschen Musikerschaft zur Reichsmusikkammer werde. Zwischen der Machtergreifung im Januar 1933 und diesen Daten bestand ein Zwischenstadium, in welchem Richard Strauß die Führung der Deutschen Musikerschaft hatte. Er war kein Nationalsozialist, aber diese umschmeichelten ihn, und er benutzte seine Position, um in dieser Zwischenzeit die staatlich genehmigte Verwertungsgesellschaft endgültig unter Dach zu bringen. In der Begründung zum Reichskulturkammergesetz vom 29. September 1933, also fast ein Vierteljahr nach der Verkündung des STAGMA-Gesetzes, hat die nationalsozialistische Regierung noch verheißen:

> „Es ist nicht die Absicht des nationalsozialistischen Staates, eine Kultur von oben her schaffen zu wollen. Die Kultur wächst aus dem Volke herauf ...
>
> In diesem Sinne bleibt das Kulturschaffen persönlich."

Daß die Nationalsozialisten dann später die STAGMA in die Reichskulturkammer eingliederten und in ihre verbrecherischen Tendenzen einspannten, war im Jahre 1933, als die STAGMA gegründet wurde, nicht erkennbar, wofür als erster Garant Richard Strauß bürgt. Außerdem ist darauf hinzuweisen, daß das STAGMA-Gesetz von 1934 nicht die erste gesetzliche Regelung des Verwertungsgedankens ist. Die Tschechoslowakei hatte bereits 1926 in § 30 des damaligen Urheberrechtsgesetzes die Wahrnehmung der musikalischen Aufführungsrechte normiert, dasselbe geschah in Canada 1931 und 1932 in den Niederlanden. Aber die STAGMA ist von allen diesen Gesellschaften diejenige geworden, die erfolgreich und vorbildlich gewirkt hat[42]).

Weder die allierten Behörden der Besatzungszeit, noch die deutsche Länder- oder Zonengesetzgebung haben eine Aufhebung oder Änderung des STAGMA-Gesetzes verfügt. Literatur und Rechtsprechung haben die Frage verneint, ob das STAGMA-Gesetz durch Art. 2 des Kontrollratgesetzes Nr. 1 außer Kraft gesetzt sei[43]). Lediglich der § 1

---

[41]) RGBl. 1933 I S. 797.

[42]) Ulmer — Bussmann — Weber, Das Recht der Verwertungsgesellschaften, Weinheim, 1955.

[43]) Erich Schulze, Urheberrecht in der Musik, Berlin 1956, S. 124.

des STAGMA-Gesetzes, nämlich die Genehmigung des Propagandaministers ist als obsolet bezeichnet worden[44]). Damit ist also auch das rechtliche Monopol der GEMA weggefallen, was aber für die Praxis unwichtig ist, weil die GEMA das faktische Monopol, das sie auf Grund der STAGMA-Gesetzgebung erreichte, noch besitzt. Sie vertritt auch die Rechte sämtlicher ausländischer Autoren. Sogar die Bestimmung in § 3 des Gesetzes, die Mithilfe der Polizei, ist noch gültig und vor allem die Auskunftserteilung.

Das Inkasso der Lizenzen durch die GEMA hat sich derart gut eingespielt, daß die GEMA nach dem Kriege, wie der Generaldirektor versichert, nur noch selten von der Möglichkeit Gebrauch gemacht habe, den Polizeischutz zu bemühen. Sie habe sich damit begnügt, daß die Behörden die Musikaufführungen der GEMA melden, um diese in die Lage zu versetzen, nun selber das Erforderliche zu tun. Wenn man nun ein Verwertungsgesetz für erforderlich hält und, wie die Regierungsvorlage beweist, es auch verabschieden will, so sollte man vor allen Dingen den in der STAGMA-Gesetzgebung bereits verankerten Funktionsschutz aktuell sinngemäß gestalten. Von den Riesensummen, die die GEMA einnimmt, geht ein knappes Viertel durch Verwaltungskosten verloren. Einen wesentlichen Betrag macht hierbei die Inkasso-Organisation aus. Wenn nun neben den musikalischen Tantiemen auch solche für Wortautoren einzuziehen sind, was seit dem Urteil des Bundesgerichtshofes vom 18. Dezember 1962 feststeht[45]), so erscheint es geradezu absurd, ein zweites Inkasso aufzubauen, und bis jetzt hat die GEMA noch nicht zu erkennen gegeben, daß sie mit ihrer Inkasso-Organisation die Worttantiemen einzuziehen bereit wäre. Hier nun bietet sich eine Möglichkeit, mit einem Minimum an Unkosten diese Tantiemen einzuziehen, soweit sie auf der Rundfunkweitergabe beruhen, und zwar in Gestalt eines Zuschlags auf die Rundfunk- und Fernsehgebühren. Dies ist schon einmal praktiziert worden, als die Post zu den Rundfunkgebühren von DM 2,— monatlich einen Zuschlag von DM 5,— als Fernsehgebühr erhob. Bei den Verleihungen wird der gewerbliche Rundfunk- und Fernsehteilnehmer bereits formularmäßig herausgenommen, es ist also unter Benutzung der bisherigen Listen möglich, von dem gewerblichen

---

[44]) BGH in UFITA Bd. 20 (1955) S. 111 ff. und Schulze, Rechtsprechung zum Urheberrecht, unter BGHZ 13.

[45]) UFITA Bd. 39 (1963) S. 104 ff. in Verbindung mit Carl Haensel, Der Kampf um die Rundfunkweitergabe (ebenda S. 32 ff.) und in NJW 1963, 651 und 891.

Benutzer einen Zuschlag einzuziehen, aus welchem die Ansprüche der Urheber unter Mitwirkung ihrer Verwertungsgesellschaften befriedigt werden. Es gibt 180 000 Gaststätten etwa, die im Bundesgebiet einen Gesamtumsatz von 12 Milliarden Mark jährlich haben, von denen mindestens 100 000 die Rundfunkweitergabe ausüben. Wenn diese Gaststättenbesitzer zu dem bis jetzt nicht gegenüber privatem Gebrauch erhöhten Gebührensatz von 2,— bzw. 5,— einen Zuschlag von X Mark zahlen, so würde dies nicht nur die bequemste, am wenigsten Ärger verursachende, sondern auch billigste Einzugsmethode sein. Ein zweites Ei des Kolumbus wäre praktiziert.

Der Einwand, daß es nicht ganz leicht ist, den für den Postgebührenzuschlag zuständigen Gesetzgeber zu bestimmen und zu interessieren, ist dadurch wesentlich entkräftet, daß dasselbe von allen anderen Bestimmungen des Verwertungsgesellschaftengesetzes gilt. In diesem Gesetz müssen sich die Bundes- und Ländergesetzgeber einigen und sogar die Kautelen wahren, die bei einer Änderung oder Auslegung des Grundgesetzes zu beachten sind. Erleichternd ist hier nur der Gesichtspunkt, daß es sich um einen Fall handelt, der völlig einzigartig liegt und kaum präjudizielle Gefahren in sich trägt. Der Urheber ist nun einmal der Liebling des Gesetzgebers, einerlei welche Verfassungsform maßgebend ist. Willst Du in meinem Himmel mit mir leben, so oft Du kommst, er soll Dir offen sein, zitiert der Generaldirektor der GEMA, Dr. Erich Schulze, z. B. wieder in dem Sonderdruck der GEMA „Urheberrechtliche Verwertungsgesellschaften" aus dem Jahre 1962. Man gestattet dem Mietwagenunternehmer seine wirtschaftliche Lebensgrundlage zu sichern und zählt bedenkenlos die Lebensfähigkeit in solchen Fällen zu den „überragend wichtigen Gemeinschaftsgütern" [46]). Warum sollten diese Gesetzgeber, unter Zusammenschluß von Bund und Ländern, nicht einmal etwas Sachdienliches für die Berufsgruppe tun, von deren Kapazität, Ausdrucksmöglichkeit und Wille es nach Hölderlin abhängt, was die Zukunft von ihnen denkt?

---

[46]) Vgl dazu § 13 Abs. 3 des neuen Personenbeförderungsgesetzes vom 21. März 1961 (BGBl. I S. 241), der, im Anschluß an BVerfGE 11, 168 (191), lautet:

> „Beim Verkehr mit Kraftdroschken ist die Genehmigung zu versagen, wenn die öffentlichen Verkehrsinteressen (!) dadurch beeinträchtigt werden, daß das örtliche Droschkengewerbe durch die Ausübung des beantragten Verkehrs in seiner Existenz bedroht wird."

In der gleichen Linie liegt § 6 Abs 2 des Gesetzes über das Kreditwesen vom 10. Juli 1961 (BGBl. I S. 881), der das Bundesaufsichtsamt verpflichtet, nicht nur gesamtschädlichen Mißständen im Kreditwesen entgegenzuwirken, sondern — selbstverständlich — auch solchen, „die die Sicherheit der den Kreditinstituten anvertrauten Vermögenswerte gefährden". Auch hier erscheint der Schutz privater Interessen als legitime öffentliche Aufgabe.

Gedanken zur Ton- und Bildberichterstattung

Von Professor Dr. **Kurt Bussmann**, Rechtsanwalt in Hamburg

I. Einführung

Die sich leider immer wieder hinauszögernde Verabschiedung des neuen Urheberrechtsgesetzes verhindert die Lösung einzelner Probleme, die zur Zeit nach den geltenden Gesetzen noch bestehen, und die durch das Gesetz einer Klärung zugeführt werden sollten. Dazu gehört eine Reihe von Fragen, die die modernen Kommunikationsmittel angehen. Die technische Entwicklung hat hier Sachverhalte geschaffen, die bei Erlaß der alten Gesetze weder bekannt waren noch vorausgesehen werden konnten.

So enthält der neue Entwurf manche Tatbestände, die erst aus den Erfahrungen der letzten Jahrzehnte geboren sind, so z. B. die Vervielfältigung zum eigenen Gebrauch durch Tonband oder Photokopie (Entwurf § 54), die sog. enregistrements éphémères bei der Vervielfältigung durch Sendeunternehmen (Entwurf § 56), ferner die Vervielfältigung, Verbreitung und öffentliche Wiedergabe bei der Bild- und Tonberichterstattung (Entwurf § 50).

Zu diesem letzteren Problem war schon vor nahezu 3 Jahrzehnten durch das Gesetz zur Erleichterung der Filmberichterstattung vom 30. April 1936 (RGBl. I S. 404), kurz „Wochenschaugesetz" (WSchG) genannt, eine Sonderregelung ergangen, die vom damaligen Stand der Technik der Bildberichterstattung durch den Tonfilm ausging. Auch sie hat keineswegs alle heute gegebenen Möglichkeiten ausgeschöpft. Der jetzt vorliegende Entwurf spricht daher in § 50 nicht mehr von der Filmberichterstattung, sondern von der „Bild- und Tonberichterstattung über Tagesereignisse durch Funk und Film sowie in Zeitungen und Zeitschriften".

Die Unzulänglichkeit des jetzt noch geltenden WSchG hat dann auch dazu geführt, daß gerade in letzter Zeit sich mehrere Aufsätze mit diesem Problemkreis befaßt haben. Dabei wird die Frage der Weitergeltung des Gesetzes nach dem Zusammenbruch der nationalsozialistischen Herrschaft so gut wie einhellig zu Gunsten einer Fortgeltung beantwortet, selbstverständlich mit der Einschränkung, daß die Privilegierung der von der Reichsfilmkammer zugelassenen Unternehmen entfällt[1]); man ist sich ferner einig über die Anwendbarkeit

---

[1]) Runge, Urheber- und Verlagsrecht, 1948, S. 143; Voigtländer-Elster-Kleine, Urheberrecht, 4. Aufl. 1952, S. 140; Becker, Urheberrechtl. Fragen

oder entsprechende Anwendbarkeit des WSchG auf den Fernsehfunk einschließlich Live-Sendungen[2]).

Das WSchG hat von Anbeginn an das Schrifttum vielfach beschäftigt. Dabei werden die einzelnen Tatbestandsmerkmale des Gesetzes seit der fast schon klassischen Interpretation von *Kühnemann*[3]) und *Roeber*[4]) auch heute weitgehend gleich ausgelegt[5]). Die Argumente für und gegen die Vereinbarkeit des WSchG mit der in der Bundesrepublik noch geltenden Rom-Fassung der RBÜ sind häufiger erörtert worden: die Mehrzahl der Autoren spricht sich gegen die Vereinbarkeit aus[6]). Schließlich wurde auch die Übereinstimmung des WSchG mit der Brüsseler Fassung der RBÜ, zu der der Beitritt der Bundesrepublik bevorsteht, geprüft[7]). Mit der AKI-Entscheidung des Bundesgerichtshofs ist um so mehr klargestellt worden, daß das WSchG nur zu Gunsten des Berichtherstellers, wohl auch zu Gunsten des Vor-

---

zur Filmberichterstattung, GRUR 1951, 442; Harmsen, Freiheit der filmischen Berichterstattung, GRUR 1952, 502; Schmidt di Simoni, Studien zum Fernseh-urheberrecht, 1954, S. 144 f.; Berthold-von Hartlieb, Filmrecht, 1957, S. 22; Hubmann, Urheber- und Verlagsrecht, 1959, S. 156; Ulmer, Urheber- und Verlagsrecht, 2. Aufl., 1960, S. 239; Bappert, Die Freiheit der Film- und Funkberichterstattung nach dem sog. Wochenschaugesetz, GRUR 1963, 17/18. — Ferner auch BGH in UFITA Bd. 37 (1962) S. 308 = GRUR 1962, 470 — AKI und Reg. Entw. zur Urheberrechtsreform vom 5. Dez. 1961, Begründung zu § 50, Bundestagsdrucksache IV/270, S. 66/67. — A. M. W. Goldbaum, Urheber- und Urhebervertragsrecht, 3. Aufl. 1961, S. 164, mit der beiläufigen Bemerkung, es gebe keine von der Reichsfilmkammer zugelassenen Unternehmen mehr.

[2]) Becker, aaO. S. 443/444; Schmidt di Simoni, aaO. S. 145 ff.; Krause, GRUR 1959, 352; Ulmer, aaO. S. 238/239; Internationales Handbuch für Rundfunk und Fernsehen, 1960, S. 84; Kleine in: Bußmann-Pietzcker-Kleine, Gewerblicher Rechtsschutz und Urheberrecht, 1962, S. 379; Bappert, aaO. S. 21 ff.; auch LG Berlin Urteil v. 4. Febr. 1957 in UFITA Bd. 39 (1963) S. 297 ff. (zit. bei Bappert, aaO. S. 23). — Der BGH konnte die Frage in seiner AKI-Entscheidung dahingestellt sein lassen, er neigt jedoch offenbar auch einer entsprechenden Anwendung auf das Fernsehen zu (vgl. GRUR, aaO. S. 473).

[3]) Das Gesetz zur Erleichterung der Filmberichterstattung, DJ 1936 I, S. 726 ff.

[4]) Die Stellung der Filmberichterstattung im Urheberrecht. UFITA Bd. 9 (1936) S. 336 ff.

[5]) Vgl. Harmsen, aaO. S. 503; Bappert, aaO. S. 18 ff.

[6]) Für Vereinbarkeit vor allem Kühnemann, aaO. S. 727. — Gegen Vereinbarkeit: Hoffmann UFITA Bd. 10 (1937) S. 363; Baum, GRUR 1949, 15/16; Becker, aaO. S. 444/45; Harmsen, aaO. S. 502/503; Schmidt di Simoni, aaO. S. 146/147; Bappert, aaO. S. 20 und 24, auch das Berner Büro in: Droit d'auteur 1937 S. 76.

[7]) Für volle Vereinbarkeit Berthold-von Hartlieb, aaO. S. 22 und bes. S. 733; für beschränkte Vereinbarkeit dergestalt, daß ausländische verbandangehörige Urheber nur die Wiedergabe von Teilen ihres Werks dulden müssen, da Art. 10 bis RBÜ-Brüssel nur die Aufnahme und Wiedergabe kurzer Bruchstücke im Rahmen der Berichterstattung zuläßt: Bappert-Wagner, Internationales Urheberrecht 1956, Art. 10 bis RBÜ, Rdn. 3 bis 6; Bappert, aaO. S. 20/21; Ulmer, aaO. S. 239; Becker, aaO. S. 445 fordert noch Beschränkung des deutschen Rechts im Sinne des Art. 10 bis RBÜ-Brüssel, was aber nicht sinnvoll ist, da es sich manchmal gar nicht vermeiden läßt, daß das ganze Werk, z. B. ein Bildnis oder ein Denkmal im Rahmen des Berichts erscheint. Die nötige Beschränkung wird dadurch erreicht, daß die Wiedergabe durch den „Zweck der Berichterstattung" gedeckt sein muß.

führers, der seine Rechte vom Hersteller ableitet, nicht aber zu Gunsten jedes Dritten gilt, der den Bericht verwerten will[8]).

Im Nachfolgenden sollen einige spezielle Fragen behandelt werden, die bei der bisherigen Behandlung nur kurz gestreift oder gar nicht geprüft worden sind.

II. Die einzelnen Fragen

1. Analoge Geltung des WSchG für den Hörfunk

Weitgehend unerörtert blieb noch immer die Frage, ob das WSchG auch für den Hörfunk gilt. Einige Autoren nennen, wenn sie das WSchG besprechen, Rundfunk und Fernsehen wohl in einem Atemzug und beziehen so auch die Hörfunkberichterstattung in das WSchG ein[9]). Eine nähere Begründung findet sich allerdings nirgends hierfür. Selbst *Bappert*, der die Frage in seinem Aufsatz[10]) erwähnt, geht nicht weiter darauf ein, sondern beschränkt sich in den nachfolgenden Ausführungen ganz auf die Fernsehberichterstattung und deren Privilegierung durch das WSchG. Es mag sein, daß *Bappert* das positive Ergebnis, das er für das Fernsehen gewonnen hat, auch für die Hörfunkberichterstattung verstanden wissen will; selbstverständlich ist das indes nicht.

Dabei ist die Antwort auf die Frage für die Rundfunkanstalten außerordentlich wichtig. Zwar kann der Hörfunk nur durch eines der im WSchG vorgesehenen Mittel, den Ton, Urheberrechte verletzen, doch bleibt genug, um die Berichterstattung erheblich zu erschweren, wenn nicht auch der Hörfunk entsprechend dem WSchG von urheberrechtlichen Ansprüchen freigestellt ist. Angenommen beispielsweise, der Rundfunk sendet einen Hörbericht über eine Brückeneinweihung und bringt in diesem Rahmen Ausschnitte aus den dabei gehaltenen Reden. Durch § 17 Abs. 1 Ziff. 1 LitUG werden diese Ausschnitte nicht gedeckt, auch wenn man diese Bestimmung auf den Rundfunk für analog anwendbar hält. § 17 Abs. 1 Ziff. 1 LitUG erfaßt nur Reden, die zwecks öffentlicher Aussprache gehalten sind[11]). Hier kann unter Umständen der Grundgedanke des WSchG weiterhelfen.

In Betracht kommt allerdings auch beim Hörfunk wie beim Fernsehen nur eine analoge Anwendung des Gesetzes. Das setzt voraus,

---

[8]) UFITA Bd. 37 (1962) S. 308 (316) = GRUR 1962, 470, Leitsätze (S. 473) = NJW 1962, 1295 (1297); zustimmend und weiterführend Bappert, aaO. S. 23/24.

[9]) Hubmann, aaO. S. 157; Kleine, aaO. S. 379.

[10]) aaO. S. 21.

[11]) Hubmann, aaO. S. 154; Ulmer, aaO. S. 235; weitergehend Kleine, aaO. S. 378, der schon im Rahmen des § 17 LitUG ganz auf das Informationsinteresse der Allgemeinheit abstellt und die Wiedergabe aller Reden für zulässig hält, sofern sie die Allgemeinheit berechtigterweise interessieren.

daß der Gesetzgeber bei Erlaß des Gesetzes den Tatbestand, der jetzt analog behandelt werden soll, entweder gar nicht gekannt oder übersehen hat. Beim Fernsehen war das leicht zu entscheiden; Fernsehfunk gab es 1936 noch nicht. Anders dagegen beim Hörfunk; er war 1936 schon verhältnismäßig lange bekannt. Ihn hätte der Gesetzgeber mit freistellen können, wenn er das gewollt hätte.

Es scheint aber, als habe der Gesetzgeber tatsächlich die beim Hörfunk ähnliche Konfliktsmöglichkeit übersehen. Das Gesetz entstand unter dem unmittelbaren Eindruck der bekannten Flaggenliedentscheidung des Kammergerichts vom 11. Oktober 1934[12]). In dieser Entscheidung ging es um einen Fall, in dem die „tönende Wochenschau“ im Rahmen des Berichts über ein festliches Ereignis auch ein neu geschaffenes Lied, das bei dieser Gelegenheit vorgeführt worden war, aufgenommen und öffentlich wiedergegeben hatte. Das Kammergericht sah hierin eine Verletzung des Urheberrechts des Autors und hielt es für eine Aufgabe des Gesetzgebers, reformierend einzugreifen. Wörtlich heißt es in dem genannten Urteil:

> „Solange das Gesetz den Schutzgedanken zugunsten der Wochenschauen nicht durchbrochen hat, besteht auch keine Handhabe, dem Urheber von Musikwerken den gesetzlichen Schutz vorzuenthalten. Sollten sich aber Mißstände und unerträgliche Hemmungen in dieser Richtung herausstellen, so wäre es letzten Endes Sache des Gesetzgebers, helfend einzugreifen.“

Nun war zwar schon in dem Entwurf eines neuen Urheberrechtsgesetzes von 1932[13]) eine derartige Reform vorgesehen; § 37 ließ die Übertragung von kleinen Teilen von Vorträgen oder Aufführungen literarischer Werke auf Bild- oder Schallvorrichtungen sowie deren Vervielfältigung, Verbreitung und Benutzung zum Zwecke der Berichterstattung über Tagesereignisse ohne Zustimmung des Urhebers zu. Da jedoch mit der Gesamtreform des Urheberrechts nicht so schnell zu rechnen war, andererseits aber die Flaggenlied-Entscheidung des Kammergerichts den Urhebern ihre Rechte erst verdeutlicht hatte, mußte sofort etwas geschehen, wenn die Wochenschauen nicht fortgesetzt und in verstärktem Maße urheberrechtlichen Ansprüchen ausgesetzt sein sollten. In dem Bestreben, diese akute Notlage der Wochenschauen zu beseitigen, hat der Gesetzgeber offensichtlich weitere Konfliktsmöglichkeiten nicht geprüft. Jedenfalls kann in dem WSchG keine bewußte Entscheidung des Gesetzgebers gegen die volle Berichterstattungsfreiheit des Rundfunks gesehen werden. Eine solche Entscheidung hätte der damaligen Tendenz widersprochen, die

---

[12]) UFITA Bd. 8 (1935) S. 110 JW 1935, 303.

[13]) Entwurf eines Gesetzes über das Urheberrecht an Werken der Literatur, der Kunst und der Photographie mit Begründung, veröffentlicht durch das Reichsjustizministerium, Berlin 1932.

Massenkommunikationsmittel in den Dienst der Staatspropaganda zu stellen und sie von privatrechtlichen Hemmnissen möglichst weit zu befreien[14]).

Grundsätzlich ist damit der Weg zu einer analogen Anwendung des WSchG auch auf den Hörfunk frei. Gründe, die gegen eine Analogie sprechen könnten, sind nicht erkennbar. Die Konfliktssituation ist beim Fernsehen und bei der Wochenschau die gleiche. Die Gründe, die *Kühnemann* seinerzeit in Ermangelung einer amtlichen Begründung zur Freistellung der Filmberichterstattung gab, lassen sich fast wörtlich auch auf die Hörfunkberichterstattung heranziehen. *Kühnemann* schrieb:

„Der Kameramann, der oft erst am Ort der Vorgänge die Auswahl für seine Aufnahmen trifft und nicht immer weiß, was sich dort im einzelnen abspielen wird, kann nicht im voraus für eine Klarstellung der Rechtsverhältnisse sorgen. Aber auch zwischen der Aufnahme und Vervielfältigung seines Films oder Vorführung bleibt hierfür keine Zeit, weil gerade der Filmbericht möglichst schnell zum Versand und zur Wiedergabe bereit sein muß, wenn er seinen Zweck voll erfüllen soll, wirklichkeitsnahes Erleben zu vermitteln. Würden nun alle, die mit der Verbreitung und der Vorführung des fertigen Filmberichts zu tun haben, Ansprüchen der Inhaber von Urheberrechten an den aufgenommenen Werken ausgesetzt sein, mögen sie sich auf Unterlassung oder auf Zahlung richten, so wäre eine beunruhigende Unsicherheit die Folge. Sie würde der Verbreitung der Filmberichte abträglich sein, aber auch auf ihre Herstellung nachteilig zurückwirken, weil sie den Erzeugern aus Gründen der Vorsicht Beschränkungen in den Aufnahmen nahelegen würden, die dem Gehalt und der Wirkung der Berichte schaden könnten." [15])

Man braucht im Text nur das Wort „Kameramann" durch das Wort „Hörfunkreporter" und die Worte „Filmbericht" und „Filmberichterstattung" durch die Worte „Hörbericht" und „Hörberichterstattung" zu ersetzen, um die Begründung auch für die Freistellung der Hörberichterstattung von urheberrechtlichen Ansprüchen zu haben.

Immerhin entfernt man sich bei der entsprechenden Anwendung des WSchG auf den Hörfunk weiter denn je von der ursprünglichen Fallgestaltung, die der Gesetzgeber im Auge hatte. Die Fernsehberichterstattung entspricht als tönender Bildbericht jedenfalls dem Wesen nach der Wochenschau, und es wäre in der Tat Formalismus, die Anwendbarkeit des WSchG nur deshalb abzulehnen, weil die technischen Mittel des Sichtbarmachens der Bilder bei Film und Fernsehen verschieden sind oder den Live-Sendungen die Körperlichkeit der Aufzeichnung fehlt[16]). Beim Hörfunk aber fällt gerade das, was das Wesen von Wochenschauen und Fernsehen ausmacht, weg: es fehlt das Bild. Das Interesse ist hier nicht zwischen optischem und

---

[14]) Damit sei nicht die Weitergeltung des WSchG angezweifelt.

[15]) aaO. S. 726.

[16]) Schmidt di Simoni, aaO. S. 146; Bappert, aaO. S. 22.

akustischem Erleben geteilt, und der Urheber eines Sprach- oder Musikwerkes sieht dieses hier evtl. stärker der Aufmerksamkeit der Rundfunkteilnehmer ausgesetzt als bei Wochenschau und Fernsehen.

Das dürfte aber wohl kaum ausreichen, um für den Hörfunk eine Freistellung von urheberrechtlichen Ansprüchen abzulehnen. Auch im Fall der Hörfunkberichterstattung wird das Werk nicht stärker genutzt als bei der Aufnahme und Übertragung durch Wochenschau oder Fernsehen im Rahmen der Berichterstattung. Die Intensität, mit der einzelne das urheberrechtlich geschützte Werk in einem Bericht erfassen, kann für den Grad der Nutzung keine Rolle spielen.

Es ist m. E. also nicht erforderlich, auch den beim Hörfunk auftretenden Konflikt zwischen Urheberrecht einerseits und Interesse der Allgemeinheit an einer möglichst schnellen und umfassenden Information andererseits erst dem Gesetzgeber zur Entscheidung vorzulegen. Er ist bereits durch das WSchG mitentschieden. Mit der entsprechenden Anwendung des Gesetzes auch auf die Hörfunkberichterstattung wird also keine neue Entscheidung getroffen, sondern nur der hinter dem WSchG stehende gesetzgeberische Grundgedanke zu Ende gedacht.

2. Analoge Geltung des WschG auch für die Bildberichterstattung der Presse

Der Regierungsentwurf zur Reform des Urheberrechts vom 5. Dezember 1961 [17]) sieht in § 50 auch die Freistellung der „Bildberichterstattung über Tagesereignisse ... in Zeitungen und Zeitschriften, die im wesentlichen den Tagesinteressen Rechnung tragen“, vor. M. E. ist auch das schon dem geltenden Recht zu entnehmen.

Die Konfliktssituation ist bei der Bildberichterstattung der Presse im wesentlichen die gleiche wie bei der Wochenschau- und Fernsehberichterstattung. Auch der Pressebildreporter sieht sich am Ort der Ereignisse dem Zweifel darüber ausgesetzt, ob und gegebenenfalls welche Gegenstände urheberrechtlich geschützt sein könnten. Auch er wird dabei ebensowenig wie seine Kollegen von der Wochenschau und dem Fernsehen zeitlich in der Lage sein, die rechtlichen Verhältnisse zu klären und die erforderlichen Zustimmungen einzuholen. Ein Bild, das beispielsweise bei der Eröffnung einer Ausstellung, dem Empfang eines hohen Gastes aus dem Ausland oder einer Festveranstaltung in einer Universität aufgenommen wird, muß oft sofort, wenn nicht gar durch Funk, der Redaktion übermittelt werden und von hier zur Technik gegeben werden, damit es überhaupt noch zum entsprechenden Bericht in der nächsten Ausgabe zurecht kommt.

---

[17]) Bundestagsdrucksache IV/270 vom 23. März 1962.

Einen Tag später kann die Nachricht und damit das dazugehörende Bild schon veraltet und wertlos sein.

Es wäre widersinnig, wegen einer Aufnahme, die vielleicht außer der Gestalt des Redners das Stück einer neben dem Rednerpult stehenden Plastik zeigt, allein die Presse urheberrechtlichen Ansprüchen auszusetzen, obwohl Wochenschau und Fernsehen in ihren Berichten den gleichen optischen Ausschnitt des Geschehens bringen. Dem läßt sich nicht mit dem Einwand begegnen, die Presse sei in ihrer Berichterstattung nicht auf den Abdruck von Bildern angewiesen. Denn einmal wird ein Großteil der Bevölkerung allein durch die Presse über Tagesereignisse unterrichtet, und außerdem gebietet es der Berichterstattungszweck oft sehr wohl, den schriftlichen Bericht durch Bilder zu belegen. Daß das Bild gedruckt und nicht als flüchtiges Lichtbild auf der Leinwand oder dem Bildschirm erscheint, kann eine Analogie des WSchG m. E. nicht ausschließen. Hat man sich erst einmal von den im WSchG vorgesehenen technischen Mittel der Aufnahme und Wiedergabe gelöst und Sinn und Zweck des Gesetzes in den Vordergrund gestellt, dann ist von der analogen Anwendung des WSchG zu Gunsten von Rundfunk und Fernsehen die entsprechende Anwendung des Gesetzes auf die Bildberichterstattung in Zeitungen und Zeitschriften, die über Tagesereignisse informieren, nur der nächste, konsequente Schritt auf dem Weg, den im WSchG enthaltenen gesetzgeberischen Grundgedanken Geltung zu verschaffen.

Auch hier ist die Nutzung des Werkes nicht stärker als bei Wochenschau und Fernsehen, jedenfalls dann nicht, wenn das Werk nur am Rande erscheint. Anders muß die Entscheidung vielleicht ausfallen, wenn das Werk selbst das Tagesereignis ist und als solches in der Presse gedruckt erscheint; dann besteht die Möglichkeit, daß es von einem Teil der Leser der Zeitschrift entnommen und weiter verwendet wird, was bei den laufenden Bildern in Wochenschau und Fernsehen nicht möglich ist.

3. Das geschützte Werk als Tagesereignis

Der Wortlaut des WSchG und die hierfür herkömmlicherweise gegebene Begründung machen es jedoch überhaupt zweifelhaft, ob das Gesetz auch dann Anwendung findet, wenn das geschützte Werk im Rahmen der Berichterstattung nicht nur als Beiwerk des Tagesereignisses erscheint, sondern selbst im Mittelpunkt des Geschehens steht oder doch wesentlicher Teil davon ist. Das WSchG gestattet im Rahmen der Berichterstattung über die Tagesereignisse nur, urheberrechtlich geschützte Werke, die „im Verlauf der festgehaltenen Vorgänge für Auge und Ohr wahrnehmbar werden", aufzunehmen und wiederzugeben.

Das deutet darauf hin, als dürfe das geschützte Werk nur beiläufig, d.h. am Rande des Tagesereignisses erscheinen. Nur für diesen Fall paßt auch die immer wieder neu vorgebrachte Rechtfertigung *Kühnemanns*[18]), daß es nicht möglich ist, innerhalb kürzester Zeit die erforderlichen Zustimmungen einzuholen, ohne in der Berichterstattung gehemmt zu sein. Diese Schwierigkeiten begegnen dem Reporter jedoch nur, wenn das geschützte Werk am Randes eines Tagesereignisses erscheint. Ist das Werk dagegen selbst Gegenstand der Berichterstattung, wie etwa im Bericht über eine Ausstellung oder über die Feierlichkeiten anläßlich einer Preisverteilung, dann kann der Reporter zuvor den Urheber sehr wohl um seine Zustimmung befragen. Er weiß dann von vornherein, daß er bei seiner Berichterstattung ein urheberrechtlich geschütztes Werk — ein Gemälde des Künstles, die „laudatio" auf den Preisträger oder dessen Dankesrede — aufnehmen wird, und er kennt in diesem Fall auch von vornherein die Urheber dieser Werke.

Zumeist löst sich der Konflikt schon dadurch, daß der Reporter vom Urheber oder wenigstens vom Veranstalter — und dadurch mittelbar vom Urheber — zur Berichterstattung zugelassen wird. Das ist aber nicht immer so. Ein treffendes Gegenbeispiel bietet der bekannte Boxkampf Hein ten Hoff gegen Gardener in der Berliner Waldbühne[19]). Hier hatte der Veranstalter, um die Mittel für den Boxkampf aufzubringen, einer Filmgesellschaft das Alleinrecht übertragen, den Boxkampf aufzunehmen. Die Wochenschauen, die ausgeschlossen wurden, filmten daraufhin von einer eigens zu diesem Zweck errichteten Tribüne vom Nachbargrundstück aus und führten Teile des Kampfes vor.

In diesem Fall stand wohl das Recht am eigenen Bild, also kein Urheberrecht, sondern ein Persönlichkeitsrecht, zur Debatte, doch ist gerade dieses Beispiel typisch für die unterschiedliche Interessenlage, die besteht, wenn ein Werk oder eine Leistung den eigentlichen Gegenstand des Berichtes darstellt, oder wenn sie nur gelegentlich eines Tagesereignisses erscheint, über das berichtet wird. „Randerscheinungen" werden nicht wesentlich tangiert, wenn sie im Rahmen der Berichterstattung im Zeitungsbild, auf dem Bildschirm oder der Leinwand sichtbar oder durch den Lautsprecher wahrnehmbar werden. Werke und Leistungen dagegen, die das Interesse der Allgemeinheit besitzen und daher selbst den Gegenstand der Berichterstattung bilden, bürgen dem Berichterstatter in gewissem Maße auch für den finanziellen Nutzen. Zwar wird der wirtschaftliche Gewinn einer solchen

---

[18]) aaO. S. 726, vgl. auch Begründung zum Reg. Entwurf S. 66.

[19]) UFITA Bd. 20 (1955) S. 199 = GRUR 1952, 533.

Berichterstattung vornehmlich auf die eigene Berichterstattungsleistung zurückzuführen sein, doch ist ein Beitrag des Urhebers oder Leistungsträgers in diesen Fällen nicht zu verkennen [20]).

Das Kammergericht erkannte in dem oben genannten Boxkampffall die gegen die Wochenschaugesellschaft erhobenen Ansprüche nicht an und rechtfertigte seine Entscheidung u. a. mit der auf Art. 5 GG beruhenden Presse- und Informationsfreiheit sowie dem, wie es meinte, entscheidenden Grundgedanken des WSchG. Man mag dabei nähere Ausführungen zum WSchG vermissen, im Ergebnis ist dem Kammergericht aber zuzustimmen. Das WSchG enthält trotz seines zweifelhaften Wortlauts mehr als nur eine Entscheidung des Konfliktsfalles zwischen Informationsfreiheit und Urheberrecht bei *Randerscheinungen von Tagesereignissen*. Sinn und Zweck dieses Gesetzes gehen vielmehr darauf aus, im Verhältnis Urheberrecht und Informationsbedürfnis der Allgemeinheit *grundsätzlich* den Vorrang der Berichterstattungsfreiheit zu statuieren. Das Urheberrecht hat danach insoweit zurückzutreten, wo es die Allgemeinheit daran hindern würde, sich berechtigterweise über Tagesereignisse zu informieren, bzw. durch die Presse, den Rundfunk und die Wochenschauen informieren zu lassen.

M. E. liegt überhaupt die Bedeutung des WSchG und der entsprechenden Paragraphen der neuen Urheberrechtsentwürfe [21]) in dieser grundsätzlichen Entscheidung zu Gunsten der Berichterstattungsfreiheit. Soweit nämlich urheberrechtlich geschützte Werke nur am Rande eines Berichtes über Tagesereignisse erscheinen, läßt sich deren freie Benutzung durchaus schon auf den Grundsatz der „Sozialgebundenheit“ des Urheberrechts zurückführen. Jedem Herrschaftsrecht, nicht nur dem Eigentum als dem klassischen Herrschaftsrecht, wohnen wesensmäßig gewisse Schranken inne, die sich aus dem Zusammentreffen des Individualrechts mit den Rechten anderer, sei es der Allgemeinheit, sei es des einzelnen, ergeben.

Hier trifft das Urheberrecht mit dem Grundrecht der Presse- und Informationsfreiheit zusammen, das als Grundlage der freien Meinungsbildung zu den tragenden Elementen einer freiheitlich demokratischen Staatsordnung gehört. Wenn auch diese Grundrechte des Art. 5 GG durch den allgemeinen Gesetzesvorbehalt eingeschränkt sind, so bedeutet das nicht, daß sie hinter das Urheberrecht des einzelnen zurücktreten müßten. Was das Bundesverfassungsgericht für das Verhältnis zwischen Persönlichkeitsrecht und freier Meinungsäußerung ausgeführt hat [22]), muß entsprechend auch für das Verhält-

---

[20]) So auch *Bappert*, aaO. S. 21.

[21]) § 44 Ref. Entw. 1954, § 47 Min. Entw. 1959, § 50 Reg. Entw. 1961.

[22]) NJW 1958, 258 = BVerfGE 7,198.

nis des Urheberrechts zur Presse- und Informationsfreiheit gelten. Die vom Bundesverfassungsgericht anerkannte Wechselwirkung zwischen allgemeinen Gesetzen und dem Grundrecht des Art. 5 GG gebietet es, das Urheberrecht wie das allgemeine Persönlichkeitsrecht so zu interpretieren, daß der besondere Wert des Presse- und Informationsrechts gesichert bleibt. Diese Sicherung wäre nicht gegeben, wenn jeder Urheber, dessen Werk nur beiläufig im Zusammenhang mit einem Tagesereignis erscheint und damit kaum berührt wird, die Aufnahme und Wiedergabe des Tagesereignisses durch Rundfunk, Presse und Wochenschau verhindern könnte. Die Informationsfreiheit wäre damit weitgehend gelähmt. Das Urheberrecht erwiese sich als eine Fessel der Informationsfreiheit, die, der Willkür des Urhebers anheimgegeben, zum Nachteil der Allgemeinheit wirken müßte. Soweit kann dieses Herrschaftsrecht nicht gehen.

Anders dagegen, wenn sich Urheberrecht und Informationsfreiheit im Tagesereignis einander voll gegenübertreten, wenn das urheberrechtlich geschützte Werk selbst Gegenstand des Interesses der Allgemeinheit wird und dem Urheber seine Verfügungsbefugnis zu Gunsten der Allgemeinheit entzogen werden soll. Hierin liegt erst der eigentliche Interessenkonflikt. Denn beide Interessen sind anerkennenswert, nur muß das eine wegen seiner Unvereinbarkeit mit dem anderen zurücktreten. In einem solchen Fall läßt sich die Entscheidung nicht aus dem Wesen oder der Sozialgebundenheit eines Rechts entnehmen. Hier muß der Gesetzgeber die Entscheidung treffen. Das WSchG hat sich dabei im Interesse des Informationsbedürfnisses der Allgemeinheit zur vollen Berichterstattungsfreiheit bekannt.

Auch im neu geplanten Urheberrechtsgesetz soll sich der Gesetzgeber zu Gunsten der Informationsfreiheit entscheiden, wie § 50 des Regierungsentwurfs zu entnehmen ist. Diese Entscheidung ist zu begrüßen; sie entspricht unserer freiheitlichen demokratischen Grundordnung. Nur sollte sich der Gesetzgeber auch der Tragweite seiner Entscheidung bewußt sein. Ob dieser Zustand durch die Begründung allein schon befriedigend herbeigeführt werden kann, erscheint zweifelhaft.

Die Begründung des Regierungsentwurfs geht soweit, das mögliche Vorhandensein „echter" Konfliktsfälle überhaupt zu leugnen. Der Vorschlag, die Urheber an den Einnahmen der Funk-, Film- oder Bildberichterstattung zu beteiligen, wird mit dem Bemerken abgelehnt, das Werk bilde nicht den eigentlichen Gegenstand der Berichterstattung[23]). Es gibt aber doch sicher eine Reihe von Beispielsfällen, die den in der Begründung ausgesprochenen Satz widerlegen.

---

[23]) aaO. S. 67.

Auch der Berichterstattungszweck geht oft viel weiter, als man wahrhaben will[24]). Man geht allzu sehr von dem Blickpunkt der Wochenschauen aus und übersieht dabei die große Bedeutung, die das Gesetz erst durch seine Anwendung auf Rundfunk und Fernsehen mit deren weiteren Berichterstattungsmöglichkeiten hat.

4. Der Berichterstattungszweck

Die Freiheit der Berichterstattung wird nach dem WSchG und den Urheberrechtsentwürfen so weit gewährt, als es der Zweck der Berichterstattung fordert. Es sollen dadurch Mißbräuche ausgeschlossen werden, die entstehen könnten, weil das Gesetz die Aufnahme und Wiedergabe nicht nur auf Bruchstücke von Werken beschränkt, sondern in vollem Umfang zuläßt. Sicherlich wird sich auf diese Weise vermeiden lassen, daß Berichterstattungsaufnahmen in Werbe-, Kultur- oder Unterhaltungsfilmen oder diesbezüglichen Sendungen ausgenutzt werden. Aber damit ist den Interessen der Urheber noch nicht voll Rechnung getragen. In manchen Fällen wird der Berichterstattungszweck nämlich entgegen der herkömmlichen Auffassung[25]) erheblich weiter gehen und auch die längere Wiedergabe eines Werkes tragen. Gute Berichterstattung kann sich oft nicht auf kurze Bruchstücke beschränken. Jede Kürzung, jede Zusammenstellung von Ausschnitten bringt die Gefahr von Verfälschungen mit sich. Je genauer und wirklichkeitsgetreuer der Bericht daher erscheinen soll, desto ausführlicher und umfassender muß er sein.

Eine Rede beispielsweise, die die Allgemeinheit interessiert, wird in ihrem vollen Wortlaut gebracht werden können, ohne daß damit der Berichterstattungszweck überschritten werden würde. Eine abstrakte Plastik, die einen Skandal ausgelöst hat, wird dem Publikum länger als nur für den Bruchteil einiger Sekunden gezeigt werden dürfen. Auch wird die Wiedergabe einer solchen Plastik in Zeitungen und Zeitschriften im Rahmen des Berichts über den Skandal durchaus durch den Berichterstattungszweck gerechtfertigt sein. Solange das aktuelle Interesse des Publikums an dem Werk legitim, und solange die Wiedergabe des Werkes geeignet und bestimmt ist, das Publikum zu informieren, wird es sich der Urheber gefallen lassen müssen, daß sein Werk über Rundfunk, Presse und Wochenschau vorgeführt wird. Nur sollte er in den Fällen einer längeren Wiedergabe auch an den Einnahmen, die durch die Berichterstattung über das Werk erzielt werden, beteiligt sein[26]).

---

[24]) Begründung zum Reg. Entwurf S. 67; Bappert-Wagner, aaO. Rdn. 3 S. 108; Berthold-von Hartlieb, aaO. S. 22.

[25]) Vgl. Note 24.

[26]) So auch Bappert, aaO. S. 21.

Der Regierungsentwurf lehnt das ab, weil er, wie die Begründung erweist, nicht in Betracht gezogen hat, daß auch das Werk selbst den eigentlichen Gegenstand der Berichterstattung darstellen kann. Hier wird es nötig sein, die Interessenlage nochmals zu durchdenken und zu prüfen, ob nicht doch eine gesetzliche Lizenz in gewissem Rahmen eingeführt werden muß. Werden beispielsweise die gesamten Feierlichkeiten anläßlich einer großen Preisverleihung übertragen, so ist die Übertragung selbst durchaus vom Berichterstattungszweck gedeckt. Rundfunk und Fernsehen müssen die Möglichkeit haben, die gesamten Feierlichkeiten aufzunehmen und zu verbreiten und dürfen nicht durch einen einzelnen Redner gehindert sein, eine vollständige Übertragung zu bringen. Geht man aber in der Freistellung von einer sonst notwendigen Einwilligung des Urhebers im Interesse einer ausreichenden und zweckentsprechenden Berichterstattung so weit, dann entsteht zwangsläufig der Gedanke, ob nicht der Urheber, z. B. der Redner, auf dessen Werk dann die Berichterstattung vornehmlich mitberuht, angemessen beteiligt werden sollte. Die Erwägung, daß vielleicht diese Fälle doch selten sind, und daß vor allem die Abgrenzung wahrscheinlich unnötige Schwierigkeiten machen würde, spricht jedoch für die Regelung des Entwurfes.

Die Abgrenzung zwischen einer lizenzfreien und lizenzpflichtigen Benutzung des Werkes im Rahmen der Berichterstattung, wird nämlich nicht ganz leicht zu treffen sein. Allenfalls könnte man die Lösung vielleicht analog der Regelung des Zitatrechts finden. Erscheint das Werk innerhalb des Berichtes wie ein Zitat oder ein Beleg, dann sollte diese Benutzung des Werkes frei sein. Zu denken wäre dabei etwa an einen Bericht über die Ausstellung eines Malers, wobei einzelne ausgestellte Gemälde kurz gezeigt werden. In einem solchen Fall wird der Urheber schon durch die Publizität, die er damit erreicht, hinreichend entschädigt[27]). Werden dagegen längere Passagen eines Werkes gebracht, die nicht mehr als Zitat aufgefaßt werden können, dann könnte die Lizenz angemessen erscheinen.

5. Das Gebot der Wahrheit der Berichterstattung

Nicht die Berichterstattung schlechthin verdient Freistellung von urheberrechtlichen Ansprüchen. Oberster Grundsatz für die Privilegierung ist vielmehr das Gebot der Wahrheit und Objektivität. Nur um der echten Information der Allgemeinheit willen hat der Urheber mit seinem Recht zurückzutreten, nicht aber für eine Berichterstattung, die im Dienst einer bestimmten Interessengruppe oder einer bestimmten Partei manipuliert ist oder die Wirklichkeit aus Mangel an Sorgfalt entstellt.

---

27) A. M. Bappert, aaO. S. 21.

Dieser Gesichtspunkt ist bis jetzt zu wenig beachtet, wenn nicht überhaupt ganz vernachlässigt worden. Gewiß, es ist immer wieder auf das Erfordernis der Wirklichkeitstreue des Berichtes hingewiesen worden. Filmberichterstattung, sagt *Roeber*, „ist die wirklichkeitsgetreue Wiedergabe einer tatsächlichen Begebenheit mit den Mitteln der Filmtechnik"[28]), denn, so kann aus anderer Stelle bei *Roeber* ergänzt werden, „der Berichterstattungsfilm ist nichts anderes als der eigene Bewegungsvorgang der Begebenheit, und das gleichzeitig mit den übrigen Vorgängen fesgehaltene Werk ist nichts anderes als ein Moment eben dieser Begebenheit[29]).

Ebenso definiert *Kühnemann*: „Unter Filmberichterstattung im Sinne des Gesetzes ist die Wiedergabe von Tagesereignissen zu sehen, welche sich darauf beschränkt, die Vorgänge in ihrem tatsächlichen Ablauf darzustellen"[30]). *Harmsen*[31]) und *Bappert*[32]) schließen sich in ihren Ausführungen dieser Interpretation an.

Im Grunde geht es diesen Autoren aber gar nicht um den Gesamtbericht, sondern lediglich um die wirklichkeitsgetreue Wiedergabe des jeweiligen Berichtsteils. Es wird erörtert, wann ein Werk nachträglich eingefügt werden darf, wieweit es dabei gestellt sein kann. Man geht im Einzelfall sogar so weit, die Beifügung einer für den Film ausgesuchten Begleitmusik ausnahmslos für unzulässig zu erklären[33]), obwohl eine solche Musik doch zur Begleitung stummer Bilder durchaus angebracht sein kann.

Das Wesentliche, die Wirklichkeitstreue des Gesamtbildes, bleibt unerwähnt. Im Gegenteil, der uneingeschränkte Hinweis *Kühnemanns*, es bleibe freie Hand für die Zusammenstellung einzelner Berichtsteile zum Ganzen, Ausschnitte könnten beliebig gewählt, geordnet und miteinander — etwa durch Überblenden — verbunden werden[34]), wirkt geradezu als ein Freibrief für Manipulationen. Selbst *Bappert* deutet nur an, daß Berichtsteile geschnitten und zusammengestellt oder nach anderen Gesichtspunkten geordnet werden könnten, ohne auf das Erfordernis der Wirklichkeitstreue in diesem Rahmen einzugehen[35]).

Dabei ist bekannt, wie leicht sich gerade auf diese Weise Berichte verfälschen lassen. Abgesehen von der vollständigen Übertragung eines Ereignisses, gewährleistet an sich die Wiedergabe durch Film und Funk im Verhältnis zu den Möglichkeiten der Presse keineswegs

---

[28]) aaO. S. 345.
[29]) aaO. S. 338.
[30]) aaO. S. 727.
[31]) aaO. S. 345.
[32]) aaO. S. 18.
[33]) Kühnemann, aaO. S. 727; Roeber, aaO. S. 345.
[34]) aaO. S. 727.
[35]) aaO. S. 19.

die objektivere Berichterstattung, wie *Harmsen*[36]) meint. Das Optimum an Wirklichkeitstreue wird auch hier wie bei der Presse nur durch ein Optimum an Verantwortungsbewußtsein sämtlicher Beteiligter erreicht, dabei ist die Zahl der Mitwirkenden und somit die Möglichkeit subjektiver Einflußnahme bei Wochenschau und Fernsehen noch erheblich größer als bei der Presse.

Schon Aufnahmeort und Blickwinkel des Kameramannes führen subjektive Elemente in die Berichterstattung ein. Weitere persönliche Einflußnahme kommt bei der Auswahl des Bildmaterials, bei Schnitten und Zusammenstellungen hinzu. Darüber hinaus gibt der Kommentar die Möglichkeit, den Sinn des optischen Geschehens in sein Gegenteil zu verkehren. Selbst die Stimme des Kommentators, die Art seiner Sprechweise können die Wirklichkeitstreue der Wiedergabe beeinträchtigen. Wenn auch die gelegentlich in der Presse geäußerte Meinung „für den Bildschirm ist gut mogeln" [37]) übertrieben erscheint, so kann man auf diese Gefahr nicht oft genug hinweisen, denn gerade bei der Berichterstattung durch Film und Fernsehen ist die Allgemeinheit geneigt, blind zu vertrauen, meint man doch, man erlebe die Wirklichkeit unmittelbar mit. Man erlebt sie aber eben stets nur von ihrem örtlichen Standpunkt aus, der das Bild immer stark beeinflußt.

Selbstverständlich muß das Berichterstattungsmaterial, das der Kameramann liefert, vielfach überarbeitet werden, um überhaupt eine verständliche Berichterstattungssendung zu erhalten. Dem Publikum kann in der Regel nicht die „nackte" Aufnahme vorgeführt werden. Es bedarf eines gewissen Hinführens des Betrachters oder Zuhörers auf das Tagesgeschehen; auch wird es oft nötig sein, das Geschehen zu erläutern oder zu kommentieren oder auch die Aufmerksamkeit des Publikums bei stummen Bildern durch musikalische Untermalung zu erhalten oder zu heben.

M. E. ist jede Bearbeitung zulässig, die den Wahrheitsgehalt des Berichts nicht angreift. Es kann erklärt, kommentiert, geschnitten und geordnet werden, es kann fremdes Bildmaterial eingeblendet und Begleitmusik unterlegt werden, wesentlich ist nur, daß das Publikum erkennt, was zum eigentlichen Tagesereignis gehört und was zur Erläuterung oder zur Hebung der Aufmerksamkeit beigefügt ist.

Wichtigste ungeschriebene Voraussetzung der freien Benutzung urheberrechtlicher Werke im Rahmen der Berichterstattung über Tagesereignisse ist die Wahrheit. Fehler können sich immer einschleichen, dafür ist die menschliche Unzulänglichkeit und Subjektivität allzu bekannt. Eine bewußte oder grobe fahrlässige Verfälschung des

---

[36]) aaO. S. 505.

[37]) Die Welt, Ausgabe Nr. 137 vom 15. Juni 1963 Beilage (Aufsatz von Hellmut Alt)

tatsächlichen Geschehens durch die Bearbeitung des Berichts schließt die Anwendung des WSchG bzw. später der entsprechenden Bestimmung des neuen Urhebergesetzes jedoch aus.

6. Die durch das WSchG geschützten Rechte

Durch das WSchG sind nicht nur die Rechte der Urheber von Werken der Literatur- und Tonkunst, sondern alle Urheberrechte betroffen [38]).

Zweifelhaft ist es dagegen, ob das auch entsprechend für die Leistungsschutzrechte sowie für die Persönlichkeitsrechte gilt. In dieser generalisierenden Form hat das nur einmal das Landgericht Hamburg ausgesprochen [39]), allerdings auch nur nebenbei und ohne eine nähere Begründung dafür zu geben. Das Kammergericht hatte in dem oben zitierten Boxkampffall [40]) lediglich den Grundgedanken des WSchG für seine Entscheidung herangezogen.

Was den Leistungsschutz der ausübenden Künstler anbelangt, so wird von allen Autoren bemerkt, das WSchG gebe auch diese Rechte im Interesse einer umfassenden Berichterstattung über Tagesereignisse frei [41]). Zur Begründung wird vorgetragen, der Leistungsschutz könne nicht weiter gehen als der Werkschutz. Wolle man den Leistungsschutz vom WSchG ausnehmen, dann wäre die ganze Ausnahmeregelung des WSchG zu Gunsten einer ungehinderten Berichterstattung bedeutungslos, da dann der ausübende Künstler die Vorführung des Berichts verhindern könne. Der Regierungsentwurf zur Reform des Urheberrechts sieht dementsprechend auch im Abschnitt „Schutz des ausübenden Künstlers" eine Bestimmung vor, die die Rechte entsprechend den Bestimmungen über die Urheberrechte beschränkt (§ 94). Die Frage ist, ob auch heute schon die Leistungsschutzrechte unter das WSchG fallen.

Soweit die Leistung des Künstlers auf einem Ton- oder Bildträger festgehalten ist, sich die vergängliche Leistung des Künstlers also von der Person des Künstlers gelöst hat und - ähnlich einem Geisteswerk - wiederholter Nutzung zugänglich wird, ist das m. E. zu bejahen, und zwar nicht nur für die Fälle, in denen § 2 LitUG dem Künstler wie dem Hersteller des Tonträgers ein fiktives Bearbeitungsrecht gibt [42]). Hier steht wie im Urheberrecht das selbständige Werk im Vordergrund.

Ebenso wird man die Leistungsschutzrechte der Hersteller von Bild- und Tonträgern behandeln müssen. Auch ihr „Werk" ist ver-

---

[38]) Becker, aaO. S. 443; Bappert, aaO. S. 19.

[39]) Entscheidung vom 21. Dez. 1960 in UFITA Bd. 34 (1961) S. 363.

[40]) Vgl. Note 19.

[41]) Roeber, aaO. S. 346; Becker, aaO. S. 443; Harmsen, aaO. S. 503; Ulmer, aaO. S. 442; Bappert, aaO. S. 19.

[42]) Vgl. BGH in UFITA Bd. 32 (1960) S. 200 = NJW 1960, 2051.

selbständigt einer Nutzung durch andere zugänglich. Nur ist hier zu beachten, daß das WSchG keineswegs das Recht gibt, Teile von Aufnahmen einfach zu übernehmen. Das Werk muß nach dem WSchG selbst durch einen Aufnahmevorgang in den Bericht aufgenommen sein, was nur zulässig ist bei Berichten über Tagesereignisse. Das geschieht beispielsweise, wenn ein Teil eines Fernsehfilms im Rahmen eines Berichtes über eine Fernsehtagung, in deren Verlauf der Fernsehfilm gezeigt worden ist, aufgenommen und wiedergegeben ist [43]).

Aber dieser Leistungsschutz dürfte weniger interessieren. Nur selten wird bei einem Tagesereignis der von einem Bild- oder Tonträger wiedergegebene Vortrag eines Künstlers oder der Bild- oder Tonträger selbst Gegenstand einer Aufnahme sein. Viel häufiger werden die Aufnahmen zur Berichterstattung über Tagesereignisse den Vortrag des Künstlers überhaupt erst fixieren, und hier liegt ein wesentlicher Unterschied zur Aufnahme eines urheberrechtlich geschützten Werkes.

Während sich das aufzunehmende urheberrechtlich geschützte Werk bereits von seinem Schöpfer gelöst hat, bevor es aufgenommen wird, hält die Erstfixierung der Leistung des Interpreten den Schöpfungsakt selbst fest. In diesem Augenblick gehen Persönlichkeit und Werk noch ineinander auf, und die Aufnahme des Vortrags oder der Vorführung des „Werkes" des Künstlers ist untrennbar mit der Aufnahme der einmaligen Individualität während seines Schaffens verbunden. Gerade deswegen hat der Bundesgerichtshof den Schutz der künstlerischen Leistung, solange noch keine Sonderbestimmungen bestehen, aus dem allgemeinen Persönlichkeitsrecht abgeleitet [44]). Wie das durch die Artikel 1 und 2 GG gewährleistete Persönlichkeitsrecht jeden Menschen davor schützt, daß in seine individuelle Sphäre eingegriffen wird, indem seine Gespräche ohne sein Wissen oder Willen von Tonträgern aufgenommen werden [45]), ist der gleiche Schutz zu gewähren, wenn ein Mensch mit Hilfe seiner höchstpersönlichen Fähigkeiten ein Werk darbietet [46]).

Es ist freilich auch hier wie beim Urheberrecht das wirtschaftliche Verwertungsrecht der Leistung von den ideellen und rein persönlichkeitsbezogenen Belangen des Künstlers zu unterscheiden. Das vom Bundesgerichtshof aus dem allgemeinen Persönlichkeitsrecht abgeleitete wirtschaftliche Verwertungsrecht des ausübenden Künstlers [47])

---

[43]) Krause, aaO. S. 352.
[44]) BGH in UFITA Bd. 32 (1960) S. 223 (228) und Bd. 32 (1960) S. 243 (249) = NJW 1960, 2043 und 2050; vgl. auch Hubmann, aaO. S. 219, 221; Kleine, aaO. S. 473; Ulmer, aaO. S. 441.
[45]) UFITA Bd. 26 (1958) S. 230 = BGHZ 27, 284.
[46]) BGH in UFITA Bd. 32 (1960) S. 223 = NJW 1960, 2043.
[47]) BGH in UFITA Bd. 32 (1960) S. 223 (228/224) und Bd. 32 (1960) S. 243 (248 ff.) = NJW 1960, 2043 (2045) und 2048 (2050).

entspricht in seinem Grundgedanken, dem Künstler den Wert seiner Leistung zu sichern, und in seinen Auswirkungen — jedenfalls bei der Berichterstattung über Tagesereignisse — den Verwertungsbefugnissen des Urheberrechts so weitgehend, daß diese m. E. auch schon nach dem geltenden Recht im Rahmen des WSchG einander gleichzusetzen sind.

Soweit allerdings das rein ideelle und untrennbar persönlichkeitsbezogene Element der Leistung in Frage steht, bleibt diese Seite des allgemeinen Persönlichkeitsrechts außerhalb der Regelung des WSchG.

Das WSchG regelt ausdrücklich nur die freie Benutzung von urheberrechtlich geschützten Werken und legt damit dem Urheber neben dem Verzicht auf sein Verwertungsrecht allenfalls noch eine Beschränkung in seinen vom Urheberrecht anerkannten, aus der Urheberschaft hergeleiteten, besonderen Persönlichkeitsrechten auf. Weiter geht die Freistellung nach dem WSchG jedoch nicht. Der Konflikt zwischen Berichterstattungsfreiheit und sonstiger Beeinträchtigung der Persönlichkeit des Urhebers wird vom WSchG ebensowenig gelöst wie der Konflikt zwischen Berichterstattungsfreiheit und sonstigen absoluten Rechten, wie Eigentumsrecht, Hausrecht, Recht am eigenen Bild etc.[48]).

Bei der Aufnahme eines urheberrechtlich geschützten Werkes im Rahmen der Berichterstattung über Tagesereignisse wird das Persönlichkeitsrecht des Urhebers auf Achtung seiner Ehre, seines künstlerischen Ansehens etc. nur in den seltensten Fällen berührt werden; anders dagegen beim ausübenden Künstler, dessen ganze Person im Augenblick der Leistung unmittelbar erfaßt ist, und der sich auch mit seiner Leistung und zugleich seiner Person beim öffentlichen Auftreten der Berichterstattung stellt.

Was für die ausübenden Künstler gilt, wird auch auf Sportler, Artisten und andere Personen, die durch ihre individuellen Fähigkeiten unmittelbar eine Leistung vollbringen, anzuwenden sein. Auch sie müssen es sich m. E. nach dem WSchG gefallen lassen, daß ihre Leistung, sofern sie dem Berichterstatter zugänglich ist, zum Zwecke der Berichterstattung über Tagesereignisse aufgenommen und öffentlich wiedergegeben wird. Soweit dadurch die Persönlichkeit der erfaßten Person selbst betroffen wird, ist hier der Konflikt nach den für das Persönlichkeitsrecht entwickelten Regeln zu beurteilen.

Für das besondere Persönlichkeitsrecht des Bildnisschutzes — worunter auch das flüchtig bewegte Personenbild fällt[49]) — sieht der § 23

---

[48]) So auch H a r m s e n , aaO. S. 503, 505.

[49]) B e r t h o l d - v o n H a r t l i e b , aaO. S. 153.

Abs. 1 KSchG eine Reihe von Ausnahmen vor, die sich auch zu Gunsten der Berichterstattungsfreiheit auswirken, wie Bildnisse von Persönkeiten aus dem Bereich der Zeitgeschichte zum Zwecke der Information der Öffentlichkeit, Bilder, auf denen die Personen nur als Beiwerk erscheinen, Bilder von Versammlungen, Aufzügen und ähnlichen Vorgängen, an denen dargestellte Personen teilgenommen haben. In allen diesen Fällen ist jedoch zu beachten, daß die Abbildung „ein berechtigtes Interesse" des Abgebildeten nicht beeinträchtigen darf (§ 23 Abs. 2 KSchG). Diese Bestimmung läuft auf die für das Persönlichkeitsrecht in den vergangenen Jahren ganz allgemein entwickelte Interessenabwägung zwischen öffentlichem Informationsinteresse und Individualitätsinteresse hinaus[50]). Es wird im Fall einer Kollision zwischen Berichterstattungsfreiheit einerseits und Recht am eigenen Bild oder allgemeinem Persönlichkeitsrecht andererseits also stets auf eine gerechte Interessenabwägung im Einzelfall ankommen, wofür die für das Presserecht entwickelten Grundsätze herangezogen werden können.

[50]) BGHZ 24, 79; UFITA Bd. 31 (1960) S. 242 = BGHZ 31, 308; UFITA Bd. 36 (1962) S. 236 = BGHZ 36, 77; BVerfGE 7, 276.

Die Rechtsfolgen der Veröffentlichung oder des Erscheinens einer Bearbeitung auf die Rechte des Urhebers am noch nicht veröffentlichten oder noch nicht erschienenen Originalwerk

Von Prof. Dr. iur. **Ernst E. Hirsch,** Berlin

I.

Das dem Bearbeiter eines urheberrechtlich geschützten Werks an seiner Bearbeitung durch Gesetz oder internationale Abkommen gesicherte sog. Bearbeiter-Urheberrecht gewährt zwar eine in der Person des Bearbeiters entstehende und — unter der Voraussetzung, daß die Bearbeitung im Verhältnis zum Urheber des Originalwerks rechtmäßig erfolgt — auch von diesem zu respektierende urheberrechtliche Stellung, als ob es sich um ein Originalwerk handelt. Da jedoch das Urheberrecht in der Regel nur demjenigen zusteht, welcher das Werk hervorbringt und ihm den Stempel seiner Persönlichkeit aufdrückt, kann der Bearbeiter urheberrechtliche Befugnisse an der Bearbeitung für sich selbst nur insoweit beanspruchen, als er durch seine Bearbeitung dem Originalwerk urheberrechtsschutzwürdige Elemente hinzufügt. Hieraus ergeben sich mehrere Folgerungen:

Einmal sind Bearbeitungen, welche die eigenpersönliche Prägung des Bearbeiters nicht aufweisen, keine selbständigen Werke im urheberrechtlichen Sinn. Zum anderen kann ein Bearbeiter-Urheber die ihm in dieser Eigenschaft zustehenden Rechte nur im Rahmen der ihm vom Urheber des bearbeiteten Werks gegebenen Erlaubnis geltend machen. Ferner sind die Schutzfristen für das Originalwerk und die einzelnen Bearbeitungen eines Werks voneinander unabhängig. Schließlich wird das Bearbeiter-Urheberrecht nur unbeschadet der Rechte des Urhebers des bearbeiteten Werks gewährt. Dieser behält — unabhängig von den dem Bearbeiter-Urheber an der Bearbeitung zustehenden Rechten — alle Rechte und Befugnisse als Urhaber seines Werks gegenüber jedermann, insbesondere auch gegenüber einem Bearbeiter, soweit dieser im Verhältnis zum Urheber des bearbeiteten Werks nicht rechtmäßig handelt. Läßt sich die Abgrenzung der Schutzbereiche ohne große Mühe durchführen, wenn sowohl das Originalwerk als auch die Bearbeitung veröffentlicht sind, so ergeben sich Zweifel dann, wenn das Originalwerk noch nicht veröffentlicht bzw. erschienen ist oder nicht als veröffentlicht gilt, aber Bearbeitungen davon mit Erlaubnis des Urhebers des Originalwerks veröffentlicht bzw. erschienen sind.

II.

1. Die Übersetzung eines Sprachwerks in eine andere Sprache ist eine Bearbeitung des übersetzten Werks. An dieser Übersetzung hat der Übersetzer die Stellung eines Urhebers jedem gegenüber, ausgenommen im Verhältnis zum Urheber des übersetzten Werks, wenn diesem gegenüber die Übersetzung unrechtmäßig ist. Dies ist sie, wenn die wirtschaftliche Verwertung der Übersetzung erfolgt, ohne daß das Übersetzungsrecht vom Urheber des übersetzten Werks erworben wurde, obwohl es hätte erworben werden müssen. Ist ein derartiger Erwerb des Übersetzungsrechts nicht erforderlich, weil das übersetzte Werk gemeinfrei ist oder weil nach der Art des Werks (Gesetze, gerichtliche Entscheidungen u. dgl.) oder nach dem Zweck der Übersetzung (z. B. zum persönlichen Gebrauch ohne Gewinnabsicht) die Bearbeitung freigestellt ist, so kann trotzdem durch die Art und Weise, in welcher von der Übersetzungsfreiheit Gebrauch gemacht worden ist, die Übersetzung gegenüber dem Urheber des übersetzten Werks unrechtmäßig sein. Dieser Sachverhalt ist z. B. gegeben, wenn die Übersetzung das übersetzte Werk so entstellt, daß dadurch die besondere Eigenart des Werks oder das Ansehen und die Ehre seines Urhebers beeinträchtigt werden [1]). Dieser Fall kann insbesondere dann eintreten, wenn Staaten der Revidierten Berner Übereinkunft unter dem Vorbehalt des Art. 25 Abs. 2 Satz 2 beigetreten sind und den verbandsangehörigen Urhebern das Recht zur Übersetzung in die Landessprache nur für die Dauer von zehn Jahren seit Veröffentlichung des Originalwerks einräumen, wie dies nach dem Rechtszustand am 1. Januar 1964 z. B. für Griechenland, Island, Japan, Jugoslawien und die Türkei zutrifft [2]). Nach Art. 28 des türkischen Urheberrechtsgesetzes von 1951 kann z. B. ein Werk der Wissenschaft und Literatur, das erstmals in einer anderen Sprache als der türkischen erschienen ist und innerhalb von zehn Jahren nach seinem Erscheinen weder durch den Urheber selbst noch mit seiner Genehmigung durch einen anderen ins Türkische übersetzt und veröffentlicht ist, nach Ablauf dieser zehn Jahre ohne weiteres ins Türkische übersetzt und vom Übersetzer auf Grund seines Bearbeiter-Urheberrechts frei verwertet werden. Diese Bestim-

---

[1]) Ebenso Ulmer, Urheber- und Verlagsrecht, 2. Aufl. 1960, S. 102, 269 ff.

[2]) DdA 1964, 4 und 5.

mung des türkischen Rechts ist durch den erwähnten Vorbehalt, unter dem die Türkei der Brüsseler Fassung der RBÜ beigetreten ist gedeckt, gilt somit auch gegenüber allen verbandsangehörigen ausländischen Urhebern. Jedoch behalten diese das Recht, sowohl gegen jede Übersetzung in eine andere Sprache als die türkische, wie auch gegen jede andere Art der Bearbeitung (etwa eine Umformung des Sprachwerks in eine andere Darstellungsform, in eine Kurzfassung, in eine bloße „Adaption" u. dgl.), wie schließlich auch gegen eine infolge grober Übersetzungsfehler entstellende Übersetzung alle diejenigen Rechte geltend zu machen, die sie gegen denjenigen geltend machen könnten, der vor Ablauf der zehnjährigen Schutzfrist ohne Erwerb des Übersetzungsrechts das Werk übersetzt und die Übersetzung verwertet hätte.

2. Da, wie oben bereits erwähnt wurde, die Schutzfrist für das Originalwerk und die Bearbeitungen eines Werks voneinander unabhängig sind, ist es möglich, daß entweder die Schutzfrist für das Original früher abläuft als diejenige für die Bearbeitung, oder daß umgekehrt die Schutzfrist für die Bearbeitung früher abläuft als diejenige für das Original.

Erlischt das Bearbeiter-Urheberrecht früher als das Urheberrecht am Original, so wird lediglich die Bearbeitung frei, nicht dagegen das Original. Ein bekanntes Beispiel bildet der vom Reichsgericht entschiedene Carmen-Fall [3]). Mit Recht wird in der Begründung darauf hingewiesen, daß die Dauer des Urheberrechts des Übersetzers an seiner Übersetzung sich lediglich nach seiner Person richtet. Erlösche der Schutz der Übersetzung früher als der des Originalwerks, so bleibe dieser doch in seinem vollen ursprünglichen Umfange bestehen und hieraus folge, daß der Urheber oder Verleger des Originalwerks nunmehr die Vervielfältigung und Verbreitung auch der Übersetzung verbieten könne.

3. Läuft die Schutzfrist für das Original dagegen früher ab als diejenige für die Bearbeitung, so behält der Bearbeiter die ihm als Bearbeiter-Urheber zustehenden Rechte gegenüber jedem Dritten, kann sich aber nicht dagegen wehren, wenn andere das frei gewordene Werk nun selbständig bearbeiten. Jedoch wird die Frage nicht einheitlich beantwortet, ob der Urheber des frei gewordenen Originalwerks das Recht hat, sich den Bearbeitern seines Werks gegenüber zur Wehr zu setzen, wenn diese durch ihre Bearbeitung das Werk entstellen, verstümmeln, verändern oder in einer anderen Weise, welche seiner Ehre oder seinem Ruf nachteilig sein könnte, beeinträchtigten.

[3]) RGZ 71, 92 (95/96).

Einige der jüngeren ausländischen Gesetze belassen trotz Ablauf der Schutzfrist für die vermögensrechtlichen Verwertungsbefugnisse dem Urheber selbst zeit seines Lebens und nach seinem Tode den Angehörigen (u. U. auch sonstigen Personen oder staatlichen Stellen) für unbeschränkte Zeit die persönlichkeitsrechtlichen Befugnisse, insbesondere das Recht einzuschreiten, wenn durch die Art und Weise der Benutzung, insbesondere der Bearbeitung des frei gewordenen Werkes, dessen Integrität oder Ehre und Ansehen des Urhebers beeinträtigt werden [4]). Nach § 65 des österreichischen Gesetzes von 1936 kann der Urheber die ihm zustehenden persönlichkeitsrechtlichen Befugnisse zeit seines Lebens geltend machen, wenngleich die Schutzfrist schon abgelaufen ist. Die gleiche Bestimmung gilt nach Art. 6 bis Abs. 1 BRÜ in der Brüsseler Fassung, so daß jeder Staat, der diese Fassung ratifiziert hat oder ihr beigetreten ist, jedem verbandsangehörigen Urheber jedenfalls für die Zeit seines Lebens die Wahrung seiner persönlichkeitsrechtlichen Befugnisse ermöglichen muß, auch wenn das Werk gemeinfrei geworden ist und nach dem Recht des Staates, in dem der Schutzanspruch geltend gemacht wird, der Ablauf der Schutzfrist auch die persönlichkeitsrechtlichen Ansprüche erlöschen läßt. Ein weitergehender Schutz über den Tod des Urhebers hinaus wurde auf der Brüsseler Konferenz zwar erstrebt. Jedoch konnte man sich nur darauf einigen, den verbandsangehörigen Urhebern das Recht einzuräumen, sich auf weitergehende Gesetze der Verbandsländer zu berufen, nach denen das „droit moral“ nach dem Tode des Urhebers wenigstens bis zum Erlöschen der vermögensrechtlichen Befugnisse in Kraft bleibt [5]).

Das geltende deutsche Urheberrecht läßt mit dem Ablauf der Schutzfrist für die Verwertungsrechte auch die persönlichkeitsrechtlichen Befugnisse des Urhebers erlöschen. Der dem Bundestag vorliegende Entwurf [6]) lehnt, wie sich aus der amtlichen Begründung zu § 67 ergibt, die Anregung ab, „jedenfalls das Urheberpersönlichkeitsrecht unbefristet fortbestehen zu lassen“. In der Begründung kehren die Argumente wieder, die mit Ausnahme von Hubmann [7]) von allen deutschen Autoren, insbesondere von Ernst Heymann [8]),

---

[4]) So z. B. Art. 23 des italienischen Gesetzes von 1941, Art. 19 des türkischen Gesetzes von 1951, Art. 6 Abs. 3 des französischen Gesetzes von 1957.

[5]) Vgl. Art. 6 bis Abs. 2 und 3 BRÜ in der Brüsseler Fassung und über die Entstehungsgeschichte: Documents de la Conférence, Bern 1951, S. 126, 127. 185, 195 bis 198.

[6]) Deutscher Bundestag, 4. Wahlperiode, Drucksache IV/270.

[7]) Urheber- und Verlagsrecht 1959 S. 57.

[8]) DJZ 1928, 278 ff.

Heinrich Mitteis[9]) und Ulmer[10]) erhoben worden sind. Einmal wird auf die Schwierigkeiten hingewiesen, lange Zeit nach dem Tode des Urhebers eine Stelle zu finden, die zur Wahrnehmung des „droit moral“ geeignet sei. Selbst wenn eine derartige Stelle gefunden werden könne, müsse darüber hinaus die Entscheidung im Einzelfall stets den Gerichten vorbehalten bleiben. Die Gerichte mit kulturkritischen und kulturwertenden Fragen zu befassen, bedeute aber eine Überforderung. Schließlich handle es sich bei freien Werken gar nicht um eine Wahrung des Urheberpersönlichkeitsrechts, d. h. der geistigen und persönlichen Beziehungen des Urhebers zu seinem Werk, sondern um den Schutz allgemeiner kultureller Belange. „Der Schutz wäre seinem Wesen nach kein Urheberrechtsschutz, sondern ein Denkmalsschutz.“ [11]).

Alle diese Argumente fallen in sich zusammen, wenn ein Werk noch zu Lebzeiten des Urhebers gemeinfrei wird. Dafür gibt es sowohl im ausländischen als auch im deutschen Recht zahlreiche Beispiele: Für alle Werke beträgt die Schutzfrist nach amerikanischem Recht (§ 24) 28 Jahre seit der Erstveröffentlichung mit der Möglichkeit einer einmaligen Verlängerung um weitere 28 Jahre. Für Photographien beträgt sie nach englischem Recht (sect. 3 § 4 b) 50 Jahre seit der Erstveröffentlichung, nach kanadischem Recht (sect. 9) 50 Jahre seit der Anfertigung des Originalnegativs. Für Filmwerke ist sie nach österreichischem Recht (§ 62) auf 30 Jahre seit der Aufnahme bzw. Veröffentlichung festgesetzt. Für Handarbeiten, Werke des Kunstgewerbes, fotografische Werke und Filmwerke beträgt sie nach türkischem Recht (Art. 29) 20 Jahre vom Zeitpunkt der Veröffentlichung an. Für Übersetzungen in die Landessprache beträgt sie in allen Fällen, in denen die nationale Gesetzgebung von dem nach Art. 25 und 27 RBÜ auch jetzt noch zulässigen Vorbehalt Gebrauch gemacht hat, daß anstelle des das Übersetzungsrecht betreffenden Art. 8 der Art. 5 der Übereinkunft von 1886 in der Pariser Fassung von 1896 zu treten hat, 10 Jahre seit der Erstveröffentlichung des Originalwerks, falls der Urheber nicht in einem Verbandsland eine Übersetzung in die Sprache, für welche der Schutz in Anspruch genommen werden soll, selbst veröffentlicht hat oder durch einen anderen hat veröffentlichen lassen.

Beispiele aus dem geltenden deutschen Recht bieten § 31 Abs. 1 LitUG, § 26 KunstUG: Bei Werken, die bei der Erstveröffentlichung anonym oder unter einem Decknamen erscheinen, endet die Schutz-

---

[9]) Grundriß des österreichischen Urheberrechts, 1936, S. 128.
[10]) op. cit. S. 280, 281.
[11]) So wörtlich Ulmer loc. cit.

frist mit dem Ablauf von 50 Jahren seit der Veröffentlichung, auch wenn allgemein bekannt ist, wer der Urheber ist[12]). Der Schutz des Urheberrechts an einem Werk der Fotografie endet mit dem Ablauf von 25 Jahren seit dem Erscheinen des Werks.

Der dem Bundestag vorliegende Entwurf bleibt bei diesen Regelungen (§ 69 Abs. 1, § 71). Darüber hinaus werden wissenschaftliche Ausgaben urheberrechtlich nicht geschützter Werke, Ausgaben nachgelassener Werke, Lichtbilder, Darbietungen ausübender Künstler, Tonträger und Funksendungen nach urheberrechtlichen Grundsätzen geschützt, die Schutzfristen aber auf 10 bzw. 25 Jahre seit dem Erscheinen der erwähnten „Leistungen" festgesetzt[13]). Soweit dem Inhaber des Leistungsschutzrechts die ausschließliche Befugnis vorbehalten ist, Bearbeitungen oder andere Umgestaltungen seiner „Leistung" zu veröffentlichen oder zu verwerten, wie z. B. bei wissenschaftlichen Ausgaben und bei Lichtbildern, kann somit ebenfalls die Frage auftauchen, ob mit dem Erlöschen des Leistungsschutzrechts am Original zugleich auch die persönlichkeitsrechtlichen Befugnisse ihr Ende finden.

4. Unter diesen Umständen bedarf erst recht die Frage, inwieweit die Rechte des Urhebers am nichtveröffentlichten Originalwerk durch das Erscheinen einer vom Urheber erlaubten Bearbeitung beeinträchtigt werden, einer genaueren Untersuchung. Zu haltbaren Ergebnissen kann man m. E. allerdings nur dann gelangen, wenn man nicht, wie es die oben kurz skizzierte „Begründung" des Entwurfs versucht, pragmatische Erörterungen anstellt, die für den Fall eine gewisse Berechtigung haben, daß das Problem 50 Jahre nach dem Tode des Urhebers eintritt, aber gegenstandslos sind, wenn es sich noch zu Lebzeiten des Urhebers oder ein oder zwei Jahrzehnte später stellt. Es ist nicht damit getan, die Vorstellung oder das Postulat eines sog. „ewigen Urheberrechts" abzulehnen oder zu verteidigen. Jedenfalls bedürfen rechtspolitische Erwägungen, die nach früher geltenden Anschauungen und Wertmaßstäben ausgerichtet waren, der Überprüfung, ob sie unter den wesentlich gewandelten zeitgenössischen Auffassungen über den Umfang der dem Urheber vorbehaltenen Verwertungsmöglichkeiten des Werks und über den Wirkungsgrad seiner persönlichkeitsrechtlichen Beziehungen zum Werk auch heute noch haltbar und vertretbar sind. Man darf nicht aus den Augen verlieren, wie überaltert die deutsche urheberrecht-

---

12) So mit Recht Voigtländer-Elster-Kleine, Urheberrecht, 4. Aufl. 1952, Anm. 1 zu § 31 LitUG.

13) §§ 80 Abs. 3, 81 Abs. 3, 82, 92, 95 Abs. 2, 97 Abs. 2; vgl. auch §§ 104, 105 über den Leistungsschutz des Herstellers von Filmen und Laufbildern und die dort vorgesehene Schutzfrist von 25 Jahren.

liche Gesetzgebung vor allem im Vergleich zu derjenigen anderer Staaten ist. Wir hinken — jedenfalls nach dem Buchstaben der in Geltung befindlichen Gesetze — um mehr als ein Menschenalter hinter dem Urheberrecht unserer Nachbarn her. Von den 52 Staaten, die der Berner Union angehören, befindet sich die Bundesrepublik nach dem Stand vom 1. 1. 1964 unter den 15 Staaten, welche mit Rücksicht auf den zurückgebliebenen Zustand ihres internen Rechts noch immer nicht die Brüsseler Fassung der RBÜ von 1948 ratifiziert haben. Selbst wenn der dem Bundestag vorliegende Entwurf noch im Laufe dieser Legislaturperiode verabschiedet und damit die Bahn frei gemacht wird, die Brüsseler Fassung zu ratifizieren, besteht angesichts der für das Jahr 1967 vorgesehenen neuen Revisionskonferenz in Stockholm die Gefahr, daß trotz der hervorragenden und vor allem auch international anerkannten [14]) Verdienste des Mannes, dem diese Abhandlung als Gabe zu seinem 60. Geburtstag gewidmet ist, die Gesamtkonzeption des deutschen Urheberrechts unter dem internationalen „level" bleibt. Es scheint mir deshalb angebracht zu sein, bei der Klärung des hier gestellten Einzelproblems zunächst noch einmal die Grundfrage zu stellen, was denn darunter zu verstehen ist, wenn vom Urheberrecht (im subjektiven Sinn) die Rede ist.

III.

In einem der zahlreichen Nachrufe auf Paul Hindemith wird berichtet, der kürzlich verewigte Komponist habe die Orchesterstimmen eines zu einem bestimmten Zweck komponierten Werkes in letzter Minute selbst ausgeschrieben und, nach der Partitur gefragt, erklärt, er habe sie nur im Kopf, aber noch nicht auf dem Papier. Se non è vero, è ben trovato: Ein Geistes- oder Kunstwerk (im folgenden kurz „Werk" genannt) entsteht in der Person eines Menschen; solange das Werk nicht irgendwie stofflich fixiert ist, gehört es zu der Person dessen, der es unkörperlich (immateriell) in sich trägt. Es bedarf weder einer positiven noch einer naturrechtlichen Norm, um die Zugehörigkeit des zwar existenten, aber stofflich noch nicht verkörperten Werks zu demjenigen, der es aus den Tiefen seines Geistes und Gemütes „heraushebt" und deshalb — sprachlich richtig — als „Ur-Heber" bezeichnet wird, zu deklarieren oder ein-

[14]) Im Bericht über die im November 1963 stattgehabte Tagung des Expertenkomitees zur Vorbereitung der Stockholmer Revisionskonferenz heißt es wörtlich: „A l'issue de ses délibérations, le Comité d'experts, unanime, s'associant aux paroles prononcées par l'expert de la France, a adressé ses félicitations au Professeur Ulmer pour la manière, dont il a conduit les débats, avec une hauteur de vues et une impartialité auxquelles les participants ont rendu hommage". (Vgl. DdA 1964, 27).

zuordnen: denn rein faktisch weiß die Welt in der Regel nichts von der Existenz des Werkes, solange der Urheber es bei sich behält und es nicht, um mit Homer zu reden, aus dem „Gehe der Zähne“ (ἕρκος ὀδόντων) entläßt.

Selbst wenn der Urheber sein Werk in irgendeiner Weise stofflich fixiert, kann er, solange er die tatsächliche Gewalt über die Verkörperung (im folgenden im Anschluß an Ulmer [15]) „Urstück“ genannt) innehat, allein darüber bestimmen, ob das Werk überhaupt der Öffentlichkeit zugänglich gemacht wird und — bejahendenfalls — wann, wo und wie dies geschieht. Verliert der Urheber die tatsächliche Gewalt über das Urstück, sei es unfreiwillig, weil es gestohlen wird, verlorengeht oder sonstwie abhanden kommt, sei es freiwillig, weil es einem anderen anvertraut ist und dieser daran Besitz oder Gewahrsam hat, so gewähren die dem Urheber als Eigentümmer und ursprünglichen Besitzer des Urstücks zustehenden bürgerlichrechtlichen Ansprüche keinen ausreichenden Schutz seiner ideellen und materiellen Interessen am Werk. Er muß damit rechnen, daß derjenige, der, unerlaubter- oder erlaubterweise, die tatsächliche Gewalt über das Urstück auszuüben in der Lage ist, das im Urstück verkörperte Werk auf irgendeinem Weg und in irgendeiner äußeren Gestalt der Öffentlichkeit preisgibt oder jedenfalls dritten Personen zugänglich macht. An Beispielen ist kein Mangel. Man braucht nicht dreihundert Jahre zurückzugehen bis zu dem berühmten Fall von Molières Komödie „Les Précieuses Ridicules“ [16]). Ein aktuelles Beispiel bildet der vom Bundesgerichtshof entschiedene Fall „Mit dir allein“ [17]). Hier hatte ein Filmhersteller, der mit dem Verfasser eines noch unveröffentlichten Filmmanuskriptes einen Optionsvertrag über den Erwerb von Verfilmungsrechten abgeschlossen hatte, auf Grund des ihm überlassenen Manuskriptes während des Laufes der Optionsfrist Bearbeitungen des Filmstoffes herstellen lassen. Der Bundesgerichtshof führt wörtlich aus: „Zu Recht weist das Berufungsgericht (KG) darauf hin, daß die Existenz solcher Bearbeitungen des Filmstoffes, die ohne Wissen

---

15) op. cit. S. 12.

16) Aus dem Vorwort Molières zu der gegen seinen Willen veranstalteten Druckausgabe: „C'est une étrange chose qu'on imprime les gens malgré eux. Je ne vois rien si injuste, et je pardonnerais toute autre violence plutôt que celle-là ... Cependant, je n'ai pu l'éviter et je suis tombé dans la disgrâce de voir une copie dérobée de ma pièce entre les mains des libraires, accompagnée d'un privilège obtenu par surprise. J'ai eu beau crier: O temps! O moeurs! On m'a fait voir une necessité pour moi d'être imprimé ou d'avoir un procès et le dernier mal est encore pire que le premier ...“ zitiert nach Olagnier: Le Droit d' auteur (Paris 1934) I.

17) MDR 63, 199, UFITA Bd. 39 (1963) S. 267, Lindemaier-Möhring Nr. 8 zu § 12 LitUG.

und Billigung des Urhebers des Filmstoffes hergestellt werden, deshalb eine Gefahr für die Belange des Originalurhebers bedeuten, weil der Originalurheber keine Möglichkeit der Kontrolle über sie besitzt und der ursprüngliche Filmstoff durch mehrere aufeinanderfolgende Bearbeitungen derart verändert werden kann, daß der Nachweis des Plagiates schwer zu erbringen ist. (Sperrungen vom Verfasser.) Diese besondere, bei der Bearbeitung eines Filmstoffes gegebene Interessenlage des Originalurhebers verbietet es, die Vervielfältigung solcher Bearbeitungen von einer Erlaubnis des Originalurhebers freizustellen, mag die Bearbeitung auch nur in einzelnen Exemplaren niedergelegt werden und ausschließlich zu dem Zweck verfaßt worden sein, die Geeignetheit des Filmstoffes für eine Verfilmung zu überprüfen, zu der der Filmproduzent im Falle eines positiven Prüfungsergebnisses das Recht von dem Originalurheber durch Abschluß eines Verfilmungsvertrages erwerben will." [18])

Neben der Gefährdung rein materieller Interessen läuft der Urheber, der den Besitz eines bisher unveröffentlichten Urstücks freiwillig oder unfreiwillig verliert, Gefahr, durch eine in Anbetracht der gegebenen Umstände nach Zeit, Ort oder äußerer Form als ungeeignet zu qualifizierende Veröffentlichung nicht nur Ehre und Ruf, sondern auch Freiheit, Gesundheit und Leben zu verlieren. Auch hierfür mangelt es nicht an historischen und aktuellen Beispielen.

Deshalb geht der Rechtsschutz, der heutzutage dem Urheber eines noch nicht veröffentlichten Werkes sowohl durch innerstaatliche Gesetze als auch durch internationale Abkommen gewährt wird, weit hinaus über den bürgerlichrechtlichen Besitz- und Eigentumsschutz am Urstück als einem körperlichen Gegenstand. Ein unveröffentlichtes Werk und seine stoffliche Verkörperung sind für die Öffentlichkeit sozusagen tabu. Juristisch ausgedrückt: Bei einem noch nicht veröffentlichten Werk sind die immateriellen und materiellen Belange des Urhebers am weitestgehenden geschützt; seine Herrschaft über das Werk ist in keiner Weise eingeschränkt oder zwangsweise einschränkbar [19]). Es handelt sich hierbei um nichts anderes als die

---

[18]) UFITA Bd. 39 (1963) S. 274. Im Ergebnis ebenso Ulmer (op. cit. S. 218), der ganz allgemein nur die Bearbeitung als geistigen Akt sowie die Vervielfältigung zum privaten Gebrauch und die Wiedergabe im privaten Kreise für frei hält. Eine körperliche Festlegung, die nicht zum privaten Gebrauch bestimmt ist, sei dagegen — auch wenn sie die erste körperliche Festlegung ist — nicht nur im Falle der Verfilmung, sondern auch im Falle sonstiger Bearbeitung ein Eingriff in das Urheberrecht am Originalwerk.

[19]) So können z. B. nach der ausdrücklichen Bestimmung des Art. 31 des türkischen UG von 1951 das Manuskript oder Original eines noch nicht ver-

Anwendung des Grundsatzes, daß die Würde des Menschen unantastbar ist. Die Achtung vor der Persönlichkeit bezieht sich nicht nur auf die Wahrung der körperlichen Integrität und Freiheit, sondern vor allem auch auf den Schutz gerade dessen, was den Menschen vor allen anderen Lebewesen auszeichnet: auf die Unverletzlichkeit seines seelischen Seins und seiner geistigen und künstlerischen Schaffenskraft [20]). Nicht nur Gedanken, auch alle noch in der Geheimsphäre ihres Urhebers befindlichen Werke sind „zollfrei". Sie gelten — um im Bilde zu bleiben — für alle anderen als ungreifbar und irgendeiner Bewertung oder Verwertung entzogen. Erst wenn der Schleier vom Urheber selbst oder von anderen nach Maßgabe letztwilliger Verfügungen über Zeitpunkt, Voraussetzungen und Modalitäten gelüftet wird, tritt das Werk aus der Verborgenheit und Geborgenheit der Privatsphäre in das Licht und in den Einwirkungsbereich der Allgemeinheit. „Veröffentlichung und Erscheinen erweisen sich dabei als Stufen im Lebensgang des Werks." [21]).

IV.

Wenn in diesem Zusammenhang von der Gefahr eines „ewigen" Urheberrechts oder eines „Schubladenurheberrechts" gesprochen wird, weil ein nicht veröffentlichtes Werk niemals gemeinfrei werden könne, so ist diese Ausdrucksweise nur auf eine unrichtige Vorstellung von der rechtlichen Qualifizierung der üblicherweise als „Urheberrecht" bezeichneten Rechtsstellung des Urhebers hinsichtlich seines Werkes zurückzuführen.

1. Ich habe wiederholt versucht [22]), zu einer Klärung dieses Kardinalpunktes der Lehre und Praxis des Urheberrechts beizutragen. Vor allem habe ich vor dem oft begangenen methodischen Fehler gewarnt, rechtsphilosophische, rechtspolitische, rechtsdogmatische

öffentlichten Werkes, das sich im Eigentum des Urhebers oder eines seiner Erben befindet, sowie die Verwertungsrechte daran nicht Gegenstand eines gesetzlichen oder vertraglichen Pfandrechts, eines Zurückbehaltungsrechts und der Zwangsvollstreckung sein. Vgl. auch § 10 LitUG § 14 Kunst UG.

[20]) Im gleichen Sinne Ulmer op. cit. S. 7: „Eingriffe in das Urheberrecht, die dazu führen würden, daß das Werk wider den Willen des Urhebers veröffentlicht wird, wären mit unserem Rechtsempfinden unvereinbar. Über die Erstveröffentlichung hinaus muß aber regelmäßig auch die Bestimmung des Urhebers über die fernere Wiedergabe seines Werks frei von Zwangseingriffen bleiben."

[21]) Ulmer op. cit. S. 5; vgl. auch S. 154.

[22]) Vgl. meine Abhandlung „Die Werkherrschaft" in: Annales de l'Université d'Ankara 1948 (Vol. 2) S. 275 ff. Neudruck in UFITA Bd. 36 (1962) S. 19 ff. und Heft 26 der Schriftenreihe der UFITA „Persönlichkeit und Technik im Lichte des Urheber-, Film-, Funk- und Fernsehrechts", Baden-Baden, 1963, S. 19 ff. Eine kurze Zusammenfassung meiner Gedanken findet sich in UFITA Bd. 22 (1956) S. 165 ff. = Schriftenreihe der UFITA Heft 4 „Das neue Urheberrechtsgesetz der Türkei", Baden-Baden, 1957, S. 21 ff., im gleichen Sinne Groppler in UFITA Bd. 25 (1958), S. 385 ff.

und rechtstechnische Argumente in wirrem Durcheinander zu verwenden, weil mit der Beantwortung der rechtsphilosophischen Frage nach dem zureichenden Grund für die Zubilligung dieser oder jener Befugnisse des Urhebers nichts ausgesagt werden kann über den allein rechtspolitisch zu bestimmenden Umfang dieser Rechte. Die jeweils für richtig gehaltenen Antworten auf diese beiden Fragen haben ihrerseits keine Bedeutung für die Beantwortung der rechtsdogmatischen Frage nach der Stellung der Urheberrechte in dem auf dem positiven Recht aufgebauten wissenschaftlichen Rechtssystem. Wäre es anders, so hätte die Berner Übereinkunft oder das Welturheberrechtsabkommen, in denen sich Staaten mit den verschiedensten Rechtssystemen zum einheitlichen Schutz der Interessen der Urheber zusammengefunden haben, keine faktischen Wirkungen zeitigen können. Schließlich ist die Frage nach der Terminologie nach anderen Kriterien zu entscheiden als die rechtsphilosophische, die rechtspolitische und die rechtsdogmatische Frage.

Zwar hat, soweit ich sehen kann, niemand gegen mein Verlangen nach methodischer Sauberkeit Einspruch erhoben und die von mir vorgenommene „Vierteilung" des Problems als unrichtig nachzuweisen versucht. Jedoch haben die Autoren, die meine Lehre von der Werkherrschaft ablehnen, mich offensichtlich mißverstanden, weil sie ihrerseits die — gewiß recht unbequeme — Vierteilung des Problems nicht nachvollzogen haben. Wenn Ulmer [23]) ausführt, ich bekämpfte mit meiner Lehre die von ihm vertretene monistische Auffassung, daß das Urheberrecht ein einheitliches Recht sei, aus dem die Summe der dem Urheber zustehenden Nutzungsrechte und persönlichkeitsrechtlichen Befugnisse fließe, ginge über die wesentlich vorsichtigere Deutung der dualistischen Theorie hinaus und meinte mit dem Begriff der Werkherrschaft nichts anderes, als was Kohler gelehrt habe, daß nämlich das Urheberrecht seinem Wesen nach nicht eine Herrschaft über Sachgüter, sondern eine Herrschaft über das Werk als Immaterialgut ist, so übersieht er, daß ich sowohl die monistischen Theorien von Kohler und von Gierke als auch die dualistischen Theorien ausdrücklich abgelehnt habe. Wörtlich habe ich ausgeführt [24]): „Was man als ‚Urheberrecht' oder ‚Patentrecht', als ‚droit d'auteur', ‚propriétée intellectuelle, littéraire, musicale, industrielle' etc. zu bezeichnen pflegt, ist weder ein einziges subjektives Recht noch auch eine Summe von Einzelrechten, sondern eine durch die Hervorbringung einer eigentümlichen geistigen Schöpfung

[23]) op. cit. 99, 100.
[24]) Schriftenreihe der UFITA Heft 26 S. 47.

gesetzlich erworbene objektive Rechtsposition, die ihrem Inhaber eine Anzahl von Befugnissen verleiht." Offenbar ist Ursache des Mißverständnisses der von mir gebrauchte Ausdruck „Rechtsposition". Ulmer hat wohl, was ich vor allem aus seinem Hinweis auf Groppler schließe, den Terminus „Rechtsposition" in dem abschwächenden Sprachgebrauch der Materialien zum BGB hinsichtlich der rechtsdogmatischen Beurteilung des Besitzers verstanden [25]), das heißt als ein Minus gegenüber dem Begriff „subjektives Recht". Dies entspricht keineswegs meiner Auffassung, weil ich das, was man üblicherweise „Urheberrecht" (im subjektiven Sinne) nennt, für ein Rechtsverhältnis halte, das umgreifender ist als ein subjektives Recht. Denn wenn auch nach Ulmers Lehre aus einem Recht eine Reihe von Befugnissen fließt, die ihrerseits als subjektive Rechte zu qualifizieren sind, so scheint es mir dogmatisch nicht nur gerechtfertigt, sondern geradezu geboten zu sein, das „Mutterrecht, in dessen Bann die abgeleiteten Rechte stehen und das sowohl als Quelle der persönlichkeitsrechtlichen Befugnisse wie der Nutzungsrechte erscheint" [26]), seinem Charakter entsprechend hervorzuheben und deutlich zu machen, daß es nicht ein Mehr oder Weniger, sondern etwas anderes als die aus ihm fließenden Befugnisse bedeutet.

Ich befinde mich bei dieser dogmatischen Auffassung in voller Übereinstimmung mit der zeitgenössischen Zivilrechtsdogmatik. So empfiehlt zum Beispiel Raiser [27]) hinsichtlich des Eigentums ausdrücklich, „die Vorstellung eines sich stets gleichbleibenden subjektiven Rechts zu ergänzen durch die einer komplexen, Befugnisse und Pfichten in sich übernehmenden, wandelbaren Rechtsstellung des Eigentümers". Auch Eichler [28]) lehrt, daß die Summe der Befugnisse des Eigentümers nicht etwa das Eigentum ausmacht, weil, rechtsdogmatisch betrachtet, das Recht des Eigentums von der Gesamtheit der in ihm verkörperten Befugnisse verschieden sei. Ähnlich sagen Enneccerus-Lehmann [29]), zwischen dem Schuldverhältnis im weiteren Sinn und der einzelnen schuldrechtlichen Forderung bestehe ein ähnliches Verhältnis wie zwischen dem Eigentum und den aus ihm entspringenden Ansprüchen. „Jenes ist die Quelle, ein ansprucherzeugender Tatbestand (von manchen als Organismus bezeichnet), dieses der daraus erwachsene einzelne schuldrecht-

---

25) Vgl. hierzu vor allem Darmstaedter, Der Eigentumsbegriff des BGB, AcP 151, 311 ff., insbesondere 319 f.

26) So wörtlich Ulmer, op. cit. S. 101.

27) In der von ihm besorgten Bearbeitung des Sachenrechts von Martin Wolff (Tübingen 1957, S. 175).

28) Institutionen des Sachenrechts Bd. 1, Berlin 1954, S. 146/147.

29) Recht der Schuldverhältnisse, 15. Bearbeitung, Tübingen 1958, § 1 III.

liche Anspruch." Esser [30]) spricht unter Hinweis auf die früheren Lehren, welche das Schuldverhältnis bald als „produktive oder lebende Kraft" (Oertmann) bezeichneten, vermöge deren es alle einzelnen Ansprüche, Einreden, Gestaltungsrechte und so fort „erzeuge", im Anschluß an Herholz von einer „konstanten Rahmenbeziehung" und sagt wörtlich: „Das Schuldverhältnis steht sowohl dem Pflichtumfang als der Zeitdimension nach über den Ansprüchen. Es bestimmt sie, ist aber seinerseits nicht nur deren Summe. Letztere sind lediglich die jeweils dem ‚Entwicklungsstadium' des Schuldverhältnisses ... entsprechenden Schutzbefugnisse für die subjektiven Rechte, so wie sie aus dem Schuldverhältnis folgen." Larenz [31]) spricht vom Schuldverhältnis als „Gefüge und Prozeß" und betont ausdrücklich, (in Fußnote 1 auf S. 19), er meine dasselbe, was Siber mit „Organismus" bezeichnet habe. Blomeyer [32]) weist mit Recht auf die Gefährlichkeit „naturwissenschaftlicher Bilder" hin und zieht es vor, „genauer von einem schuldrechtlichen Grundverhältnis als der Gesamtheit der (möglichen) Rechtsfolgen [zu sprechen], die sich an einen schuldrechtlichen Grundtatbestand knüpfen".

Die dem Urheber zustehende Rechtsstellung entsprechend der Sachherrschaft des Eigentums als „Werkherrschaft" zu bezeichnen, scheint mir deshalb zweckmäßig zu sein, weil die Vorstellung einer faktischen und rechtlich geregelten Herrschaft des Urhebers über sein Werk allgemein geteilt wird. So sagt zum Beispiel, um nur einige neuere Autoren zu zitieren, Rintelen [33]): „Urheberrecht ist das ideelle und materielle Herrschaftsrecht über ein schöpferisches Geisteswerk." Troller [34]) hält den Streit der Urheberrechtler über das Wesen des Urheberrechts angesichts seiner Deutung des Begriffes „geistiges Eigentum" für überflüssig und erklärt wörtlich im Sperrdruck: „Der Urheber verfügt kraft seiner Herrschaftsmacht über das Werk und schützt dadurch die ideellen und materiellen Interessen, die ohnehin nicht voneinander zu trennen sind." Er stellt mit Recht fest, daß wir im Ergebnis einer Meinung sind, lehnt aber meine Arbeitshypothese und den von mir vorgeschlagenen Ausdruck „Werkherrschaft" als komplizierte Konstruktion" ab, „statt geradeheraus das geistige Eigentum genügen zu lassen". Die Begründung Trollers ist ein interessantes Beispiel dafür, wie man einem Ausdruck einen anderen Sinn geben kann als denjenigen, den der angegriffene Autor klar und eindeutig herausgestellt hat: Ich habe die auf dem Tat-

---

[30]) Schuldrecht, 2. Aufl. 1960, § 125, 1 und 2.
[31]) Lehrbuch des Schuldrechts, 1. Bd., 3. Aufl., 1958, § 2.
[32]) Allgemeines Schuldrecht, 3. Aufl. 1964, § 2 IV.
[33]) Urheberrecht und Urhebervertragsrecht, Wien 1958, S. 43.
[34]) Immaterialgüterrecht, Basel und Stuttgart 1959, Bd. I S. 92.

bestand der Schaffung des Werks nach Maßgabe des positiven Rechts beruhende Rechtsposition des Urhebers an keiner Stelle als „Rechtsquelle", sondern als „Quelle im Sinne eines ‚Quellrechts'" bezeichnet und keineswegs, wie Troller wörtlich sagt, „zwischen die Befugnisse und die Werkschöpfung eine weitere Rechtsquelle gelegt".

Ich will zu dem Streit über das, was man „subjektives Recht" nennt, nicht Stellung nehmen[35]). Der Streit ist meines Erachtens großenteils steril und müßig. Es geht mir allein um die auch von Troller selbst nicht nur geteilte, sondern ausdrücklich hervorgehobene Feststellung, daß der Urheber mit der Hervorbringung eines Werks eine rechtliche Stellung erlangt, die durch das enge Band zwischen Autor und Werk gekennzeichnet ist und ihn deshalb nach Maßgabe des jeweils geltenden objektiven Rechts (Gewohnheitsrecht, Richterrecht, Gesetz) eine durch diese umgrenzte Rechtsmacht über das Werk gewährt. Es steht jedem frei, diese Rechtsmacht „Urheberrecht" oder „geistiges Eigentum" zu benennen. Ich ziehe den Ausdruck „Werkherrschaft" deshalb vor, weil er fehlerhafte Assoziationen und darauf beruhende rechtspolitische Forderungen oder rechtsdogmatische Folgerungen von vornherein ausschließt, die — wie die Kultur-, Rechts- und Dogmengeschichte zur Genüge zeigen — mit den Ausdrücken „Eigentum" und „Urheberrecht" als nur einem einzigen subjektiven Recht oder einem Bündel nebeneinander stehender Rechte verbunden worden sind und auch heute noch verbunden werden.

Auch Ulmer sind Vorstellung und Ausdruck einer Herrschaft des Urhebers über das Werk nicht fremd: „Wir müssen . . ., über Kohler hinausgreifend, auch den Herrschaftsbegriff abwandeln: Das Werk steht dem Urheber nicht nur als ein wirtschaftlich verwertbares Gut, sondern zugleich als ein Kind seines Geistes zu, mit dem ihn ein ideelles Band verbindet."[36]). „Die Herrschaft über das Werk beschränkt die Rechte, die dem Eigentümer des Werkstücks zustehen."[37]). „Nicht nur der Gegenstand des Rechts, sondern auch die Art der rechtlichen Herrschaft ist eine andere als beim Eigentum."[38]).

Abgesehen von der dogmatischen Qualifizierung der Urheberstellung und ihrer Benennung besteht zwischen Ulmers Lehre und meiner Arbeitshypothese in Wahrheit kein Unterschied. Ulmer ist der Meinung, das Urheberrecht habe seiner Natur nach seinen Platz

---

[35]) Über den Stand der Frage vgl. Raiser: Der Stand der Lehre vom subjektiven Recht im deutschen Zivilrecht: Z. Bern. JV. 1961, 121 ff.
[36]) op. cit. S. 11.
[37]) op. cit. S. 13.
[38]) op. cit. S. 104.

weder bei den Vermögensrechten, noch bei den Persönlichkeitsrechten. „Es zeigt vielmehr, daß in der Systematik des Privatrechts Raum bleiben muß für die Anerkennung von Rechten, in denen vermögens- und persönlichkeitsrechtliche Elemente untrennbar miteinander vermengt sind.“ [39]). Genau dies entspricht meiner seit 1943 in türkischer Sprache und seit 1948 in deutscher Sprache literarisch vertretenen Auffassung. Nur gehe ich, um es noch einmal zu betonen, einen dogmatischen Schritt weiter als Ulmer, indem ich die Gesamtheit der dem Urheber zustehenden Einzelbefugnisse aus der Rechtsstellung („Rechtsposition“) herleite, die dem Urheber deshalb eingeräumt wird, weil er das Werk geschaffen hat. Nach meiner Meinung ist diese Rechtsstellung mehr als die Summe der Einzelbefugnisse und diesen gegenüber ebenso ein aliud, wie das Eigentum gegenüber den aus ihm ableitbaren dinglichen Rechten, das Schuldverhältnis gegenüber den aus ihm folgenden Ansprüchen. Dies erhellt vor allem auch aus dem Umstand, daß der Inhaber der Sachherrschaft oder der Werkherrrschaft gerade wegen dieser seiner Position auch mit Pflichten und Verbindlichkeiten belastet wird, aus der Rechtsstellung also nicht nur Rechte und Befugnisse fließen. Wenn nach Art. 14 Abs. 2 GG Eigentum verpflichtet und sein Gebrauch zugleich dem Wohle der Allgemeinheit dienen soll, dann gilt dieser Satz nicht nur für das Sacheigentum im Sinne des BGB, sondern nach allgemein herrschender Lehre und Rechtsprechung für jede vermögenswerte Rechtsstellung. Auch die Persönlichkeit hat ihre Schranken. Sie ist die Quelle nicht nur für die Persönlichkeitsrechte, sondern auch für persönlichkeitsgebundene Pflichten, denen der einzelne sich nicht entziehen kann.

Gerade weil dem Urheber aus seinem Rechtsverhältnis zum Werk nicht nur Befugnisse und Rechte, sondern je nach dem maßgebenden positiven Recht verschiedene Pflichten zu einem Dulden, Unterlassen oder Tun erwachsen, scheint mir rechtsdogmatisch die Qualifizierung des Urheberrechts als „Quellrecht“ oder „Rechtsposition“ geeigneter als nur diejenige eines einzigen „subjektiven Rechts“, die, wenn man Troller folgt, nichtssagend, wenn man Ulmer glaubt, für unser rechtliches Denken eine unentbehrliche Vorstellungsweise ist.

Verwendet man als Terminus technicus für diese Rechtsstellung den von mir vorgeschlagenen Ausdruck „Werkherrschaft“, so ergibt sich bereits aus dem Wortsinn, daß die Herrschaft des Urhebers über sein Werk nicht bloß etwas Rechtliches, sondern vor allem etwas Faktisches ist: Rechtssoziologisch formuliert ist die Werkherrschaft

---

[39]) op. cit. S. 92.

die rechtlich geregelte Art und Weise (Modalität), wie der Urheber seine tatsächliche Gewalt über das Werk ausübt. „Werkherrschaft" bezeichnet das Rechtsverhältnis zwischen Urheber und Werk, die „konstante Rahmenbeziehung" im Sinne von Herholz. Das Urheberrecht (im objektiven Sinne) dagegen setzt die Maßstäbe, mit deren Hilfe die Ausübung der Werkherrschaft und der Gebrauch der ihr inhärenten Befugnisse als der Rechtsordnung entsprechend oder widersprechend qualifiziert werden kann.

V.

Aus dieser Sach- und Rechtslage folgt, daß die Herrschaft des Urhebers über sein noch nicht veröffentlichtes Werk faktisch nicht länger dauern kann, als er selbst die Macht hat, diese seine Herrschaft über das Urstück auszuüben. Abgesehen von den Fällen, in denen durch Eingriffe von hoher Hand die faktische Herrschaftsausübung entfällt, endet sie auf jeden Fall mit dem Tod des Urhebers. Ob und gegebenenfalls in welchen Grenzen und auf wen diese durch die Hervorbringung des Werkes in der Person des Urhebers zur Entstehung gelangte Rechtsstellung der Werkherrschaft durch den Tod des Urhebers nicht ihr Ende findet, sondern kraft Gesetzes oder durch letztwillige Verfügung, sei es der Substanz, sei es lediglich der Ausübung nach, rechtlich übergeht, ist eine allein durch das positive Recht lösbare und, wie jede rechtshistorische und rechtsvergleichende Betrachtung zeigt, auch durchaus verschieden gelöste Frage. Die Ursache für die Verschiedenheit der Lösung ist nicht auf rechtsdogmatischem Feld zu suchen, sondern liegt auf rechtspolitischem Gebiet und den nach Raum und Zeit wechselnden Wertmaßstäben, nach denen die politisch jeweils maßgebenden Instanzen den Umfang der aus der Werkherrschaft fließenden Rechtsfolgen zu umgrenzen für angemessen halten.

Entsprechendes gilt von der Durchsetzbarkeit letztwilliger Verfügungen des Urhebers darüber, ob, wann, wo, wie nach seinem Tode das noch nicht veröffentlichte Werk an die Öffentlichkeit gelangen soll. Ein Augustus hat sich über den Letzten Willen Vergils, das Manuskript der von diesem als noch nicht vollendet betrachteten Aeneis zu verbrennen, hinweggesetzt und das Werk posthum herausgeben lassen. Der Cotta'sche Verlag hat entgegen der von ihm seinerzeit gegenüber den Erben des Reichskanzlers Fürst Otto von Bismarck vertragsmäßig übernommenen Verpflichtung, den 3. Band der „Gedanken und Erinnerungen" bei Lebzeiten Kaiser Wilhelms II. nicht zu veröffentlichen, mit dem Hinweis auf die durch die Umwälzung von 1918 veränderten Umstände als gegenstandslos nicht eingehalten, obwohl die Erben gegen die Veröffentlichung Einspruch erhoben haben [40]).

Die gelegentliche Mißachtung des Letzten Willens eines Urhebers, mag dieser ihn in einer Urkunde niedergelegt oder seinen nächsten Angehörigen oder Erben auf anderem Weg kundgetan haben, beweist lediglich, daß der Verstorbene faktisch nicht mehr in der Lage ist, seinem Letzten Willen Geltung zu verschaffen. Ob die faktische Mißachtung des Letzten Willens rechtliche Folgen hat und welcher Art diese sind, ist wiederum eine Frage des positiven Rechts, deren Beantwortung von jeder Rechtsgemeinschaft nach den Wertmaßstäben erfolgt, nach denen die politisch jeweils maßgebende Instanz den Umfang der aus der Werkherrschaft fließenden Rechtsfolgen zu bestimmen für angemessen hält.

Wenn gelehrt wird [41]), mit dem Ende der Schutzfrist ende „das" Urheberrecht, so ist diese Aussage trotz der Absolutheit der Formulierung nur für diejenige konkrete Rechtsordnung richtig, in der eine entsprechende Regelung rechtens ist. Wenn man diese Art der Regelung mit der Erwägung zu rechtfertigen sucht, daß nur die Generation, die dem Urheber noch nahesteht, zur Verwertung und zugleich zur Wahrung der ideellen Interessen des Urhebers berufen sei, so ist dies keine rechtsdogmatische, sondern eine rechtspolitische Begründung. Wird darüber hinaus zur weiteren Rechtfertigung ausgeführt, schon die zeitliche Befristung der Nutzungsrechte bedeute eine Befristung nicht nur für den Schutz der materiellen, sondern auch für den Schutz ideeller Interessen, so handelt es sich um eine petitio principii: Die allein für die aus der Werkherrschaft fließenden materiellen Nutzungsrechte getroffenen Bestimmungen des positiven deutschen Rechts werden mit Hilfe der rechtsdogmatischen Qualifizierung „des" Urheberrechts als eines subjektiven Rechts der gesamten Rechtsstellung zugewiesen, so daß man daraus dann allerdings mühelos auch die zeitliche Beschränkung des ideellen Schutzes ableiten kann.

Von derselben „Allgemeingültigkeit" ist die Behauptung, die Einheit des Urheberrechts bleibe auch im Erbgang gewahrt. Eine Trennung von Nutzungsrechten und persönlichkeitsrechtlichen Befugnissen finde nicht statt. Das Urheberrecht gehe vielmehr einheitlich auf die Erben über. Ulmer selbst räumt ein, daß es anderswo anders geregelt ist, und versucht, diese andere Regelung als Ausfluß einer fehlerhaften rechtsdogmatischen Qualifizierung zu erklären. In Wahrheit handelt es sich jedoch bei den anderen Lösungen um den

---

[40]) Vgl. das Vorwort des Verlags zum „Dritten Band", Stuttgart—Berlin 1919.
[41]) Vgl. zum folgenden **Ulmer** op. cit. S. 100.

Ausfluß rechtspolitischer Wertungen und Entscheidungen, die mit rechtsdogmatischen Argumenten nicht angreifbar sind.

Die rechtsdogmatische Konstruktion, daß die von mir als „Werkherrschaft" bezeichnete Rechtsstellung des Urhebers zu seinem Werk ein subjektives Recht sei, kann die Möglichkeit und rechtliche Verbindlichkeit eines „ewigen" Urheberrechts ebensowenig ausschließen, wie man aus der Verwendung des Terminus „geistiges Eigentum" auf die „Ewigkeit" der genannten Rechtsposition zu schließen berechtigt ist. Beide Argumentationsverfahren gehen fehl: Jede rechtsdogmatische Bemühung ist nur logischer Nachvollzug einer alogischen rechtspolitischen Entscheidung, die auch anders hätte ausfallen können, stellt also nur *eine* Verwirklichung aus einer Anzahl von Möglichkeiten dar. Zum anderen weichen Rechtsbegriffe und die sie kennzeichnenden Termini technici nach Gegenstand, Umfang und Inhalt in allen historisch feststellbaren Rechtsordnungen mehr oder weniger stark voneinander ab und beruhen — vor allem bei noch relativ jungen Rechtsinstituten wie gerade im Bereich des Urheberrechts — ursprünglich auf einem Vergleich mit überkommenen Rechtsinstituten; dieser Vergleich hat im Laufe der Entwicklung zu einem Gleichnis, dieses zu einer Gleichsetzung und diese ihrerseits zu einer (umkehrbaren!) Gleichung (im mathematischen Sinne) geführt, woraus dann rechtspolitische Postulate und rechtsdogmatische Folgerungen herzuleiten nur allzu nahelag und -liegt.

Man sollte sich deshalb darüber im klaren sein, daß auch die Bestimmung, inwieweit die Herrschaft des Urhebers über sein Werk durch Zeitpunkt, Ort und Modalität der Veröffentlichung Einbußen oder Einschränkungen erleidet, eine rechtspolitische Frage ist, deren Lösung nicht absolut richtig oder falsch sein kann, sondern nach Wertmaßstäben vorgenommen wird, die hier, heute, gestern oder morgen so sind, waren oder sein werden, jedoch dort heute, gestern oder morgen anders sind, waren oder sein werden. Nur in diesem relativen Sinn läßt sich sagen, daß die Lehre von der sozialen Bindung des Urheberrechts zutreffend zum Ausdruck bringe, „daß es sich um Schranken handelt, die dem Urheberrecht, der sozialen Natur der Rechtsordnung entsprechend, immanent sind" [42]); denn wo diese Schranken verlaufen und nach welchen Kriterien sie zu ziehen sind, ist — unter rechtshistorischem und rechtsvergleichendem Gesichtswinkel — jederzeit und überall höchst umstritten. Daß die geistigen Schöpfungen die Tendenz in sich tragen, Gemeingut zu werden, und daß Gedanken und Lehren, die in den Werken offen-

---

[42]) So Ulmer op. cit. 6.

bart werden, bereits mit der Veröffentlichung Gemeingut werden, das heißt von jedermann nicht nur apperzipiert werden können, sondern sogar appropriiert werden dürfen, ist sicher richtig. Hieraus aber den Schluß zu ziehen, „daß dem Sinn unserer Sozialordnung entsprechend die Werke der Literatur und der Kunst die Bestimmung in sich tragen, auf die Dauer gemeinfrei zu werden", scheint mir — methodisch gesehen — unzulässig zu sein, denn hier wird eine faktisch feststellbare Tendenz als immanente Notwendigkeit qualifiziert, um diese Notwendigkeit dann als zureichenden Grund dafür auszugeben, daß das Urheberrecht in jeder Hinsicht *ein* zeitlich begrenztes subjektives Recht sei. Abgesehen davon aber besagt der Umstand, daß ein Werk Gemeingut geworden ist, nichts darüber, ob es — rechtlich gesehen — gemeinfrei ist. Wenn auch der geistige und künstlerische Schatz der Menschheit durch die Veröffentlichung eines jeden neuen Werkes vermehrt wird, so hängt die Frage, ob dieser Schatz dadurch auch bereichert wird, das heißt ob die in dem Werk zum Ausdruck kommenden geistigen, künstlerischen, musikalischen Gestaltungen und dergleichen Gemeingut werden, nicht so sehr von der Rechtsfrage der Gemeinfreiheit, sondern von vielerlei anderen metarechtlichen Faktoren ab. Deshalb besagt auch der Umstand, daß ein Werk rechtlich gesehen gemeinfrei ist, nichts darüber, ob es Gemeingut geworden ist.

Ebensowenig zwingend ist die Behauptung, das Urheberrecht stehe den Erben des Urhebers nur so lange zu, als die Nähe der Beziehungen, in denen sie zum Urheber stehen, es rechtfertigen, ihnen die Obhut über das Werk und den Nutzen aus seiner Verwertung zuzuweisen [43]). Mit derselben Begründung könnte man es „rechtfertigen", das Erbrecht ganz allgemein auf den Ehegatten und die Kinder des Erblassers zu beschränken, im übrigen aber die Allgemeinheit in der Form des Staates zum gesetzlichen Erben zu bestimmen.

Man mißverstehe mich nicht: Ich halte die Theorie des sozialgebundenen Rechts, nach welcher die Rechte des Urhebers nicht reine Individualrechte, sondern sozialgebundene Rechte sind, als Arbeitshypothese insoweit für brauchbar, als sie eine zureichende rechtspolitische Erklärung für die Eingriffe und Beschränkungen gibt, denen der Urheber hinsichtlich des Umfangs und der Ausübung seiner Rechte unterworfen ist [44]). Aber über das Maß der Bindung und über die Kriterien, nach denen die Abgrenzung vorzunehmen ist, besagt diese Theorie nicht das mindeste. Vielmehr

---

[43]) So Ulmer op. cit. 274/275.

[44]) So ausdrücklich bereits in „Das neue Urheberrecht der Türkei" S. 23 und „Die Werkherrschaft" S. 41.

sind insoweit das Wertsystem und die Wertmaßstäbe bestimmend, welche in einer konkreten Gesellschaft jeweils als maßgeblich anerkannt sind oder von der herrschenden Schicht durchgesetzt werden.

VI.

Für die Frage, welche Rechtsfolgen die Veröffentlichung oder das Erscheinen einer Bearbeitung auf die Rechte des Urhebers am noch nicht veröffentlichten oder noch nicht erschienenen Originalwerk nach sich zieht, ergeben sich dementsprechend auf der Grundlage des heute für uns maßgeblichen Wertsystems, vor allem in Anbetracht des in RBÜ und WUA zum Ausdruck kommenden internationalen „level", folgende Feststellungen:

1. Welche Vorgänge rechtlich als „Veröffentlichung" beziehungsweise „Erscheinen" eines Werks zu qualifizieren sind, entscheidet sich nach den jeweils zur Anwendung kommenden Vorschriften, die weder in den staatlichen Gesetzen noch in den internationalen Übereinkommen einheitlich sind. Bald versteht man unter Veröffentlichung ganz allgemein den Vorgang, durch den ein Werk erstmals aus der Privatsphäre des Urhebers mit dessen Willen in der Weise an die Öffentlichkeit gelangt, daß es von einem nicht individuell bestimmten Kreis [45]) dritter Personen „apperzipiert" und — im Rahmen des Zulässigen — als Geistes- oder Kunstgut genutzt und verwertet werden kann [46]); das heißt: es ist rechtmäßig die faktische Möglichkeit eröffnet, daß die im Werk enthaltenen geistigen oder künstlerischen Elemente im allgemeinen Kulturbereich Wirkungen äußern können. Eine Dichterlesung aus einem noch unvollendeten Roman, ein wissenschaftlicher Vortrag, die Uraufführung eines Bühnenstücks, die erste Vorführung eines Filmwerks und ähnliche Vorgänge können somit den Tatbestand der „Veröffentlichung" im obigen Sinne erfüllen. In ausländischen Gesetzen und zwischenstaatlichen Abkommen dagegen versteht man unter „publication" nur eine qualifizierte Art der Veröffentlichung, die man im deutschen Sprachbereich „Erscheinen" nennt [47]). Gemeint ist derjenige

---

[45]) Ulmer op. cit. S. 154.

[46]) „Ein Werk ist veröffentlicht, sobald es mit Einwilligung des Berechtigten der Öffentlichkeit zugänglich gemacht worden ist." § 8 des österreichischen Urheberrechtsgesetzes von 1936 in der Fassung von 1953; wörtlich ebenso § 6 Abs. 1 des dem Bundestag vorliegenden Entwurfs.

[47]) Vgl. östereichisches Gesetz § 10 und Entwurf § 6 Abs. 2; im schweizerischen Gesetz von 1922 wird hierfür der Ausdruck „herausgeben" (éditer) gebraucht, während „Veröffentlichung" im Sinne des deutschen Rechts mit „öffentlicher Bekanntgabe" (rendre public) umschrieben wird. Im französischen Gesetz von 1957 wird bald der Ausdruck „publication publique" (so z. B. Art. 7, 8, 13, 19, 20, 23 Abs. 2), bald der Ausdruck „publication" gebraucht (so Art. 22, 23 Abs. 1).

Vorgang, durch den das Werk nicht selbst an die Öffentlichkeit gelangt, sondern Werkstücke, die durch Vervielfältigung gewonnen sind, mit Zustimmung des Rechtsinhabers öffentlich zum Verkauf gestellt, verteilt oder in sonstiger Weise in den Verkehr gebracht werden. Dementsprechend sind nach Art. 4 Abs. 4 RBÜ und Art. VI WUA unter „veröffentlichten Werken" nur die „erschienenen Werke" zu verstehen.

2. Sowohl im geltenden deutschen Recht als auch in ausländischen Gesetzen und in den zwischenstaatlichen Urheberrechtsabkommen, denen die Bundesrepublik angehört, ist als Grundsatz anerkannt, daß es allein Sache des Urhebers ist, darüber zu bestimmen, ob sein Werk überhaupt der Öffentlichkeit zugänglich gemacht wird und — bejahendenfalls — wann, wo und wie dies geschieht.

Wird der Begriff „Veröffentlichung" im weiteren Sinne verstanden, so verstößt eine Handlung, welche diesen Tatbestand ohne Wissen und Willen des Urhebers oder einer dazu ermächtigten Person verwirklicht, rechtsdogmatisch betrachtet gegen das Recht der Persönlichkeit, weil ein Einbruch in die durch das allgemeine Persönlichkeitsrecht geschützte Geheimsphäre des Urhebers vorliegt. Es ist deshalb gleichgültig, ob durch die fragliche Handlung wirtschaftliche Belange des Urhebers berührt werden oder nicht: Das unter allen Umständen verletzte Rechtsgut ist die Persönlichkeitssphäre des Urhebers. Wenn man in diesem Zusammenhang von einem „Veröffentlichungsrecht" sprechen will, so handelt es sich um ein bloßes Abwehrrecht, nicht um ein Nutzungs- und Verwertungsrecht [48]). Das amerikanische Recht, welches das überhaupt noch nicht der Öffentlichkeit irgendwie kundgegebene Werk nicht nach Urheberrecht, sondern nach common law beurteilt wissen will[49]), entspricht durchaus der Sach- und Rechtslage.

Erst von dem Augenblick an, da mit Willen und Wissen des Urhebers oder einer anderen dazu ermächtigten Person das Werk irgendwie die Privatsphäre verlassen hat und aus dem alleinigen

[48]) Wenn Ulmer op. cit. S. 261 lehrt, das Veröffentlichungsrecht sei in Wahrheit ein Grundrecht des Urhebers, das in den Nutzungsrechten seine nähere Ausprägung erfahren habe (ebenso BGHZ 15, 249), so kann ich dem nur insoweit zustimmen, als unter „Veröffentlichung" allein die qualifizierte Art des „Erscheinens" gemeint ist. Daß Ulmer selbst im Ergebnis derselben Meinung ist, ergibt sich aus seinen Ausführungen über die Möglichkeit des Urhebers, auf sein Urheberpersönlichkeitsrecht zurückzugreifen, wenn das noch nicht veröffentlichte Urstück ohne oder gegen den Willen des Urhebers in fremde Hände gerät und zur Kenntnis der Öffentlichkeit gebracht wird. Vgl. dieserhalb op. cit. S. 210, 261.

[49]) § 2 des Gesetzes.

Herrschaftsbereich des Urhebers in den Bereich der Öffentlichkeit getreten ist derart, daß nunmehr auch andere faktisch die Möglichkeit haben, in irgendeiner Weise von den geistigen oder künstlerischen Elementen des Werkes Kenntnis zu nehmen oder dieses als wirtschaftliches Gut für eigene Rechnung zu nutzen, beginnt die Problematik des Urheberrechts, das heißt die rechtliche Grenzziehung zwischen dem, was dem Urheber, und dem, was der Allgemeinheit an Befugnissen zusteht.

3. In dieser Hinsicht kann man je nach dem Grad, in dem der Urheber der Allgemeinheit die Möglichkeit eröffnet hat, von seinem Werke Kenntnis zu nehmen oder es wirtschaftlich zu verwerten, verschiedene Phasen unterscheiden:

A) Es hat weder eine Vervielfältigung des Werks für den Markt stattgefunden, noch ist sie beabsichtigt: Dann bleibt dem Urheber das ausschließliche wirtschaftliche Verwertungsrecht an seinem Werk erhalten, auch wenn er dieses einem begrenzten Personenkreis zugänglich gemacht hat, aber aus der Art und Weise der Veröffentlichung zu erkennen ist, daß eine Vervielfältigung für den Markt nicht gewollt ist. Fälle dieser Art sind die Aufführung eines dramatischen, dramatisch-musikalischen oder musikalischen Werks, die Vorführung eines Filmwerks, der öffentliche Vortrag eines literarischen Werks, die Übertragung oder Rundfunksendung von Werken der Literatur oder der Kunst, die Ausstellung eines Werks der bildenden Künste und die Errichtung eines Werks der Baukunst [50]). Hierher rechnet ferner der Fall, daß ein literarisches Werk in wenigen Exemplaren vervielfältigt, aber nur einem individuell begrenzten Personenkreis zugänglich gemacht wird, als ob es das Manuskript selbst wäre. In allen aufgezählten Fällen kann ein Dritter das Werk für den Markt nur dann vervielfältigen, wenn er entweder die ihm vom Urheber zu einem beschränkten Zweck eingeräumte Besitzerstellung am Urstück beziehungsweise den „als Manuskript vervielfältigten" Stücken mißbraucht oder mit Hilfe technischer Mittel sich eine stoffliche Festlegung des auf einem der oben erwähnten Wege öffentlich dargebotenen Werks anfertigt. Durch derartige Handlungen wird die Grenze überschritten, die der Urheber der Allgemeinheit hinsichtlich der „Nutzung" des Werks einräumen wollte. Dies ist der Grund dafür, daß durch das positive Recht im einzelnen

---

[50]) Vgl. die entsprechende Aufzählung in Art. 4 Abs. 4 RBÜ in der Brüsseler Fassung und § 12 des amerikanischen Gesetzes; vgl. auch BGH in NJW 1963, 651 = UFITA Bd. 39 (1963) S. 110 hinsichtlich der Rundfunkübertragung.

festgelegt wird, was in der Phase von der „Veröffentlichung" (im weiten Sinn) bis zum „Erscheinen" des Werks dritten Personen erlaubt ist. Soweit es an einer entsprechenden Bestimmung [51]) fehlt, ist im Zweifel jede Handlung, welche die Werkherrschaft des Urhebers zu beeinträchtigen oder zu gefährden geeignet ist, unzulässig und rechtswidrig. Als Beispiel für die Geltung dieses Rechtssatzes genügt der Hinweis auf das oben (zu Anm. 17) angeführte Urteil des Bundesgerichtshofes in dem Falle: „Mit dir allein".

B) Mit Wissen und Willen des Urhebers hat eine Vervielfältigung des Werks für den Markt stattgefunden oder steht unmittelbar bevor: Rein tatsächlich gesehen hat damit der Urheber — wie der Volksmund sagt — die Katze aus dem Sack gelassen: Er hat Werkstücke, die in irgendeiner Verfahrensart hergestellt worden sind [52]), auf den Markt gebracht oder bringen lassen und sie dadurch jedermann zur Verfügung gestellt, der sie gegen die entsprechende Gegenleistung zu erwerben oder sonstwie zu nutzen bereit ist.

Wer ein Werkstück erwirbt, hat — rein tatsächlich gesehen — die Möglichkeit, es wie das Urstück nicht nur zu persönlichem Nutz und Frommen zu gebrauchen, sondern es auch wirtschaftlich durch Vervielfältigung und gewerbsmäßige Verbreitung zu verwerten. Insofern hatte Martialis recht, wenn er in einem seiner Epigramme den Fidentinus aufforderte, erst einmal ein Werkstück der Epigramme käuflich zu erwerben, bevor er sich in der Öffentlichkeit brüstete, deren Dichter zu sein. Diese rein tatsächliche Möglichkeit, durch Erwerb eines Werkstückes den Urheber des Urstücks um die wirtschaftlichen Früchte seiner Arbeit zu bringen, führte bekanntlich auf dem Weg über den Privilegienschutz der Drucker zum heutigen Urheberrecht. Der Grund dafür, daß allein der Urheber darüber soll bestimmen dürfen, ob, — und gegebenenfalls — wann, wo und wie das Werk „erscheint", ist — historisch betrachtet — der Schutz seiner wirtschaftlichen Interessen. Dies schließt aber nicht aus, auch andere Belange sowohl des Urhebers als auch der sogenannten Werkvermittler und der Allgemeinheit zu berücksichtigen, weil in Anbetracht der engen Beziehungen zwischen Urheber und Werk, zwischen gewerbsmäßigem Werkvermittler und Werk und zwischen Allgemeinheit und Werk eine reinliche Scheidung von immateriellen

---

[51]) Vgl. z. B. § 11 Abs. 1 Satz 2, § 19 Ziff. 1, § 29, Satz 1, § 35 LitUG, § 19 Abs 1 Satz 2 KunstUG.

[52]) So § 15 Abs. 1 LitUG; § 17 KunstUG: Art. 4 Abs. 4 RBÜ in der Brüsseler Fassung; einschränkend Art. VI WUA: nur Werkstücke, die lesbar oder sonst mit dem Auge wahrnehmbar sind.

und materiellen Elementen und Interessen zwar theoretisch denkbar, aber praktisch nicht durchführbar ist. Man kann deshalb ohne Übertreibung sagen, daß die Verwirklichung des Tatbestandes der Veröffentlichung im Sinne des „Erscheinens“ der kritische Zeitpunkt ist, an dem und von dem an die bisher unbeschränkte oder jedenfalls kaum beschränkte Herrschaft des Urhebers über sein Werk ihr Ende findet. Rechtsgeschichte und Rechtsvergleichung zeigen, daß die Vorstellungen über die Wertmaßstäbe, die für Abwägung und Ausgleich der in Frage kommenden Interessen des Urhebers, der gewerbsmäßigen Werkvermittler und der Allgemeinheit als verbindlich angesehen werden und im positiven Recht ihren Ausdruck finden, jeweils verschieden sind.

Von allen Einzelheiten abgesehen kommt es zunächst entscheidend auf die durch philosophische, weltanschauliche und ideologische „Credos“ determinierte politische Stellungnahme zu der Grundfrage an, ob mit dem Erscheinen des Werks dieses an und für sich gemeinfrei wird und dem Urheber ein Schutz seiner Interessen lediglich „im Rahmen des Gesetzes“ zugestanden werden soll, oder ob der Urheber sich nur Einschränkungen und Beschränkungen seiner Werkherrschaft insoweit gefallen lassen muß, als der Allgemeinheit und den gewerbsmäßigen Werkvermittlern Befugnisse am Werk durch das positive Recht unmittelbar gewährt werden oder im Rahmen zwingender Vorschriften vom Urheber eingeräumt werden dürfen. Bei einer Antwort im ersterwähnten Sinne erscheinen die Rechte des Urhebers als privilegierende Ausschließlichkeitsrechte. Bei einer Entscheidung im zweiten Sinne dagegen erleidet die auch nach Erscheinen des Werks fortbestehende Werkherrschaft des Urhebers nur diejenigen Einbußen und Beschränkungen, die er aus dem Gesichtspunkt des „sozialgebundenen Rechts“ deshalb hinnehmen muß, weil ohne sie weder die gewerbsmäßigen Werkvermittler noch die Allgemeinheit von den ihnen gesetzlich unmittelbar zuerkannten oder im Rahmen des zwingenden Rechts vom Urheber erworbenen Rechten denjenigen Gebrauch machen könnten, den sie nach Treu und Glauben mit Rücksicht auf die Verkehrssitte erwarten dürfen.

Im ersten Fall handelt es sich um Schranken des Gemeingebrauchs zugunsten des Urhebers, im zweiten Fall um Schranken der Werkherrschaft des Urhebers zu Gunsten des Gemeingebrauchs. Historisch gesehen ist die Grundentscheidung bisher von allen nationalen Gesetzgebern und auch in den internationalen Abkommen stets im ersten Sinne getroffen worden. Die Geschichte des Urheberrechts ist die Geschichte des Kampfes der Urheber um eine im Punkte Null beginnende schrittweise Erweiterung ihrer Rechte und Befugnisse, ein Kampf, der auch heute auf internationaler und nationaler Ebene weitergeführt wird; denn auch der dem Bundestag vorliegende Entwurf geht — jedenfalls nach seinem Wortlaut, wenn auch nicht nach seiner Begründung — nòch von dieser Grundeinstellung aus: „Die Urheber von Werken der Literatur, Wissenschaft und Kunst genießen für ihre Werke Schutz *nach Maßgabe dieses Gesetzes*“ (§ 1). Dagegen vertritt der Erste Senat des Bundesgerichtshofes — ob praeter oder contra legem, sei hier nicht erneut untersucht — [53]) als allgemeinen Leitgedanken die Rechtsansicht, daß der Urheber tunlichst überall da, wo aus seinem Werk ein wirtschaftlicher Nutzen gezogen wird, daran zu beteiligen ist [54]). Er gewährt dem Urheber ferner einen viel weitergehenden Schutz hinsichtlich der persönlichkeitsbezogenen Interessen, als dies mit dem Wortlaut, genauer gesagt: mit dem Schweigen des Gesetzes und mit der früheren Rechtsprechung vereinbar ist [55]). Der Bundesgerichtshof vertritt somit — ausgehend von einer im naturrechtlichen Gedankengut thomistischer Prägung verwurzelten Konzeption eines „geistigen Eigentums“ [56]) — die Auffassung, die schöpferische Leistung sei die natürliche Quelle und damit zugleich der rechtliche Erwerbstitel, kraft dessen dem Urheber Herrschaftsbefugnisse über sein geistiges Kind zuzuerkennen seien. Wie man auch immer zu dieser Konstruktion stehen mag [57]), so zeigt sie jedenfalls mit aller Deutlichkeit nicht nur eine Abkehr von der bisher überall befolgten Grundanschauung, sondern geradezu eine Kehrtwendung: Die Aufgabe eines Urhebergesetzes oder eines entsprechenden internationalen Abkommens wird nicht mehr in der Zuerkennung von Ausschließlichkeitsrechten zu Gunsten des Urhebers und zu Lasten der Allgemeinheit gesehen, sondern umgekehrt in der Begrenzung und Einschränkung der ihm ursprünglich zustehenden unumschränkten Werkherrschaft zu seinen Lasten und zu Gunsten der Allgemeinheit. Daß ein derartiger Ausgangspunkt, falls er vom

---

[53]) Vgl. mein Referat „Urheberrecht und verwandte Rechte“ in Aktuelles Filmrecht, Schriftenreihe der UFITA, Heft 11, S. 15 und 16.

[54]) Vgl. als Beispiele BGHZ 17, 266 = UFITA Bd. 20 (1956) S. 314; BGHZ 33, 1 = UFITA Bd. 32 (1960) S. 200.

[55]) Vgl. als Beispiel BGHZ 15, 249 = UFITA Bd. 19 (1955) S. 353.

[56]) Vgl. die von einem Mitglied des Ersten Senats, Frau Bundesrichter Dr. Krüger-Nieland, auf der urheberrechtlichen Arbeitssitzung der Deutschen Vereinigung für gewerblichen Rechtsschutz und Urheberrecht am 11. Oktober 1957 laut Mitteilungsblatt 1/1958 S. 2 gegebene Erläuterung.

[57]) Vgl. meine Kritik in Aktuelles Filmrecht, Schriftenreihe der UFITA, Heft 11 S. 10 und 11, insbesondere die Anmerkungen 5 bis 8.

positiven Recht, insbesondere auch vom Gesetzgeber, eingenommen wird, der Rechtsdogmatik die Verpflichtung auferlegt, die bisher von ihr erarbeiteten Ergebnisse erneut und grundsätzlich zu überprüfen, bedarf wohl keiner näheren Begründung. Hier sei mit aller Klarheit lediglich festgehalten, daß die Erfassung der Rechtslage, die mit dem „Erscheinen" eines Werks beginnt, von der Grundentscheidung abhängt, ob mit der Verwirklichung des Tatbestandes der Urheber aufhört, Herr seines Werks zu sein, und sich mit den Befugnissen begnügen muß, die ihm gesetzlich zuerkannt werden, oder ob er nach wie vor die Werkherrschaft innehat und nur in deren Ausübung zu Gunsten der Allgemeinheit beschränkt wird.

C) Die dritte Phase beginnt in dem Augenblick, in dem — wiederum nach Maßgabe des jeweils geltenden positiven Rechts — die sogenannte „Schutzfrist" abläuft, das Werk somit „gemeinfrei" wird, mit der Rechtsfolge, daß die aus der Werkherrschaft fließenden ausschließlichen Verwertungsrechte erlöschen und das Werk nunmehr von jedermann als Wirtschaftsgut wirtschaftlich verwertet werden kann, ohne den Urheber oder seine Rechtsnachfolger an den dadurch erzielten Erträgnissen irgendwie zu beteiligen. Dies kann mit dem Tod oder einige Jahrzehnte nach dem Tode des Urhebers, aber — wie die oben (I, 3) angeführten Beispiele zeigen — auch schon bei Lebzeiten des Urhebers der Fall sein. Wiederum ist es das jeweils geltende positive Recht, nach welchem zu beurteilen ist, ob mit Ablauf der Schutzfrist die Werkherrschaft des Urhebers im ganzen ihr Ende findet, oder der Urheber beziehungsweise seine Rechtsnachfolger oder sonstige Stellen trotz Hinfälligwerden der ausschließlichen Verwertungsrechte auch weiterhin kraft der Werkherrschaft Befugnisse behalten. Hierbei kann es sich, wie bei der sogenannten Nachfolgegebühr oder Kulturabgabe (droit de suite), sowohl um vermögensrechtliche Befugnisse als auch um persönlichkeitsrechtliche Befugnisse handeln, insbesondere um die Frage, ob auch nach Ablauf der Schutzfrist eine rechtliche Möglichkeit besteht, gegen die Anmaßung der Urheberschaft durch einen Dritten und gegen jede Entstellung, Verstümmelung oder sonstige Änderung des Werks oder jede andere Beeinträchtigung des Werks, welche der Ehre oder dem Ruf des Urhebers nachteilig sein könnte, vorzugehen.

4. In Anbetracht der Territorialität des Urheberrechts, die zum Teil durch die internationalen Abkommen überbrückt wird, kommt es für die rechtliche Stellung des Urhebers zu seinem Werk vor allem auch auf den Ort an, wo er sein Werk an die Öffentlichkeit

bringt[57a]). Die bei dem derzeitigen Stand der Technik ermöglichte sogenannte Ubiquität des Werks gibt infolge eines mangelhaft ausgebauten Rechtsschutzes den gewerbsmäßigen Werkvermittlern große Chancen des Schmarotzens an fremder Leistung. Auch Angehörige von Staaten, für welche das Privateigentum „heilig" ist und deshalb als Grundrecht in der Verfassung ausdrücklich gewährleistet wird, haben keine Skrupel, Werke selbst bei Lebzeiten ihres Urhebers als gemeinfrei zu betrachten, wenn der Urheber beim Erscheinenlassen seines Werks in der Wahl des Erscheinungsortes „unvorsichtig" war.

Nach Art. II WUA genießen die erschienenen Werke des Angehörigen eines vertragschließenden Staates sowie die zuerst in dem Gebiet eines solchen Staates erschienenen Werke in jedem anderen vertragschließenden Staat den gleichen Schutz, den dieser andere Staat den zuerst in seinem eigenen Gebiet erschienenen Werken seiner Staatsangehörigen gewährt. Entsprechendes gilt für die noch nicht erschienenen, wenn vielleicht auch bereits der Öffentlichkeit in anderer Weise bekanntgemachten Werke, die trotzdem noch als „unveröffentlicht" gelten. Demnach kann ein Staatsangehöriger nur Rechtsschutz nach seinem nationalen Recht verlangen ohne Rücksicht darauf, ob und gegebenenfalls wo sein Werk veröffentlicht oder erschienen ist. Ferner kann der Urheber, der nicht Staatsangehöriger eines vertragschließenden Staates ist, in dem Staat, in welchem das Werk erstmals erscheint, ebenfalls keinen Schutz nach WUA verlangen.

Nach Art. 4 RBÜ in der Brüsseler Fassung ist ebenfalls für die Gewährung des Verbandsschutzes die Staatsangehörigkeit zu einem Verbandsland notwendige Voraussetzung. Für erschienene Werke kommt es darauf an, daß der Urheber zur Zeit des Erscheinens Verbandsangehöriger ist[58]) und außerdem das Werk erstmals in einem Verbandsland erscheint[59]). Ein erstmals nicht in einem Verbands-

[57a]) Über das Problem des „Ursprungslandes" vgl. insbesondere Françon in DdA 1963, 32 ff.

[58]) So mit Recht Bappert-Wagner, Internationales Urheberrecht, Anm. 11 zu Art. 4 RBÜ.

[59]) Vgl. auch Art. 5 RBÜ in der Brüsseler Fassung, wonach die Angehörigen eines Verbandslandes, welche ihre Werke zum erstenmal nicht in ihrem Heimatland, sondern in einem anderen Verbandsland erscheinen lassen, in diesem Land die gleichen Rechte wie die inländischen Urheber besitzen. Vgl. ferner Art. 6 RBÜ, wonach auch die keinem Verbandsland angehörenden Urheber, welche ihre Werke zum erstenmal in einem Verbandsland erscheinen lassen, in diesem Land die gleichen Rechte wie die inländischen Urheber und in den anderen Verbandsländern die durch die Übereinkunft gewährten Rechte genießen.

land erschienenes Werk genießt also — im Gegensatz zur Regelung nach WUA — keinen Verbandsschutz nach RBÜ, auch wenn der Urheber Angehöriger eines der zur RBÜ gehörenden Staaten ist.

Hinsichtlich der Bestimmung des Zeitpunktes der „erstmaligen" Veröffentlichung im Sinne von „Erscheinen" weichen die verschiedenen Fassungen der RBÜ erheblich voneinander ab. Nach der für die Bundesrepublik noch immer maßgebenden Rom-Fassung von Art. 4 Abs. 3 wird als Ursprungsland eines erschienenen Werks betrachtet: das Land, wo es zuerst erschienen ist, und für die gleichzeitig in mehreren Verbandsländern erschienenen Werke das Verbandsland, dessen Gesetzgebung die kürzeste Schutzdauer gewährt, und schließlich für die gleichzeitig in einem verbandsfremden Land und in einem Verbandsland erschienenen Werke allein das Verbandsland. Was aber unter „gleichzeitig" zu verstehen ist, wird nicht näher bestimmt. Diese Lücke ist in der Brüsseler Fassung geschlossen worden. Danach gilt als „gleichzeitig" in mehreren Ländern erschienen jedes Werk, das innerhalb von 30 Tagen seit dem Ersterscheinen in zwei oder mehreren Ländern erschienen ist. Auf diese Weise wurde eine Frage einheitlich geregelt, die bereits auf der Berliner und auf der Römischen Revisionskonferenz Gegenstand der Auseinandersetzungen war, weil der Ausdruck „gleichzeitig" in den verschiedenen internationalen Rechtsordnungen nicht im gleichen Sinne verstanden wird [60]). Soweit die Brüsseler Fassung nicht zur Anwendung kommt, bleibt somit die Frage, ob ein Werk „gleichzeitig" in mehreren Staaten erschienen ist, dem Recht desjenigen Staates überlassen, wo der Rechtsschutz begehrt wird. Hiermit ist nicht, wie meistens angenommen wird, die lex fori gemeint. Diese Lösung ist nur dann richtig, wenn die Umstände, welche in diesem Land für das Erscheinen des Werks bestimmend sind, sich auch in diesem Land verwirklicht haben. Ist dies aber nicht der Fall, so kann die Vorfrage, ob ein Werk als „erschienen" anzusehen ist, nur nach dem Recht des Landes beurteilt werden, in dem der Tatbestand verwirklicht worden ist, der die entsprechenden Rechtsfolgen auslöst (sogenanntes Wirkungsstatut). Andernfalls könnte der merkwürdige und unbefriedigende Fall eintreten, daß ein Werk nach der lex fori nicht als erschienen anzusehen ist, obwohl dies nach dem Recht des Landes, wo sich der Vorgang des Erscheinens tatsächlich abgespielt hat, geschehen ist.

---

[60]) Vgl. Ladas, The International Protection of Literary and Artistic Property, New York, 1938, S. 308; Willy Hoffmann Die Berner Übereinkunft zum Schutz von Werken der Literatur und Kunst, 1935, S. 82; Dokumente der Brüsseler Konferenz, Bern 1951, S. 125, 176.

Entsprechend muß auch bei der Feststellung verfahren werden, ob bei dem Erscheinenlassen des Werks in mehreren Ländern eine „Gleichzeitigkeit“ vorliegt. Auch hier wird, wohl unter dem Einfluß der Formulierung in § 55 LitUG und § 51 KunstUG, im deutschen Schrifttum ohne nähere Begründung die lex fori herangezogen und das Wort „gleichzeitig“ im Sinne von „am gleichen Tag“ aufgefaßt. Diese Auslegung ist nicht überzeugend. Bleibt man beim Wortlaut, so bedeutet „gleichzeitig“ den gleichen Zeitpunkt[61]). Dies aber kann nicht gemeint sein, da mangels der Möglichkeit, genau den gleichen Zeitpunkt einzuhalten und dies zu beweisen, die Vorschrift unanwendbar wäre. Auch das gleiche Datum kann nicht gemeint sein, da hier unter Umständen Datumsdifferenzen durch die verschiedenen Uhrzeiten in den verschiedenen Teilen der Welt zu berücksichtigen wären. Vielmehr kommt wohl nur eine solche Auslegung in Frage, die sinn- und zweckentsprechend ist. Da es sich um den Vorgang handelt, daß vervielfältigte Werkstücke in genügender Anzahl zur Verfügung des Publikums gestellt werden, kann als „gleichzeitig“ nicht ein bestimmter Zeitpunkt, sondern nur eine gewisse Zeitspanne in Betracht kommen, die sich nicht auf 24 Stunden begrenzen läßt, sondern den jeweiligen Bedingungen Rechnung tragen muß, die bei der Verbreitung der verschiedenen Werkarten round the world over jeweils als handelsüblich angesehen werden oder entsprechend gesetzlich festgelegt sind[62]).

5. Schließlich bedarf noch der Erörterung, inwieweit das „Erscheinen“ einer Bearbeitung dem „Erscheinen“ des Originalwerks gleichzustellen ist. Wie bereits ausgeführt, erhält jede Art einer Bearbeitung als Kern die geistigen beziehungsweise künstlerischen Elemente des Originalwerks, denen der Bearbeiter-Urheber seinerseits eigene persönliche Elemente hinzufügt. Man könnte deshalb mit einem Schein vom Logik behaupten, daß durch das Erscheinen einer Bearbeitung auch das Originalwerk jedenfalls in seinem Kern erschienen sei. Dies ist jedenfalls die Auffassung von Bappert-Wagner hinsichtlich der Übersetzung eines Sprachwerks[63]). Nach ihrer Ansicht ist es für den Begriff des „Erscheinens“ ohne Bedeutung, ob ein Sprachwerk in der Originalsprache oder in einer Übersetzung erscheint. „Die Übersetzung läßt die innere Form

[61]) Vgl. z. B. die Erläuterungsbücher zu §§ 17 und 46 der Grundbuchordnung (GBO).

[62]) Als Beispiele vgl. sect. 3 Abs. 4 des kanadischen Urheberrechtsgesetzes (14 Tage) und sect. 49 Abs. 2 d des englischen Gesetzes (30 Tage).

[63]) op. cit. Anm. 7 zu Art. 4 RBÜ.

des Werks unverändert, das Werk als solches ist damit, wenn auch durch ein anderes sprachliches Ausdrucksmittel, erschienen.“ Bappert-Wagner vertreten diese Ansicht aber lediglich für die Übersetzung, die sie offenbar nicht als eine Bearbeitung des Werks betrachten; denn sie führen aus, bei Bearbeitungen eines Werks werde die innere Form des Originalwerks verändert; erschienen sei dann nur die jeweilige Bearbeitung; das Originalwerk selbst sei, solange es nicht in seiner Originalfassung erscheine, nicht als erschienen zu betrachten. Die von Bappert-Wagner vorgenommene Herauslösung der Übersetzung aus dem umfassenderen Begriff der „Bearbeitung“ ist um so auffälliger, als in Art. 2 Abs. 2 RBÜ die Übersetzung neben den Adaptationen und musikalischen Arrangements als Beispiel für „Umarbeitungen“ des Originalwerks aufgezählt werden und auch die nationalen Gesetzgebungen die Übersetzungen als eine Unterart der Bearbeitung betrachten [64]). Auch das Schrifttum steht auf diesem Standpunkt [65]). Schließlich heißt es in der amtlichen Begründung zu § 3 des dem Bundestag vorliegenden Entwurfs wörtlich: „Der Entwurf beschränkt sich darauf, das wichtigste Beispiel einer Bearbeitung, die Übersetzung eines Sprachwerks, ausdrücklich zu nennen. Daneben kommen andere Fälle in Betracht, wie zum Beispiel die Dramatisierung oder Verfilmung eines Werks und jede andere schöpferische Neugestaltung.“

Abgesehen hiervon aber scheint mir der Ausgangspunkt von Bappert-Wagner nicht richtig zu sein: denn wie stark gerade die sogenannte innere Form eines Sprachwerks durch eine Übersetzung verändert wird, kann jeder, der deutsche Werke in einer Übersetzung oder fremdsprachige Texte in deutscher Übersetzung liest und beide Werke miteinander vergleicht, unschwer feststellen. Gerade die besten Übersetzungen zeichnen sich dadurch aus, daß sie das Original nicht bloß aus der einen Sprachform in eine andere, sondern aus einer Gedankenwelt in eine andere übertragen [66]). Schließlich sollten Luthers noch immer lesenswerter Brief vom Dolmetschen und das italienische „traduttore-traditore“ auch in diesem Zusammen-

---

[64]) Vgl. z. B. § 2 Abs. 1 Satz 2 LitUG; § 5 österreich. UG von 1936; Art. 6 türkisch. UG von 1951; Art. 4 franz. UG von 1957; § 1 Abs. b des amerik. Gesetzes; sect. 2 Abs. 6 a des engl. Gesetzes von 1956.

[65]) Vgl. statt vieler: Hubmann op. cit. § 17 I S. 96; Ulmer op. cit. S. 215; Voigtländer-Elster-Kleine op. cit. Anm. 3 g und 4 zu § 2 LitUG; Runge, Urheber- und Verlagsrecht, Bonn 1948 S. 107; Elster, Urheber- und Erfinder-, Warenzeichen- und Wettbewerbsrecht, 2. Aufl. 1928 S. 100.

[66]) Vgl. auch die entsprechenden Ausführungen bei Runge op. cit. § 9 I.

hang nicht unbeachtet bleiben! Somit gilt auch für die Übersetzung eines Sprachwerks das gleiche wie für jede andere Art der Bearbeitung: Das Erscheinen einer Bearbeitung kann dem Erscheinen des Originalwerks *nicht* gleichgestellt werden; denn mit dem Erscheinen der Bearbeitung wird der Kern des Originalwerks nur in derjenigen Form der Öffentlichkeit unterbreitet, welche die Eigenart der Bearbeitung und die eigenpersönliche Note des Bearbeiters ausmachen. Jede andere Auffassung widerspricht dem Wortlaut und dem Sinn des geltenden nationalen und internationalen Rechts: Bearbeitungen eines Originalwerkes werden „unbeschadet des Urheberrechts am bearbeiteten Werk" wie selbständige Werke geschützt [67]). Deshalb kann die Veröffentlichung beziehungsweise das Erscheinen einer zulässigen Bearbeitung Rechtsfolgen auch nur hinsichtlich dieser Bearbeitung, also „unbeschadet des Urheberrechts am bearbeiteten Werk" haben. Alle Rechtsfolgen, welche an das Erscheinen eines Werks durch die nationale Gesetzgebung oder durch internationale Abkommen geknüpft sind, beziehen sich bei einer Bearbeitung ausschließlich auf diese und nicht auch auf das bearbeitete Werk. Beginn und Ende der Schutzfrist für die Bearbeitung gelten nicht für das bearbeitete Werk [68]). Zitate und Entlehnungen dürfen nur der Bearbeitung und in der Form der Bearbeitung, nicht dem Original entnommen werden [69]). Entsprechendes gilt für die in §§ 20, 21 LitUG geregelten Sachverhalte. § 10 LitUG über die Zwangsvollstreckung gegen den Urheber oder seine Erben kann sich bei einer Bearbeitung nur auf den Bearbeiter und dessen Erben, nicht auf den Urheber des Originalwerks und dessen Erben beziehen.

Läßt ein deutscher Autor eines noch unveröffentlichten deutschsprachigen Manuskriptes eine russische Übersetzung in der Sowjetunion erscheinen, so genießt er in Ansehung dieser Bearbeitung keinen Verbandsschutz nach RBÜ. Er ist jedoch auf Grund seiner Werkherrschaft an der noch nicht erschienenen deutschen Fassung berechtigt, zu verbieten, daß die von ihm autorisierte und in der

---

[67]) So wörtlich § 3 des dem Bundestag vorliegenden Gesetzentwurfes in sachlicher Übereinstimmung mit dem gegenwärtigen Rechtszustand und im Anschluß an die Formulierung in § 5 Abs. 1 des österreich. UG von 1936; ebenso Art. 2 Abs. 2 RBÜ in der Berliner, römischen und Brüsseler Fassung; Art. 14 Abs. 3 RBÜ in der römischen Fassung und Art. 14 Abs. 2 RBÜ in der Brüsseler Fassung; Art. 4 des franz. UG von 1957; Art. 8 Abs. 5 des türk. UG von 1951; sect. 16 § 6 des englischen Gesetzes von 1956.

[68]) Ebenso Runge op. cit. § 9 II.

[69]) Ebenso Bappert-Wagner op. cit. Anm. 5 zu Art. 8 RBÜ.

Sowjetunion erschienene Übersetzung aus dem Russischen in die deutsche Sprache zurückübersetzt oder in irgendeine andere Sprache weiterübersetzt wird, da Rück- und Weiterübersetzungen Bearbeitungen einer Bearbeitung sind und als Zweitbearbeitung in dem Heimatland des Urhebers und den anderen Verbandsländern nur mit seiner Genehmigung verbreitet werden dürfen. Das einzige, was in einem derartigen Fall der deutsche Urheber nicht verbieten kann, ist der Nachdruck der russischen Übersetzung, soweit nicht der Urheber bei der Erteilung des Übersetzungsrechts ins Russische die Verbreitung räumlich oder zeitlich oder der Auflagenhöhe nach begrenzt hat, was die Regel ist. Wenn ein westdeutscher Verlag Lizenzen an Verlage in der SBZ gibt, so gewährt er das Verbreitungsrecht nur für dieses Gebiet. Niemand wird wohl auf den Gedanken kommen, daß durch Bearbeitungen, die auf diese Weise in der SBZ erscheinen, der Urheber des Originalwerks in seiner Rechtsstellung irgendwie beeinträchtigt werden könnte.

In dem berühmt gewordenen Fall von Pasternaks „Dr. Schiwago" konnte der italienische Verleger der in Italien zuerst erschienenen italienischen Übersetzung gegen Versuche der Weiter- und Rückübersetzung nur deshalb vorgehen, weil er Inhaber des Übersetzungsrechts war, nicht aber weil das Originalwerk in russischer Sprache auf Grund der RBÜ oder des WUA irgendeinen Schutz hätte beanspruchen können. Dies ist nach Art. II WUA zweifelsfrei [70]), gilt aber auch nach Art. 6 Abs. 1 RBÜ, da der keinem Verbandsland angehörende Urheber für das Werk nur in der Gestalt Schutz verlangen kann, in der er es zum ersten Mal in einem Verbandsland erscheinen läßt. Wäre „Dr. Schiwago" in russischer Sprache in Italien erschienen, so hätte dieses Werk nach Maßgabe von Art. 6 RBÜ Rechtsschutz erhalten. Da es aber nicht als Original, sondern als italienische Übersetzung erschien und jede Übersetzung, unbeschadet des Urheberrechts am bearbeiteten Werk, wie ein selbständiges Werk geschützt wird, konnte nur der italienische Übersetzer beziehungsweise Verleger als Inhaber der Rechte des Übersetzers für die Übersetzung Rechtsschutz beanspruchen, nicht aber Pasternak selbst als Urheber des Originalwerks für dieses.

Mit anderen Worten: Die Rechtsstellung des Bearbeiters ist ein Urheberrecht aus zweiter Hand, das nach geltendem Recht im Schatten des Urheberrechts des Originalschöpfers steht, soweit die Be-

---

[70]) Bappert-Wagner führen in Anm 2 zu Art. II WUA folgendes Beispiel an: „Der russische Urheber kann für sein erstmals in Deutschland veröffentlichtes Werk dort nicht den Schutz der WUA in Anspruch nehmen."

arbeitung unmittelbar abhängig von dem bearbeiteten Werk ist [71]). Wie das Reichsgericht in dem bereits oben (I 2) erwähnten Carmen-Fall ausgeführt hat, würde der Umstand, daß das Urheberrecht des Bearbeiters erloschen ist, zwar an sich zur Folge haben, daß fortan jedermann die Bearbeitung benutzen und verbreiten könnte; „wenn und solange indes noch ein Urheberrecht an dem Originalwerk besteht, hat dieses zur Folge, daß, wem es zusteht, kraft seines Rechtes, *jedem Dritten* gemäß § 12 LitUG Vervielfältigung, Verbreitung oder Aufführung einer Übersetzung zu verbieten, auch die von dem Urheberrecht des Übersetzers frei gewordene verbieten darf. Der Übersetzer hat eben ein fremdes Geisteswerk benutzt, dessen Schutz sich nach der Person des Urhebers des Geisteswerkes richtet" [72]).

Es besteht keine Veranlassung, diese im deutschen Schrifttum nicht nur nicht beanstandete, sondern von mehreren Autoren [73]) ausdrücklich gebilligte Folgerung des Reichsgerichts dann abzulehnen, wenn das bearbeitete Werk in seiner Originalform noch nicht veröffentlicht oder erschienen ist. Lediglich der Hinweis auf die angebliche „Gefahr" eines „ewigen" Urheberrechts ist dann ohne jede Beweiskraft, wenn die Schutzfrist für die Bearbeitung noch während der Lebenszeit des Urhebers am unveröffentlichten Originalwerk abläuft. Soweit ein „ewiges" Urheberrecht am unveröffentlichten Originalwerk nach dem Tode des Urhebers dem nationalen Gesetzgeber untragbar erscheint, mag er dem Beispiel des englischen Gesetzgebers folgen und ausdrücklich bestimmen, daß das Erscheinen irgendeiner Bearbeitung dem Erscheinen des bearbeiteten Werks hinsichtlich des Laufes der Schutzfrist gleichgestellt wird, der Urheberschutz also auch für das noch nicht erschienene Originalwerk 50 Jahre nach dem Tode seines Urhebers erlischt, wenn mit dessen Willen und Wissen eine Bearbeitung erschienen ist [74]).

---

[71]) So im Anschluß an Elster op. cit. 101 Runge op. cit. § 9 Abs. 2 am Ende.

[72]) RGZ 71, 92 (96); vgl. auch die auf ähnlichen Erwägungen beruhende Entscheidung BGHZ 5, 116 über die Bedeutung einer zeitlich beschränkten Überlassung des Bearbeitungsrechts Der erste Leitsatz lautet: „Da sich die ausschließlichen Nutzungsrechte des Urhebers auch auf die Bearbeitungen seines Werks erstrecken, ist es dem Bearbeiter, falls ihm die Auswertung der von ihm mit Zustimmung des Urhebers hergestellten Bearbeitung nur zeitlich beschränkt überlassen worden ist, verwehrt, die Bearbeitung über diese zeitlichen Schranken hinaus gemäß § 11 LitUG zu nutzen. Dies gilt auch dann, wenn die Bearbeitung als eigentümliche Schöpfung unter eigenem Urheberrechtsschutz steht."

[73]) Z. B. Elster loc. cit. § 12 IV S. 119 bis 121; Runge op. cit. § 9 Abs. 2.

[74]) Sect. 2 § 4 des engl. UG von 1956; beachte auch sect. 13 § 7.

Die Struktur der zusammengesetzten und der komplexen Werke und die Probleme der Zusammenarbeit nach dem italienischen Gesetz über das Urheberrecht

Von Professor **Luigi Sordelli**, Mailand

Inhaltsübersicht: — 1. Problemstellung und Abgrenzung der Untersuchung. — 2. Subjektive Aspekte der Schöpfung und objektive Aspekte der Zusammensetzung der Werke. — 3. Die schöpferische Zusammenarbeit und ihr Ergebnis. — 4. Die Rechtsverhältnisse an den in Zusammenarbeit geschaffenen Werken, insbesondere die Bedeutung der Grundsätze über die Rechtsgemeinschaft. — 5. Strukturelemente beim in Zusammenarbeit geschaffenen Werk. — 6. Vorbemerkungen zur Untersuchung der objektiven Struktur und Hinweis auf die Einheitlichkeit der Werke. — 7. Objektive Struktur der Werke: a) Einfache Werke und in untrennbarer Zusammenarbeit geschaffene Werke; 8. b) Die zusammengesetzten Werke im allgemeinen; 9. (1) *Dramatisch-musikalische und ähnliche Werke; Urheberrechte am Ganzen und an den Teilen; 10. (2) Filmwerke; Urheberrechte am Werk und an den einzelnen Beiträgen;* 11. c) Die Sammelwerke.

1. — Die Darstellung des Wesens der zusammengesetzten und der komplexen Werke [1]), wie es sich aus dem italienischen Gesetz über das Urheberrecht (Gesetz Nr. 633 vom 22. April 1941) ergibt, erscheint angesichts der Veränderlichkeit der Elemente, welche zur Gestaltung solcher Werke geeignet sind, nicht immer einfach. Nur die Sammelwerke sind Gegenstand einer gesetzlichen Begriffsbestimmung; doch nehmen sie eine ganz besondere Stellung ein und unterscheiden sich in ihrem Erscheinungsbild deutlich von den zusammengesetzten Werken, da sie trotz der Mehrheit ihrer Bestandteile gewöhnlich einem einzigen Urheber zugerechnet werden (Art. 3,

---

[1]) Hierüber vor allem Greco, Collaborazione creativa e comunione dei diritti d'autore, in Scritti giuridici in onore di Antonio Scialoja, 1953, Bd. II, S. 447 ff. (veröffentlicht auch in Dir. Aut. 1952, 1 ff.) und — unter besonderer Berücksichtigung der Filmwerke — La struttura delle opere cinematografiche nel sistema dei diritti d'autore, in Studi in onore di Francesco Messineo, Mailand 1959, Bd. II, S. 193 ff. (veröffentlicht deutschsprachig in Bd. 10 der Schriftenreihe der UFITA, 1958).

Das Problem wird auch in den allgemeinen Werken zum Urheberrecht behandelt, von denen hier nur diejenigen zum geltenden Gesetz genannt seien: Piola Caselli, Codice del diritto di autore, Turin 1943, S. 256 ff.; Greco, I diritti sui beni immateriali, Turin 1948, S. 216 ff.; Ascarelli, Teoria della concorrenza e dei beni immateriali, Mailand 1960, III. Aufl., S. 773 ff.; Corrado, Opere dell'ingegno, privative industriali, in Trattato di diritto Civile von Grosso und Santoro Passarelli, Mailand 1961, S. 27 f. Vgl. ferner: De Sanctis, Stichwort Autore (diritto di) in Enciclopedia del diritto, Mailand 1959, Bd. IV, S. 389; Fabiani, Osservazioni in tema di collaborazione nella creazione di opere dell'ingegno, Riv. Dir. Comm. 1960, II, 210 ff.

7, 38). Dagegen sind die einer Mehrheit von Personen als Schöpfern zuzurechnenden, in ihrer einheitlichen Gestalt durch die Vereinigung gesonderter Rechtsbeziehungen fähiger Teile gekennzeichneten zusammengesetzten Werke vom Gesetz durch Herausstellung bestimmter Typen, wie der dramatisch-musikalischen Werke (Art. 33 bis 37) und der Filmwerke (Art. 44 bis 50), geregelt. Die hierfür geltenden Normen enthalten eine teilweise Abänderung der allgemeinen Grundsätze über die Rechtsgemeinschaft, die nach ausdrücklicher Vorschrift des Art. 10 für diejenigen Werke maßgebend sind, welche durch nichtunterscheidbare und untrennbare Beiträge mehrerer Personen geschaffen sind.

Der (allgemeine) Begriff des zusammengesetzten und des komplexen Werks kann also in verschiedener Weise verstanden werden, wobei es darauf ankommt, wie sich die Teile oder Beiträge gegenüber dem Ganzen verhalten, ob sie selbständig sind oder nicht, und auf welche Art und Weise das Werk zustande gekommen ist, d. h., ob es sich als Resultante oder nur als Ansammlung von Elementen darstellt.

Hierzu kommen — im Hinblick auf den Vorgang der Zusammenarbeit — mitunter auch subjektive Kriterien, wenn diese auch nicht stets bei der Bestimmung der Struktur des Werkes eine Rolle spielen, da ein zusammengesetztes oder komplexes Werk auch ohne Vorliegen einer tatsächlichen Zusammenarbeit gegeben sein kann.

Dem Unterschied in der Art und Weise des Vollzugs der „Verbindung" entspricht die Verschiedenheit in der Rechtsstellung der „Beiträge" der Urheber hinsichtlich der verschiedenen Rechtsverhältnisse in bezug auf das Werk oder seine — isoliert oder im Hinblick auf das Ganze betrachteten — Teile. Ob sich die hier maßgebenden Regeln in das allgemeine Schema einfügen oder von diesem lösen, hängt von Fall zu Fall von der Eigenart jedes einzelnen Werktyps und von der Frage ab, ob durch eine Trennung der Teile dem Ganzen Schaden zugefügt würde oder nicht.

2. — Bei der vorliegenden Untersuchung wird zwischen dem subjektiven Kriterium der Schöpfung und dem objektiven Kriterium der Zusammensetzung des Werks unterschieden [2]); der erste Punkt betrifft die schöpferische Tätigkeit, die von einer oder mehreren

---

[2]) Die Unterscheidung wird klar herausgestellt von Greco, La Struttura, delle opere cinematografiche, S. 223, wenn sie dort auch zum Zweck einer kritischen Untersuchung von Art. 9 Abs. 2 des französischen Gesetzes, betreffend die „œuvre composite", verwertet wird. Eine entsprechende Unterscheidung wird nach Greco, aaO. Nr. 53, von Desbois, Le droit d'auteur, Paris, 1950, S. 171 ff. und 202 ff. (für die subjektive Seite) sowie S. 15 bis 17 (für die objektive Seite) verwendet und seinem Einteilungsschema zugrunde gelegt.

Personen vollbracht werden kann, unabhängig davon, ob das Werk eine einfache oder komplexe, homogene oder heterogene Struktur aufweist. Ein (im engeren Sinne) in Zusammenarbeit geschaffenes Werk kann nämlich sowohl dann vorliegen, wenn seine Struktur (wie bei einem Roman, einer Komödie) einfach und homogen ist, als auch dann, wenn es sich um ein komplexes und heterogenes (z. B. aus Worten und Musik verschiedener Urheber zusammengesetztes) Werk handelt; daraus folgt aber nicht notwendig, daß komplexe, auch heterogene Werke stets in Zusammenarbeit geschaffen seien; denn in dem genannten Beispielsfall können Worte und Musik von ein und demselben Urheber stammen.

Unter dem zweiten Gesichtspunkt, demjenigen der Struktur des Werkes, ist der Unterschied zwischen einfachen und komplexen Werken bedeutsam für die Frage, unter welchem Blickwinkel die „Zusammensetzung" der Werke zu sehen ist, insbesondere, ob sie in bezug auf das Ganze oder vielmehr in bezug auf die „Teile" ins Auge gefaßt werden soll. Hierbei ist einerseits gegebenenfalls die einheitliche Funktion des (wenn auch komplexen) Werks zu berücksichtigen und andererseits zu prüfen, ob die Bestandteile ihre Selbständigkeit behalten, indem sie sich, wie im Fall des Sammelwerks, in bloßer Aneinanderreihung gegenübertreten, oder sie vielmehr verlieren, indem sie sich unter Hervorbringung eines einzigen, neuen Ergebnisses gegenseitig durchdringen.

Diese Verschiedenheit der Rechtsverhältnisse verleiht den Geisteswerken eine ganz besondere Stellung, die sie von den körperlichen Gegenständen unterscheidet; denn bei ihnen ist eine gleichzeitige Nutzung der Teile und des Ganzen ohne Zerlegung des vollendeten Werks möglich, sie sind nicht körperlich im Raum fixierbar und werden Gegenstand des Urheberrechts nur, wenn sie das Ergebnis schöpferischer Tätigkeit einer oder mehrerer Personen sind.

Dieses Vorhandensein einer — in Zusammenarbeit oder getrennt ausgeführten — schöpferischen Tätigkeit mehrerer Urheber bildet die Grenze für die Anwendbarkeit des (in Art. 10 geregelten) Grundsatzes der Rechtsgemeinschaft mit (vorbehaltlich abweichender schriftlicher Vereinbarung) gleichen Wertanteilen und gewissen Abänderungen mit Rücksicht auf das Urheberpersönlichkeitsrecht. Bei Werken, die nicht in Zusammenarbeit geschaffen, sondern aus getrennten Beiträgen entstanden sind, entsteht dagegen kein Gemeinschaftsverhältnis; vielmehr kommt es hier zum Nebeneinanderbestehen mehrerer einzelner Urheberrechte, deren mögliche Gegensätze gemäß den allgemeinen Regeln der Über- und Unterordnung verschiedener Urheberrechte gelöst werden (wie es z. B. im Falle der

Bearbeitung eines vorbestehenden Werks geschieht, für welche die Grundsätze des Art. 4 gelten).

3. — Von Zusammenarbeit kann man jedesmal dann sprechen, wenn mehrere Personen zur Schaffung des Werkes beitragen; das ist dann der Fall, wenn die schöpferische Tätigkeit von einer gemeinsamen Eingebung bestimmt wird, welche das gesamte Werk beeinflußt; eine bloße Abmachung genügt nicht, es ist ein enges Zusammenwirken von Bemühungen nötig, das zu einem neuen Werk [3]) führt, und zwar auch dann, wenn die Schöpfung nicht zusammenhängend erfolgt. Daher besteht im engeren Sinne keine Zusammenarbeit zwischen dem Urheber eines ursprünglichen Werks und demjenigen, der dieses (im Sinne des in Art. 4, 7 Abs. 2 und 18 festgelegten Begriffs) bearbeitet, indem er ein abgeleitetes Werk ins Leben ruft. Ebensowenig liegt Zusammenarbeit vor zwischen dem Urheber eines schon bestehenden Werks und demjenigen, der es für eine Neuauflage überarbeitet (Art. 129 Abs. 3), oder demjenigen, der ein bestehendes Werk in ein eigenes Werk einfügt oder zur Schaffung eines Sammelwerks auswählt und mit anderen zusammenstellt (Art. 3, 7), und schließlich auch nicht zwischen dem Urheber eines unvollendeten Werks und demjenigen, der es vollendet[4]). Dagegen kann Zusammenarbeit bestehen bei gemeinsamer, d. h., von einem einheitlichen Merkmal oder gedanklichen Prinzip inspirierter Schöpfung durch mehrere Personen, auch wenn es sich um ein einfaches Werk handelt, wie im Falle eines literarischen Werks, eines Lehrbuchs oder eines von mehreren komponierten musikalischen Werks, sei es, daß die Beiträge unterscheidbar bleiben, sei es, das sie sich gegenseitig so durchdringen, daß die verschiedenen Tätigkeiten jedes

---

[3]) Dies betont bereits Piola Caselli, aaO. S. 262 ff., der eine tatsächliche, einverständliche Zusammenarbeit und außerdem eine „so vollständige Funktion der verschiedenen Beiträge" verlangt, „daß sie im Werk als ganzem nicht mehr unterscheidbar sind und eine echte Gemeinschaft zu ungeteilten Anteilen entsteht". Wie man sieht, wird hier der Begriff der engen Verknüpfung der Tätigkeit mittels einer Verknüpfung von „Teilen" dargestellt, was einen Übergang vom subjektiven zum objektiven Kriterium beinhaltet, und das Vorliegen der Ununterscheidbarkeit verlangt, was durch die Gründe für die Aufstellung dieses Erfordernisses nicht gedeckt ist. Vgl. hierzu die klaren Ausführungen von Greco, Collaborazione, S. 448 ff., etwas abgeschwächt wiederholt in Struttura, S. 231, Anm. 64. Abgesehen von der Kritik am Erfordernis der Ununterscheidbarkeit, auf die im Text später zurückzukommen sein wird, muß jedoch daran erinnert werden, daß für das Vorliegen der Zusammenarbeit eine enge Verknüpfung von Tätigkeiten erforderlich ist, wie bereits Piola Caselli erkennt und Greco, Collaborazione, S. 456 und 459, in Anlehnung an die französische Lehre (Desbois, aaO. S. 203 und 229) wiederholt; ebenso auch die deutsche Lehre (vgl. Ulmer, Urheber- und Verlagsrecht, 2. Aufl., Berlin 1960, S. 166 f.).

[4]) Im gleichen Sinne wie die Beispiele des Textes Greco, Collaborazione, S. 459 ff.; vgl. dazu auch Giannini, Problemi del diritto di autore, Dir. Aut. 1953, 474 ff., mit ausführlicher Angabe praktischer Beispiele.

einzelnen nicht mehr erkennbar sind. Zusammenarbeit kann auch zwischen den Urhebern von Werken verschiedener Gattung — z. B. des literarischen und des musikalischen Teils eines Werks — bestehen, wenn die Schöpfung auf eine begriffliche und künstlerische Einheit abzielt, die aus einer, wenn auch in verschiedenen Zeitpunkten, aber im Hinblick auf ein gemeinsames neues Ergebnis verwirklichten Zusammenarbeit mehrerer fließt, ohne daß die Trennbarkeit der „Gattungen" die Gemeinsamkeit der Inspiration oder der Absichten beseitigt. Diese Einheitlichkeit der, wenn auch von mehreren Personen bewirkten Schöpfung muß zu einer Resultante (dem in Zusammenarbeit geschaffenen Werk) führen, welche die Einheit der Schöpfung widerspiegelt. Daraus ergibt sich, daß man beim Sammelwerk (Art. 3), obwohl dieses ein an sich einheitliches Werk darstellt, von einer Zusammenarbeit zwischen den Urhebern der Teile und dem Urheber des Ganzen nicht sprechen kann; denn hier äußert sich das schöpferische und eigentümliche Element ganz in der Auswahl und Anordnung durch eine Person allein (vorbehaltlich des Falles, daß diese Tätigkeit von mehreren Personen ausgeführt wird), während das Verhältnis zwischen demjenigen, der die Auswahl oder Leitung besorgt, und den Schöpfern der einzelnen Teile nicht die „Zusammenarbeit", sondern eine Tätigkeit anderer Art betrifft[5]).

Offensichtlich hat der Begriff der Zusammenarbeit, wenn man ihn in dieser Weise in einem erheblich engeren Sinn definiert als ihn einige Gesetze gewöhnlich verstehen [6]), Bedeutung in der Entstehungsphase des Werks, so daß die davon abhängigen Rechtsverhältnisse in ihrer Tragweite beeinflußt werden durch die Willensrichtung der Beteiligten, ihre Unterwerfung unter zwingende Normen des Urheberrechts und die besondere Struktur der Immaterialgüter und damit auch der Geisteswerke. Dies zeigt sich noch mehr, wenn man nicht nur die einfachen, d. h. einer einzigen Gattung angehörigen Werke, sondern auch diejenigen in Betracht zieht, welche durch Vereinigung von Beiträgen verschiedener Gattungen entstanden sind; denn hier erscheint noch deutlicher der Zusammenhang zwischen den Beziehungen, welche die einzelnen Beiträge einerseits als das Ganze bildende Teile und andererseits als abspaltbare Elemente betreffen, wobei freilich eine Beeinträchtigung des Ganzen durch eine solche Abspaltung dank der Unkörperlichkeit des Gegen-

---

[5]) Piola Caselli, aaO. S. 231, unterstreicht diese Unterscheidung, wenn er auch die Sammelwerke als in Gemeinschaft besonderer Art stehende Werke ansieht.

[6]) So z. B. im französischen Gesetz vom 11. März 1957, Art. 9 Abs. 1: „Est dite œuvre de collaboration, l'œuvre à la création de laquelle ont concouru plusieurs personnes physiques".

stands hier, ganz anders als bei körperlichen Sachen, nicht eintreten kann.

4. — Unter dem allgemeinen Gesichtspunkt der Gestaltung des Werks durch mehrere Urheber sind die verschiedenen Beziehungen zwischen der Zusammenarbeit und den Regeln über die Gemeinschaft ins Auge zu fassen, welch letztere in den Gesetzen manchmal als ein zur Ordnung der durch die Zusammenarbeit entstehenden Rechtsverhältnisse geeignetes Institut genannt werden. Das schließt jedoch nach einigen Gesetzen, wie nach dem italienischen Urheberrechtsgesetz (Art. 10 Abs. 2), die Möglichkeit einer von den Grundsätzen über die Gemeinschaft abweichenden Vereinbarung nicht aus (Art. 10 Abs. 3 des Urheberrechtsgesetzes und Art. 1100 ff. des Zivilgesetzbuchs), und zwar auch dann, wenn das Werk durch nichtunterscheidbare und untrennbare Beiträge mehrerer Personen geschaffen worden ist. Die eben angedeutete Regelung konzentriert sich in einer allgemeinen Formel auf den Begriff des von mehreren Urhebern geschaffenen Werks. Diese Formel geht nach meiner Auffassung einerseits zu weit, während sie andererseits Lücken aufweist: Sie geht zu weit, da sie neben dem die Entstehung des Werks betreffenden Merkmal der Schöpfung — als allgemeine Regel (während es sich doch um eine besondere Erscheinung handelt) — durch den Hinweis auf die Ununterscheidbarkeit und Untrennbarkeit Elemente in sich aufnimmt, welche auch die Struktur des Werks berühren; sie ist lückenhaft, weil sie sich auf die Tätigkeit von mehreren Personen bezieht, was für das Vorliegen einer Zusammenarbeit nicht genügt, da eine Mitwirkung mehrerer Personen an der „gemeinsamen" Schöpfung auch dann vorkommt, wenn dem Werk kein einheitliches gedankliches Prinzip zugrunde liegt. Die zitierte Bestimmung unterstellt die Frage grundsätzlich den Regeln über die Rechtsgemeinschaft, berücksichtigt dabei aber durch gewisse Ausnahmen die urheberrechtlichen Prinzipien; so darf jeder Beteiligte für sich allein das Urheberpersönlichkeitsrecht auch in bezug auf das Werk im ganzen geltend machen; andere Ausnahmen betreffen den Wert der Anteile und den Nachweis einer abweichenden Vereinbarung hierüber: Art. 10 Abs. 2 übernimmt zwar die Vermutung der Gleichheit der Anteile aus Art. 1101 Abs. 1 des Zivilgesetzbuches, läßt aber einen Gegenbeweis nur in schriftlicher Form zu[7]); ferner wird zwar nach Art. 10 Abs. 2 ebenso

[7]) Dieses Erfordernis ist neu im Vergleich zu den früheren italienischen Gesetzen; Piola Caselli, aaO. S. 264, der zwar eine andere Lösung bevorzugt (wonach im Falle des Fehlens einer Vereinbarung der Nachweis möglich sein soll, daß die Beiträge zur Gestaltung des Werks nach Umfang und Wert ungleich sind), aber anerkennt, daß die Notwendigkeit schriftlichen Beweises den

wie nach Art. 1101 Abs. 1 des Zivilgesetzbuchs vermutet, daß die Anteile am Wert gleich seien, doch darf nicht übersehen werden, daß dieses Kriterium im Vergleich zur Regelung der Rechtsgemeinschaft insofern eine Neuerung darstellt, als die in Art. 1101 Abs. 1 enthaltene Vermutung unter Berufung auf das Proportionalprinzip des Art. 1101 Abs. 2 bekämpft werden kann, ebenso wie es in den Fällen der Verbindung und Vermischung (Art. 939 des Zivilgesetzbuchs) zulässig ist [8]). Auf dem Gebiet des Urheberrechts dagegen ist der allgemeine Grundsatz des Gemeinschaftsrechts dadurch abgeändert, daß eine Berechnung der Anteile nach dem Wertverhältnis der einzelnen Beiträge nicht in Frage kommt.

Ferner kann im Falle der Zusammenarbeit die Entstehung der urheberrechtlichen Beziehungen durch den Parteiwillen auch in einer von den Grundsätzen über die Gemeinschaft abweichenden Form geregelt werden — so etwa durch Anknüpfung an Gesellschafts- oder Austauschverhältnisse (Werkverträge über Geisteswerke oder Verträge über abhängige Arbeit). Die Ausübung der Vertragsfreiheit führt hierbei zu einer abgeänderten Anwendung des allgemeinen Gemeinschaftsrechts und zu verschiedenen Auswirkungen: a) obligatorischer Art für die den Prozeß der Herstellung des Werkes betreffenden Leistungen, b) persönlicher Art für den Bereich des sogenannten Urheberpersönlichkeitsrechts, c) dinglicher Art in bezug auf die Vermögensrechte am hergestellten Werk [9]).

Diese Auswirkungen werden jedoch durch die besondere Regelung im Gesetz über das Urheberrecht beeinflußt: hauptsächlich durch den in Art. 6 niedergelegten Grundsatz, wonach der rechtserzeugende Tatbestand durch die Schöpfungstätigkeit bestimmt wird, und ferner durch die Unveräußerlichkeit der Persönlichkeitsrechte. Daraus ergibt sich: während im Fall eines Gesellschaftsverhältnisses der maßgebende Vertrag in den dort vorgesehenen Formen die gemeinsame Ordnung der vermögensrechtlichen Beziehungen gewährleistet, ist im Falle von Austauschverträgen der unmittelbare (derivative) Erwerb des Rechts von dessen Inhaber zulässig: Doch wechselt der Gegenstand des Rechtsverhältnisses in Abhängigkeit von der Funktion, zu deren Ausfüllung der Beitrag im Rahmen der Struk-

---

Erfordernissen der Rechtssicherheit entspricht; G r e c o , Collaborazione, S. 476, hält dagegen die genannte Bestimmung für recht angreifbar, da sie durch das Erfordernis sowohl einer abweichenden Vereinbarung als auch eines schriftlichen Nachweises eine doppelte Erschwerung vorsehe.

[8]) Daß auf dieses Rechtsinstitut statt auf dasjenige der Gemeinschaft Bezug genommen wird, rechtfertigt sich nach G r e c o , aaO., außerdem durch die Möglichkeit, die Beiträge zu erkennen, ohne daß bereits ein „Gut" existiert, während im Fall der Gemeinschaft das Vorhandensein vorbestehender Güter vorausgesetzt wird.

[9]) In diesem Sinne G r e c o aaO. S. 463.

tur des Werkes berufen ist. Bildet er nämlich eine untrennbare Komponente des Werkes, so ist er mit diesem auch in seinem weiteren Schicksal eng verknüpft; handelt es sich dagegen um einen vom Werk trennbaren Beitrag, so ist dieser zum Zweck der Erstellung des Werks übertragen, wird aber von der Veräußerung insoweit nicht umfaßt, als es sich um seine getrennte Verwertung handelt, durch welche die Struktur und Zweckbestimmung des Werks im ganzen angesichts der im Verhältnis zu diesem gegebenen Abspaltbarkeit nicht berührt wird (wie Art. 34 Abs. 5, 35 und 49 zeigen) [10].

Anders ist die Situation, die sich aus der Regelung des Urheberpersönlichkeitsrechts ergibt; denn diese behält — unabhängig von den Gemeinschafts-, Gesellschafts- oder Austauschverträgen — jedem einzelnen Urheber die Ausübung des genannten Rechts hinsichtlich des vollendeten Werks im ganzen vor, auch wenn sie gegen den Willen der anderen geht. Dies bedingt eine besondere Rechtsstellung jedes Miturhebers zur Verteidigung eines eigenen, wenn auch auf das Werk im ganzen bezogenen, jedoch nicht eines gemeinsamen Interesses, und es ist nicht einmal erforderlich, daß die Beeinträchtigung auch andere Miturheber betrifft; denn in der Geltendmachung des Schutzes des Urheberpersönlichkeitsrechtes ist jeder stets unabhängig (Art. 10 Abs. 3). Dagegen ist hinsichtlich einiger Befugnisse (wie der Veröffentlichung, der Änderung oder der Benutzung in anderer Form) eine Mehrheitsentscheidung (wie sie im Fall der Gemeinschaft vorkommt) ausgeschlossen; vielmehr wird Zustimmung aller Miturheber verlangt. Dies rechtfertigt die im Schrifttum [11]) vertretene Ablehnung der — wenn auch von angesehener Seite [12]) vertretenen — Lehre, welche bei Werken, die in Zusammenarbeit geschaffen sind, für die sogenannten Urheberpersönlichkeitsrechte eine notwendige Gemeinschaft sui generis annimmt.

5. — Was das Ergebnis der Zusammenarbeit betrifft, so erscheint es als ein einheitliches Ganzes, da sich die Teile, ontologisch und funktionell betrachtet, gegenseitig durchdringen, um ein neues Werk ins Leben zu rufen, das als solches nur insoweit besteht, als man den Zusammenhalt zwischen den einzelnen Beiträgen ins Auge faßt. Dies ist ganz offensichtlich bei der Zusammenarbeit, die zu einfachen, d. h. aus Beiträgen ein und derselben Gattung entstandenen Werken führt; anders liegen die Dinge dagegen dann, wenn die Zusammen-

[10]) Ebenso Greco, aaO. S. 464.

[11]) Piola Caselli, aaO. S. 266 ff.; Ascarelli, aaO. S. 775; Santini, I diritti della personalità nel diritto industriale, Padua, 1959, S. 52 ff.; Corrado, aaO. S. 28; ähnlich für die Rechtslage in Frankreich Gavin, Le droit moral de l'auteur, Paris 1960, S. 277 f.

[12]) Greco, Collaborazione, S. 464 und Struttura, S. 239, 242, 254.

arbeit zusammengesetzte, aber einheitliche Werke schafft, bei denen die einzelnen Beiträge neben ihrer Funktion als Bestandteile die Rolle von Gegenständen besonderer Rechtsbeziehungen sowohl in der Entstehungsphase als auch nach Vollendung des Werks annehmen können, wobei ihre immaterielle Natur verhindert, daß dies zu einer Auflösung des Werks führt.

Das italienische Gesetz (Art. 10 Abs. 1) setzt als allgemeine Regel, daß die Beiträge sowohl untrennbar als auch ununterscheidbar seien, um die enge Verknüpfung der Teile bei der Gestaltung des Werks zu unterstreichen [13]); doch erscheint die Formulierung der Vorschrift auch unter Berücksichtigung dieses letzteren Erfodernisses als zu weitgehend.

Im Schrifttum [14]) wurde der Begriff der Ununterscheidbarkeit als

---

[13]) Diese Erklärung findet sich bei Piola Caselli, aaO. S. 263.

[14]) Der Hinweis stammt von Greco, Collaborazione, S. 448, und Struttura, S. 231, insbesondere Anm. 64, wenn auch die klare Feststellung der Nutzlosigkeit und Überflüssigkeit des Erfordernisses der Ununterscheidbarkeit der Teile eines in Zusammenarbeit geschaffenen Werks für dessen rechtliche Behandlung an anderen Stellen der zitierten Studien abgeschwächt erscheint; so in der erstgenannten (S. 477), wo es heißt, die Vermutung der Wertgleichheit der Anteile und die diesbezügliche Beweisbeschränkung (durch die Notwendigkeit des schriftlichen Nachweises einer Vereinbarung) sei „nur unter der Voraussetzung der Ununterscheidbarkeit der Beiträge zur Geltung berufen“. Ebenso in der zweiten der zitierten Arbeiten (S. 231, Anm. 64), wo gesagt wird: „Andererseits kann die Ununterscheidbarkeit zur Gemeinschaft auch dann führen, wenn die Elemente oder Teile eines körperlichen oder unkörperlichen Gebildes trennbar sind, da die Aufspaltung dessen Brauchbarkeit nicht beeinträchtigt. Dies ist der Fall bei der Vereinigung durch Vermischung, wo sich das Entstehen eines Zustandes der Ungeteiltheit (und nicht einer echten Unteilbarkeit) wegen eines wesensmäßig rechtlichen Grundes durchsetzt, wenn bei Verschiedenheit der Eigentümer (bzw. Urheber) der vermischten Sachen (bzw. Geistesschöpfungen) eine Unterscheidung der einen von den anderen zur Individualisierung der Objekte der jeweiligen vorbestehenden Rechte nicht mehr möglich ist. Übrigens kann die Teilung entsprechend dem Wert der Anteile jedes Beteiligten stets verlangt werden, wenn sie ohne Schaden für das Ganze oder die Teile erfolgen kann (Art. 1112 des Zivilgesetzbuchs).“

Es scheint, daß an den zitierten Stellen der Begriff der Ununterscheidbarkeit im Sinne von — juristischer, nicht physischer — Untrennbarkeit gebraucht wird (d. h. auf das Merkmal der erheblichen Verschlechterung abstellt, wie es in Art. 939 geschieht; hierzu Maiorca, Stichwort Commistione, in Novissimo digesto italiano, Turin, 1959, Bd. III, S. 660); das gilt besonders für das zweite Zitat aus Greco, wo auf das Rechtsinstitut der Verbindung (Art. 939) Bezug genommen wird, deren Regelung vom geltenden Zivilgesetzbuch in gleicher Weise auf die Vermischung angewandt wird, wenn auch zwischen beiden Fällen ein Unterschied insoweit besteht, als die Verbindung zwischen Speziessachen erfolgt, die ihre Form auch nach der (durch äußere Berührung bewirkten) Verbindung bewahren, während die Vermischung eine mehr oder weniger tiefe gegenseitige Durchdringung der die vermischten Massen bildenden Bestandteile voraussetzt (so Maiorca, aaO. S. 657). Die von Greco vorgenommene Begriffsausdehnung folgt aus einem engen Parallelismus zwischen körperlichen und unkörperlichen Sachen, der jedoch, wie Greco in den zitierten Studien selbst hervorhebt, in relativem Sinne verstanden werden muß. Näheres zu dieser Frage weiter unten im Text.

Andere Autoren folgen den weitergehenden Ansichten Grecos und sehen den Begriff der Ununterscheidbarkeit als unbrauchbar für die Abgrenzung der in Zusammenarbeit geschaffenen Werke an: So De Sanctis, aaO. S. 389;

überflüssig bezeichnet, da er auch unter dem Gesichtspunkt, aus dem heraus er verlangt wird, d. h. für den Fall der Zusammenarbeit im allgemeinen, dem Begriff der Untrennbarkeit, zu dem er in keiner Beziehung stehe, nichts hinzufüge. In der Tat erweist sich auf juristischer Ebene als ungeklärt, welcher Sinn der Kumulation dieser beiden Bedeutungsinhalte als allgemeiner Regel zukommt; auf der Ebene der Logik erscheint ihr Sinn zweideutig; denn unter diesem Aspekt bezieht sich der Begriff der Ununterscheidbarkeit auf eine rein rationale, nicht physische Wertung, da er nur zum Ausdruck bringt, daß Dinge oder Teile davon auf einer bloß gedanklichen Ebene nicht auseinandergehalten werden können, während mit dem Begriff der Untrennbarkeit gemeint ist, daß Sachen ganz konkret nicht geteilt oder voneinander getrennt werden können. Im Bereich der Geisteswerke, die ja immaterieller Natur sind, werden nun aber diese Erfordernisse auf einer begrifflichen Ebene betrachtet, und die Unterscheidung verwischt sich praktisch so sehr, daß sie inhaltlos wird.

Juristisch gesehen hat der Begriff der Ununterscheidbarkeit kein Gegenstück in anderen Rechtsinstituten, sofern man ihn nicht dem Begriff der Untrennbarkeit in dem Sinne gleichsetzen will, in dem er z. B. in Art. 939 des Zivilgesetzbuchs bezüglich der Verbindung oder Vermischung vorkommt [15]), wo er unter gewissen Voraussetzungen geeignet ist, einen Fall der Rechtsgemeinschaft zu begründen; dann aber entfällt die Bedeutung der von Art. 10 gewollten Unterscheidung ganz, vorbehaltlich der Festlegung des Grundsatzes der Wertgleichheit der Teile, worin eine Ausnahme von der in Art. 939 gegebenen Regel der Proportionalität liegt. Der Begriff der Trennbarkeit oder Untrennbarkeit (auf den z. B. Art. 2 Ziff. 4 des

---

implicite auch Fabiani, Opera collettiva, opera composta e comunione del diritto di autore, Dir. Aut. 1956, 58; in abgeschwächter Form Corrado, aaO. S 27.

Die Rechtsprechung dagegen setzt sich mit dem Problem nicht auseinander und beschränkt sich auf die Wiedergabe der beiden im Gesetz genannten Erfordernisse; so Corte di Cassazione vom 29. Juli 1957, Nr. 3189, Dir. Aut. 1958, 72; Pretura di Roma vom 7. März 1956, Rass. Dir. Cin. 1956, 44; Corte di Cassazione vom 8. Juli 1943, Nr. 1752, Rep. Giur. it. 1943, Stichwort Dir. autore, 112.

[15]) Über den Unterschied zwischen Verbindung und Vermischung vgl. die Ausführungen zu Art. 939 des Zivilgesetzbuchs in der vorhergehenden Anmerkung; die Besonderheit der genannten Vorschrift besteht in der Bedeutung der Untrennbarkeit im juristischen Sinne, für welche die Notwendigkeit, daß keine erhebliche Verschlechterung als Ursache von Schwierigkeiten eintreten darf, d. h., der Wertverlust, der durch die Vornahme einer Trennung bewirkt werden kann, maßgebend ist; in diesem Fall verbleibt es beim Grundsatz der Gemeinschaft (hierüber Maiorca, aaO.). Es ist jedoch hervorzuheben, daß es für Art. 939 nur auf den Begriff der Untrennbarkeit und — anders als im römischen Recht — nicht auf denjenigen der Individualität ankommt, so daß in diesem Fall gemeinschaftliches Eigentum entsprechend dem Wert der Sachen entsteht (hierzu Branca, Stichwort Accessione in Enciclopedia del diritto, Bd. I, Mailand 1958, S. 271).

Gesetzes über das Urheberrecht in rein ideellem Sinne und zu anderen Zwecken Bezug nimmt[16]), findet sich dagegen wieder in der Regelung über die einer Teilung nicht unterworfenen Sachen (Art. 1112 des Zivilgesetzbuchs)[17]).

Erwägt man die Begriffe, so erscheint es klar, daß die Untrennbarkeit und Ununterscheidbarkeit bei der Zusammenarbeit nicht eine allgemeine Regel, sondern einen recht begrenzt vorkommenden und besonderen Fall bildet. Denn man kann sich zwar ein in Zusammenarbeit geschaffenes Werk vorstellen, das untrennbare und ununterscheidbare Beiträge umfaßt (man denke an ein literarisches, technisches, juristisches Werk, das der gemeinsamen und ununterscheidbaren Tätigkeit mehrerer Urheber entstammt)[18]). Das bedeutet aber nicht, daß alle in Zusammenarbeit geschaffenen Werke notwendigerweise aus untrennbaren und ununterscheidbaren Beiträgen bestehen müssen.

Auch die ausländischen Gesetze über das Urheberrecht kennen übrigens diese Häufung zweier Erfordernisse nicht[19]). Ihr gleich-

---

[16]) Der Begriff der Trennbarkeit findet jedoch im Rahmen des Art. 2 Ziff. 4, d. h. in bezug auf die Werke der angewandten Kunst, eine andere, durch die Besonderheit des in dieser Vorschrift behandelten Tatbestands gerechtfertigte Auslegung. Die Rechtsprechung hat in Übereinstimmung mit derjenigen Strömung im Schrifttum (Piola Caselli, Trattato del diritto di autore, 2. Aufl. 1927, S. 108 ff., und Allacciamento della protezione dell'arte industriale con la protezione del diritto d'autore, Dir. Aut. 1940. 15), die das Gesetz über das Urheberrecht inspiriert hat, diesen Begriff der Trennbarkeit im Sinne von „gedanklicher Abspaltbarkeit" des Kunstwerks vom gewerblichen Erzeugnis verstanden. Vgl. in diesem Sinne Corte di Cassazione vom 12. August 1946, Nr. 1189, Dir. Aut. 1947, 34; vom 22. Okt. 1956, Nr. 3086, Riv. Dir. Comm. 1958, II 172, mit Anm. von Vercellone, und neuerdings vom 29. Juli 1957, Nr. 3189, Dir. Aut. 1958, 72. Zum Begriff der Trennbarkeit, und zwar meist im Sinne der Unangemessenheit dieser vom Gesetz aufgestellten Voraussetzung vgl.: Greco, I diritti sui beni immateriali, Turin 1948, S. 171; Ascarelli aaO. S. 677; Sordelli, Manifestazione e finalità di forma, Riv. trim. dir. proc. civ. 1958, 1230 ff.; Auletta, Commentario al Codice civile a cura di Scialoja e Branca, Bd. V, S. 325, der dem Merkmal der Trennbarkeit nur trügerischen Wert beimißt; und schließlich Bonasi Benucci, La tutela delle forme nel diritto industriale, Mailand 1963, S. 243.

[17]) Im ersten der behandelten Fälle ((vgl. Art. 1112) ist ausdrücklich von Unteilbarkeit (im juristischen Sinne) die Rede, und zwar in dem Sinne, daß die abgetrennten Teile nicht dieselbe Funktion besitzen wie das Ganze, woraus sich die Notwendigkeit ergibt, daß sie gemeinschaftlich bleiben; hierbei wird deutlich auf Art. 1117 angespielt, der sich zur allgemeinen Regel erhebt (Biondi, I beni, Turin 1953, S. 53 ff.); neben dem Merkmal der Funktion wird dasjenige des Wertes genannt (das aus Art. 560, 720, 1114 des Zivilgesetzbuchs entnommen werden kann). Manche Autoren (so Pugliatti Stichwort Cosa (teoria generale) in Enciclopedia del diritto, Mailand 1962, Bd. XI, S. 77) fügen unter diesem Gesichtspunkt ferner das Beispiel des Art. 939 an, der von Trennbarkeit ohne erhebliche Verschlechterung spricht und damit dem Begriff der Untrennbarkeit eine demjenigen der Teilbarkeit entsprechende Bedeutung verleiht.

[18]) Die Annahme, daß es sich um besondere Fälle, nicht aber um eine allgemeine Regel handle, wird auch von Greco geteilt (Collaborazione, S. 477; Struttura, S. 223). Vgl. dazu auch Ascarelli, aaO. S. 773.

[19]) Die verschiedenen ausländischen Gesetze über das Urheberrecht nehmen bei der Bestimmung des allgemeinen Merkmals, auf Grund dessen ein kon-

zeitiges Vorliegen fördert keineswegs die Klarheit der Rechtsverhältnisse; wollte man nämlich dem Buchstaben des Gesetzes folgen, so wäre für gewisse Werke mit untrennbaren, aber unterscheidbaren Beiträgen (man denke an ein von mehreren Urhebern geschaffenes Lehrbuch, bei dem der Verfasser jedes Beitrages genannt ist, eine getrennte Verwertung der Beiträge aber nicht in Frage käme [20])) nicht das Gemeinschaftsrecht maßgebend; ebenso wären zusammengesetzte Werke jeder vom Gesetz nicht ausdrücklich vorgesehenen Art vom Anwendungsbereich der Vorschriften über die Gemeinschaft ausgeschlossen [21]), so daß es für sie an jeder Regelung fehlen würde (so z. B. für Fernsehwerke [22]). Daraus ergibt sich für die in Zusammenarbeit geschaffenen, aus den Beiträgen mehrerer Personen bestehenden Werke als notwendiges, für die rechtliche Behandlung entscheidendes Erfordernis die Untrennbarkeit [23]), die hier außer dem Begriff der physischen Untrennbarkeit auch denjenigen der mangelnden funktionellen Unterscheidbarkeit der Teile oder Elemente des Werks umfaßt.

---

kreter Tatbestand den Normen über das gemeinschaftliche Werk unterstellt werden kann, sämtlich auf ein einziges Kennzeichen Bezug, wenn diesem auch im Rahmen der einzelnen Gesetze ein verschiedener Inhalt gegeben wird. So findet sich in Art. 6 bzw. 8 der deutschen Gesetze von 1901 (LitUG) und 1907 (KSchG) der Begriff der „Untrennbarkeit", in Art. 11 Abs. 1 des österreichischen Gesetzes von 1936 der Begriff des „unteilbaren Werks", in Art. 7 des schweizerischen Gesetzes von 1922 der Begriff der „untrennbaren Beiträge", in Art. 6 des schwedischen Gesetzes von 1960 der Begriff des „Werks mit unselbständigen Beiträgen", in Sec. 11 des englischen Copyright Act von 1956 der Begriff der „nicht getrennten Beiträge" und in Art. 7 des jugoslawischen Gesetzes von 1957 der Begriff der „Unteilbarkeit". Für das französische Gesetz vgl. den Text des Art. 9 Abs. 1, zit. in Anm. 6.

[20]) Das Beispiel findet sich bei Greco, Collaborazione, S 448.

[21]) So auch Greco, Collaborazione, S. 448 f., 477, und anscheinend auch Ascarelli, aaO. S. 777; in ähnlichem Sinne Fabiani, Dir. Aut. 1956, 58, der hier zur Analogie Zuflucht nimmt.

[22]) Schwierig ist die Einordnung des Fernsehwerks in das System des italienischen Gesetzes. Fabiani (Lo spettacolo radiofonico e televisivo, Riv. Dir. Ind. 1961, I 63 ff.) betrachtet es je nach Lage des Einzelfalles als zusammengesetztes oder Sammelwerk; im ersten Fall tritt er jedoch für eine analoge Ausdehnung der Regelung des Art. 10 ein, wodurch er unausgesprochenermaßen der Theorie Grecos von der Unerheblichkeit der Ununterscheidbarkeit folgt.

[23]) Anders die Haltung der herkömmlichen Lehre in anderen Ländern (so z. B. in Deutschland und den deutschsprachigen Ländern), wo das in Zusammenarbeit geschaffene Werk ausschließlich dem Begriff der Untrennbarkeit untergeordnet wird, der jedoch im Sinne der Unmöglichkeit selbständiger Verwertung der Teile auch im Falle der Individualisierbarkeit oder äußerlichen Trennbarkeit der Beiträge verstanden wird (so Ulmer, aaO. S. 167 und 172; Troller, Immaterialgüterrecht, Basel 1962, Bd. II, S. 697; Rintelen, Urheberrecht und Urhebervertragsrecht, Wien 1958, S. 96 f.). Diese Auffassung würde sich mit dem Wortlaut des Art. 10 des italienischen Gesetzes decken; doch gelangt die italienische Lehre zu abweichenden Ergebnissen auf Grund einer extensiven Auslegung, die auch auf zusammengesetzte Werke mit gesondert verwertbaren Beiträgen Anwendung findet.

In diesem letzteren Fall verneint man im deutschen Rechtskreis das Vorliegen eines zusammengesetzten Werks und geht vom Begriff der „Werkverbindung" aus.

6. — Die Untersuchung des strukturellen Aspekts der Werke kann unter zwei verschiedenen Gesichtspunkten erfolgen: Man kann einerseits die das Werk bildenden Beiträge oder Teile und andererseits das Werk im ganzen ins Auge fassen gemäß einer herkömmlichen, bereits in den Untersuchungen über die Struktur der körperlichen Sachen verwendeten Methode [24]).

Im ersten Punkt haben einige die Stellung der Beiträge bei der Gestaltung des Werks betreffende Fragen Bedeutung; es kommt darauf an, ob eine gegenseitige Durchdringung oder vielmehr nur eine Verknüpfung von Teilen erfolgt, die eigener Rechtsbeziehungen fähig bleiben, aus denen sich freilich angesichts der Unkörperlichkeit der Beiträge und des einheitlichen Werks eine Auflösung des Ganzen nicht ergeben kann.

Eine weitere Unterscheidung führt zur Definition der sog. Sammelwerke, d. h. derjenigen, die sich aus der Ansammlung von Werken oder Werkteilen ergeben, wobei die schöpferische Eigenart des Ganzen auf der an einem bestimmten Ziel ästhetischer, wissenschaftlicher usw. Art ausgerichteten Auswahl- und Ordnungstätigkeit beruht (Art. 3).

Unter dem zweiten Gesichtspunkt ist das Werk in ganzen, auch wenn es sich aus trennbaren Elementen zusammensetzt, in funktioneller Hinsicht einheitlich; denn das Zusammenfügen der Teile zu einem bestimmten Zweck schafft ein neues, von demjenigen einer Verwertung der einzelnen Bestandteile verschiedenes Ergebnis. Die Unkörperlichkeit des Objekts läßt diesen offenbaren Gegensatz zu, da sie die getrennte Verwertung von Teilen ohne Aufspaltung des Ganzen erlaubt.

Diese Beurteilungsmaßstäbe führen jedoch beide — jedenfalls nach dem italienischen Gesetz — zu dem Ergebnis, daß sich die Werke in unterschiedlicher Weise darstellen, je nachdem, ob die Verbindung mehr oder weniger eng ist, d. h. ob sie den verschiedenen Beiträgen — bei Anerkennung fortbestehender Einheitlichkeit des aus ihrer Zusammenfügung entstandenen Werks — ihre Selbständigkeit beläßt oder nicht.

---

[24]) In diesem Sinne wird das Problem für die in Zusammenarbeit geschaffenen Werke von Greco, Collaborazione, S. 451 f., und Struttura, S. 232 ff., gestellt. Fragen der gleichen Art erheben sich im Fall der Vermischung, bei der eine ungeteilte Gemeinschaft nur dann vorliegt, wenn die Trennung nur unter „erheblicher Verschlechterung" erreichbar wäre: Hierzu nimmt die Lehre an, daß die erhebliche Verschlechterung in bezug auf die einzelnen Teile und nicht auf das Ganze erforderlich ist, da dieser letzte Fall einen Erwerb des Ganzen und nicht der einzelnen Teile voraussetzt (hierzu Maiorca, aaO. S. 663 f.). Anders erscheint dagegen die Lösungsmöglichkeit für die Geisteswerke angesichts deren Unkörperlichkeit.

Gemäß diesen Grundsätzen lassen sich der Struktur nach unterscheiden:

a) Einfache Werke, die aus einem einzigen Ergebnis schöpferischer Tätigkeit bestehen;

b) durch untrennbare Beiträge mehrerer Urheber geschaffene, ein einheitliches Ganzes bildende Werke, für die der Grundsatz der Rechtsgemeinschaft gilt;

c) zusammengesetzte Werke, die durch Vereinigung mehrerer, zur Bildung eines einheitlichen Ganzen geeigneter, miteinander verbundener Teile entstanden sind, und zwar auch bei Trennbarkeit der Beiträge, der die Möglichkeit gesonderter Verwertung ohne Auflösung des Ganzen entspricht, wenn diese Trennung — dank der Unkörperlichkeit der Beiträge — die Gesamtheit der Teile nicht beeinträchtigt; solche zusammengesetzten Werke unterstehen den Regeln über die Gemeinschaft, jedoch mit Anpassungen oder Änderungen, die das Bestehen von Rechtsverhältnissen sowohl hinsichtlich des Ganzen als auch hinsichtlich der einzelnen Beiträge erlauben;

d) Werke komplexer Struktur (Sammelwerke), bei denen sich die Teile (unter Beibehaltung ihrer Selbständigkeit) gemäß einer schöpferischen (Organisations- oder Auswahl-) Tätigkeit einer oder mehrerer, wenn auch von den Urhebern der Beiträge verschiedener Personen aneinanderreihen.

Der wichtigste Gesichtspunkt ergibt sich nach meiner Ansicht aus der Möglichkeit, in den Werken eine eigentümliche, einheitliche Zielsetzung festzustellen, ein Erfordernis, das insbesondere hinsichtlich der sog. zusammengesetzten Werke nähere Prüfung verlangt. Die für die Bestimmung der verschiedenen Werktypen maßgebenden Merkmale nehmen Bezug auf den Begriff der Vereinigung von Teilen zu einem einzigen Ganzen und auf den entsprechenden Begriff der Trennung, Kriterien, welche, wie aus Art. 939 des Zivilgesetzbuches zu entnehmen ist, im Hinblick auf die Struktur der körperlichen Sachen eingehend untersucht worden sind [25]).

Neben dem (unter Bezugnahme auf denjenigen der einfachen Sache gebildeten) Begriff des einfachen Werks, an dem Rechte mehrerer Rechtssubjekte in entsprechender Weise wie bei der Rechtsgemeinschaft an einer unteilbaren Sache bestehen können, gewinnt der Begriff des zusammengesetzten Werks Bedeutung, für welches das Kriterium der Trennbarkeit der Beiträge und entsprechend dasjenige der strukturellen Verknüpfung auf der Hand liegt, woraus sich dann der Begriff des „integrierenden Bestandteils" ableitet im

---

[25]) Das Unterscheidungsmerkmal zwischen den beiden Begriffen wird klar herausgestellt von Pugliatti, aaO. S. 67, und in Gli istituti del diritto civile, S. 317 f.

Sinne eines Bestandteils, bei dem die wahrlich außergewöhnliche Möglichkeit des Bestehens vom Ganzen unabhängiger Rechtsverhältnisse gegeben ist. Das scheint, wenigstens unter manchen Gesichtspunkten, die sich lediglich auf das Problem der Verknüpfung und Trennung beziehen [26]) und durch die Unkörperlichkeit des Gegenstandes sowie durch die urheberrechtlichen Normen weitgehend modifiziert sind, in gewissem Umfang eine Bezugnahme auf die Erscheinung der zusammengesetzten Sache zu gestatten, die nach manchen Autoren [27]) Gegenstand einer besonderen rechtlichen Regelung sein soll, welche sich von derjenigen der einfachen Sachen unterscheidet und sich nicht mit derjenigen des Sondereigentums und ebensowenig mit den allgemeinen Regeln über die Gemeinschaft deckt. Neben der Möglichkeit des gleichzeitigen Bestehens von Rechtsbeziehungen zum Ganzen und zu den einzelnen Bestandteilen gibt es bei den zusammengesetzten Sachen Unterschiede nicht nur gegenüber den einfachen Sachen, sondern auch gegenüber der Erscheinung der Vermischung; denn in diesem letzteren Fall kommt zwar Trennung (wenn die Teile trennbar sind), Eigentumserwerb vorbehaltlich Entschädigung (wenn der eine Teil im Verhältnis zum anderen Hauptsache ist) oder Gemeinschaft gemäß dem Wertverhältnis in Betracht (Art. 939 des Zivilgesetzbuchs), niemals aber ein Nebeneinanderbestehen von Eigentum am Ganzen und an den Teilen [28]); bei den zusammengesetzten Sachen dagegen erscheint Eigentum am Ganzen nach Art. 934 des Zivilgesetzbuchs auch dann möglich, wenn dem Eigentümer manche Bestandteile nicht gehören, wie sich aus der Regelung des Falles der Verbindung mit einem Grundstück (Art. 935 Abs. 2 des Zivilgesetzbuchs) ergibt: Gerade in diesem Zusammenhang ist von einem Anspruch auf Herausgabe der Teile die Rede, wenn dieser auch auf bestimmte Zeit (6 Monate nach Kenntnis des Eigentümers von der Verbindung) beschränkt ist [29]); schließlich äußert sich die Struktur der zusammengesetzten Sachen als einheitlicher Sachen

---

[26]) Dieser Hinweis stammt von Greco (Struttura, S. 225 ff.), der zutreffend „die unleugbaren und auch erheblichen Unterschiede" hervorhebt, „die der Verschiedenheit zwischen körperlichen und unkörperlichen Gütern, zwischen Eigentum und Urheberrecht entsprechen", und daraus folgert: „Daher muß die rechtliche Behandlung des Phänomens der ‚Zusammensetzung' auf beiden Gebieten notwendigerweise eine merklich verschiedene sein."

[27]) Biondi, I beni, S. 86.

[28]) Biondi, aaO. S. 85.

[29]) Die Autoren, die den Begriff der zusammengesetzten Sache ablehnen (Pugliatti, Stichwort Cosa, S. 72, und Maiorca, La cosa in senso giuridico, S. 65 ff.) können an dem hier untersuchten Fall nicht vorbeigehen: Man spricht dann von einer Übergangssituation, während deren keine zusammengesetzte Sache, sondern zwei Sachen vorliegen und ein ruhendes Recht besteht; dieser Theorie treten Biondi, aaO. S. 86, Anm. 1, und Barassi, Diritti reali e possesso, Mailand 1952, Bd. I, S. 351, entgegen.

klar im Falle der Ersitzung (unter Bezugnahme auf das klassische römische Beispiel) und bei den Verfügungsgeschäften über das Ganze, die auch die Bestandteile mit einschließen.

All das bestätigt — wenn man sich auch der zwischen körperlichen und unkörperlichen Sachen bestehenden Angleichungen und unvermeidlichen Unterschiede bewußt bleiben muß — die sowohl den zusammengesetzten Sachen als auch den zusammengesetzten Werken innewohnende Einheitlichkeit, aus der sich Folgerungen für die rechtliche Behandlung auch im Hinblick auf die allgemeinen Regeln über die Gemeinschaft ergeben.

Übrigens erscheint es ausgeschlossen, den zusammengesetzten Werken das Merkmal der Einheitlichkeit abzusprechen, wenn man dieses Erfordernis allgemein auch beim Sammelwerk als solchem für erfüllt hält, wobei man freilich zuläßt, daß die einzelnen Beiträge, aus denen es gebildet ist, eine ausgeprägte Selbständigkeit und Trennbarkeit behalten [30]).

Im Rahmen der eben genannten Merkmale ist auf einige Punkte hinzuweisen, die mit der objektiven Struktur der Werke zusammenhängen:

a) Der erste betrifft die Unerheblichkeit der Unterscheidung zwischen einfachen Werken (die aus einem einzigen, völlig unteilbaren Gegenstand bestehen, so daß eine Zergliederung den Bestand des Werks selbst beeinträchtigt) und Werken, die eine Gesamteinheit darstellen und hinsichtlich des ontologischen und funktionellen Ganzen unteilbar sind, so daß ihre Zergliederung den Bestand des Werks beeinträchtigt, die für sich allein unverwertbaren Teile aber übrig läßt [31]);

b) an zweiter Stelle ist die Zweckmäßigkeit einer Unterscheidung zwischen (teilbaren oder unteilbaren) zusammengesetzten Werken einerseits und Sammelwerken andererseits hervorzuheben; jene entstehen durch eine Verbindung, welche zu einem Ergebnis mit einheitlicher Funktion führt; bei diesen durchdringen sich die Teile nicht, sondern reihen sich aneinander, wenn sie auch für einen gemeinsamen Zweck bestimmt sind (so z. B. bei Anthologien und Enzyklopädien) [32]);

---

[30]) So Greco, Struttura, S. 227.

[31]) Diese Feststellung gründet sich auf die Konzeption, die das Werk wie eine körperliche Sache darstellt, wobei die für das Recht bedeutsamen wirtschaftlichen und sozialen Voraussetzungen berücksichtigt werden, denen — im Bereich der objektiv-materiellen Wirklichkeit — die Selbständigkeit des Guts entspricht (hierzu Pugliatti, aaO. S. 29); solchen einfachen oder in untrennbarer Zusammenarbeit geschaffenen Werken entspricht ein ungeteiltes Miteigentum.

[32]) Dieser Gesichtspunkt erlangt Bedeutung in bezug auf die Unkörperlichkeit des Gegenstands, die gleichzeitig die Gestaltung einer res nova und

c) der dritte Gesichtspunkt ergibt sich aus dem eben (unter b) behandelten und besteht in der Unerheblichkeit der Unterscheidung zwischen einfachen Werken und — als Ganzes gesehenen — Sammelwerken, sofern sie kraft einer in der Auswahl und Anordnung der Teile bestehenden schöpferischen Tätigkeit einem einzigen Urheber zuzurechnen sind (Art. 3 und 7) [33]).

Diese Bemerkungen zeigen, daß man in bezug auf die Struktur der Werke von 3 verschiedenen Typen ausgehen kann:

a) Einfache oder aus untrennbaren Beiträgen zusammengesetzte Werke, die als ein einziges Rechtsobjekt angesehen werden und an denen Rechte mehrerer, eine Gemeinschaft bildender Rechtssubjekte bestehen;

b) zusammengesetzte Werke, bei denen neben der einheitlichen Funktionen des Ganzen, das hier in bezug auf seine ontologische und funktionelle Struktur als einheitliches Gut angesehen wird, selbständige Rechte an den Beiträgen bestehen, ohne daß eine Auflösung des Ganzen erfolgt; in diesem Fall ist, während für die Struktur des zusammengesetzten Werkes der Gegenstand in der ontologischen und funktionellen Beziehung, die dieses kennzeichnet, ein einheitlicher bleibt, daneben die Stellung derer zu berücksichtigen, denen die Rechte an den einzelnen Beiträgen zustehen, eine Stellung, die die Relativität einiger den zusammengesetzten körperlichen Sachen eigener Gesichtspunkte — wie der Verbindung oder der Teilbarkeit — unterstreicht;

c) komplexe Werke, die unter ontologischem und funktionellem Blickwinkel betrachtet als Einheit erscheinen, aber aus der Summe mehrerer aneinandergereihter Bestandteile gebildet sind, hinsichtlich deren die Urheber der einzelnen Beiträge gewisse Befugnisse zu gesonderter Verwertung behalten.

Aus alledem kann man für die Untersuchung der Struktur der Werke folgern, daß deren typische Aspekte angesichts der Unkörperlichkeit des Gegenstands und des Vorhandenseins besonderer urheberrechtlicher Normen Merkmale aufweisen, die sie klar von der Struktur der körperlichen Sachen unterscheiden, vorbehaltlich

---

daneben — ohne materielle Aufteilung — die Verwertbarkeit der einzelnen Beiträge erlaubt. Der für den Unterschied zu den Sammelwerken entscheidende Punkt liegt darin, daß bei den zusammengesetzten Werken eine Verbindung erfolgt, während bei den Sammelwerken eine Summe aneinandergereihter Elemente vorliegt (hierüber G r e c o , Collaborazione, S. 450 ff. und Struttura, aaO. S. 225 ff.).

[33]) Vgl. G r e c o , Collaborazione, S. 451. In gegenteiligem Sinne für die körperlichen Sachen M e s s i n e o , Manuale di diritto civile e commerciale Bd. I, 9. Aufl., Mailand 1957, S. 401 und 410.

gewisser Berührungspunkte, die weiter unten für jede einzelne Gruppe angegeben werden sollen.

Nach Klärung dieser allgemeinen Kriterien handelt es sich nunmehr darum, jeden Werktyp einzeln zu untersuchen, wobei zu berücksichtigen ist, daß die Erscheinungen der Verknüpfung und der Trennung der Beiträge hier in einem weniger absoluten Sinn verstanden werden, als bei den zusammengesetzten körperlichen Sachen.

7. — Die Frage der Struktur ist zunächst für die einfachen Werke zu untersuchen. Sie werden unter Berücksichtigung ihres Aufbaus — wenn auch mit den oben genannten Einschränkungen — in Anlehnung an den Begriff der einfachen Sache gesehen, der auf die klassische Definition zurückgeführt wird, wonach jene „continetur uno spiritu“ [34]), d. h. aus einer unteilbaren organischen Einheit besteht, die aus derart verschmolzenen und voneinander durchdrungenen Bestandteilen gebildet wird, daß ein einheitliches Ganzes zustande kommt und jeder Bestandteil die eigene Individualität verliert; das bedeutet, daß eine Teilung, selbst wenn sie physisch erreicht werden kann, zur Zerstörung des Wesens der Sache führt; eben deshalb spricht man von unteilbarer organischer Einheit der Sache [35]).

Nach diesen Grundsätzen sind einerseits einfache Werke denkbar, die von einem einzigen Urheber geschaffen sind, andererseits in Zusammenarbeit entstandene Werke mehrerer Personen, deren Ergebnis aber nicht in Teile aufgespalten werden kann, weil die Trennung entweder ontologisch unmöglich ist oder, sofern sie begrifflich vorstellbar wäre, zur Zerstörung des Ergebnisses führen würde. Das italienische Gesetz behandelt in Art. 10 die von mehreren Personen geschaffenen Werke unter der Voraussetzung der Unteilbarkeit und Ununterscheidbarkeit (für das letztere Erfordernis gelten die obigen Ausführungen); hierdurch wird nicht nur der strukturelle Aspekt, sondern auch der subjektive Gesichtspunkt der Schöpfung betont. Gerade bei Vorliegen der Unteilbarkeit entfällt, wenn es sich um in Zusammenarbeit geschaffene Werke (im oben angegebenen eingeschränkten Sinn) handelt, nach meiner Ansicht die Unterscheidung zwischen einfachen und zusammengesetzten Werken angesichts der Einheitlichkeit des schöpferischen Prinzips, das der Gestaltung des Werks zugrunde liegt[36]).

Die einzige Unterscheidung, die sich aus der Gegenüberstellung

[34]) Dig. 41, 3, 30 pr.

[35]) Zum Begriff der einfachen Sache vgl. statt aller Pugliatti, aaO. S. 70 f.; Biondi, I beni, S. 81 ff.

[36]) So Pugliatti, aaO. S. 71 ff.; a. M. Biondi, aaO. S. 84, unter ausdrücklicher Bezugnahme auf die zusammengesetzten Werke.

von einfachen und unteilbaren, in Zusammenarbeit geschaffenen zusammengesetzten Werken ableitet, betrifft nicht die Struktur des Werks, sondern die subjektive Seite; denn im ersten Fall ist das Werk einem einzigen Urheber, im zweiten mehreren Miturhebern zuzurechnen, deren Beziehungen sich — angesichts der Einheitlichkeit des in Zusammenarbeit geschaffenen Werks — nach den Grundsätzen über die Gemeinschaft regeln.

8. — Was die Struktur der zusammengesetzten Werke betrifft, so besteht das eigentümliche Merkmal im Vorhandensein mehrerer Teile, die sich bei Fortbestehen ihrer Selbständigkeit als „inter se contingentes et cohaerentes" darstellen, so daß sie ein einheitliches Gesamtergebnis hervorbringen, das jedoch nicht die Summe der zusammengefügten Elemente, sondern deren Zusammenschluß ist. Dieser allgemeine Begriff setzt denjenigen der Verbindung von Teilen voraus, jedenfalls unter einigen begrenzten Aspekten, die zur Struktur der zusammengesetzten Sachen — sofern man einen solchen Begriff anerkennen will [37]) — in Beziehung stehen. Der Begriff der Verbindung hat aber angesichts der Unkörperlichkeit des Gegenstandes besondere Auswirkungen: So ergeben sich daraus manche Unterschiede im Verhältnis zur Vermischung und Verbindung körperlicher Sachen wie auch zur Verarbeitung [38]); im ersten Fall (demjenigen der Vermischung und Verbindung) liegt eine Ansammlung von Sachen vor, ohne daß diese — abgesehen von einer quantitativ-arithmetischen Betrachtungsweise — als Teile im Verhältnis zum Ganzen angesehen werden könnten; bei den zusammengesetzten Geisteswerken ist dagegen die gegenseitige Durchdringung der Bestandteile bei gleichzeitigem Fortbestehen ihrer eigenen Individualität das Entscheidende. Im Fall der Verarbeitung wird, obwohl auch hier eine Verbindung vorliegt, (wobei ich das umstrittene Erfordernis der „res nova" übergehen möchte[39])), eine Umgestaltung bewirkt, die eine Unterscheidung des Ganzen von den Teilen unmöglich macht. Diese Erscheinung zeigt sich bei den Geisteswerken,

---

[37]) Der Begriff der zusammengesetzten Sache wird anerkannt von Biondi, (aaO. S. 81 ff. und 84 ff., sowie unter dem Stichwort Cosa composta, in Novissimo digesto italiano), Santoro Passarelli (Dottrine generali del diritto civile, Neapel 1954, S. 49), Rotondi (Istituzioni di diritto privato, Padua 1951, S. 233), Trabucchi, Istituzioni di diritto civile, XI. Aufl., Padua 1959, S. 364; er wird abgelehnt von Maiorca, La cosa in senso giuridico, Turin 1937, S. 52, und Pugliatti, aaO S. 73.

[38]) Vgl. dazu Biondi, aaO. S. 83 f.; Messineo, Manuale, Bd. II, 7. Aufl. Mailand 1946, S. 89.

[39]) Hierzu ist auf die vortrefflichen Ausführungen von Maiorca, La cosa in senso giuridico, S. 174 ff., sowie unter dem Stichwort Commistione in Novissimo digesto italiano, S. 659, zu verweisen; in anderem Sinne vgl. noch De Martino in Commentario al codice a cura di Scialoja e Branca, Libro Terzo, Della Proprietà, Bologna-Rom, 1946, zu Art. 490, S. 402.

FSC
www.fsc.org
MIX
Papier | Fördert gute Waldnutzung
FSC® C083411

Kolibri 360 GmbH
Ferdinand-Jühlke-Straße 7
99095 Erfurt, Deutschland
produktsicherheit@kolibri360.de